イラストでわかる
エクステリアデザインのポイント

猪狩達夫 編

猪狩達夫・松枝雅子・古橋宜昌・吉田克己・安田浩司・犬塚修司・竪川雅城・山田章夫・松下高弘 著

彰国社

編著者

編者
猪狩達夫(イカリ設計代表、E&Gアカデミー東京校顧問)

著者(執筆順)[執筆分担]
猪狩達夫(同上)[1、7章]
松枝雅子(松枝建築計画研究所代表、E&Gアカデミー東京校講師)[2章]
古橋宜昌(エクスプランニング代表、E&Gアカデミー東京校学長・講師)[3章]
吉田克己(吉田造園設計工房代表、E&Gアカデミー東京校講師)[4章]
安田浩司(アーキテム・安田計画設計室代表、E&Gアカデミー東京校講師)[5章]
犬塚修司(風・みどり代表、犬塚造園デザイン研究室代表、E&Gアカデミー東京校講師)[6章]
堅川雅城(堅川環境設計代表、E&Gアカデミー東京校講師)[8章]
山田章夫(松下電工、E&Gアカデミー東京校講師)[9章]
松下高弘(エムデザインファクトリー代表、E&Gアカデミー東京校講師)[10章]

装丁:伊原智子
装画:古橋宜昌(表)・堅川雅城(裏)

はじめに

　日本は太平洋西海域に位置し、豊かな自然に恵まれ、古く江戸時代より、世界の人々から「美しい花のある庭園の島：ガーデンアイランズ」と称えられてきました*。

　日本は豊かな自然と伝統文化に支えられてきた美しい国です。しかし、第二次世界大戦後60余年を経て、都市人口の爆発的増大とともに自然が破壊されてきました。温暖化に代表される地球環境の危機が叫ばれるなか自然の風土を大切にしつつ、自然と人の生活のあり方を吟味し直すことがいま、求められています。

　「エクステリアデザイン」という、自然を身近で、創造的な生活空間に置き換える方法によって、個人の生活を豊かにし、日本の気候に適した家づくり、庭づくりをすること、未来に向かってふたたび美しい「ガーデンアイランズ」をつくり上げていくことが、私たちエクステリアデザイナーの使命です。デザイナーのセッティングする1本1本の樹木は、点が線、線が面となるように、結果として美しい「ガーデンアイランズ」の形成・創造につながっていきます。

　エクステリアデザインは、具体的には大きく3つの景（シーン）づくりに分けられます。すなわち、①個人単位の景づくり、②家族単位の景づくり、そして③近隣単位の景づくりです。①個人単位の景づくりとは部屋の一隅のバルコニーでも、住宅の庭先でも個人と自然との対話のある空間をつくることであり、いわば「癒しのスペース」をつくることです。②家族単位の景づくりとは、戸建て住宅の庭空間における「団らんスペース」をつくることです。そして③の近隣単位の景づくりとは、住宅と社会との接点であるフロント空間をつくることです。これは地域のコミュニティーに連なる「中間領域」をつくることでもあり市民意識の向上、また街並み形成のうえで大きな意義を担います。この近隣域に植える1本の樹木がひいては都市域へそして地域を超えて"日本全土ガーデンアイランズ"へと広がっていくことを、デザイナーは意識してほしいと思います。

　最後に、この『イラストでわかる　エクステリアデザインのポイント』は、専門校「E&Gアカデミー」東京校の講師陣9名が、開校以来10年の間教えてきたなかでも"これだけは"というエッセンスを特にわかりやすくイラスト入りで解説したものです。本書は私たちのいわば「10年間の集大成」と自負できるものです。なお、各章の扉ページには、日本のエクステリアの「原点」といえる「和空間の凝縮—京都の街並み・庭」をテーマにスケッチを章ごとのテーマに合わせて入れています。エクステリアにかかわるデザイナーに限らず、造園、建築にかかわる方々にもひろく読んでいただければ幸いです。なお、先に刊行しました『エクステリア・ガーデンデザイン用語辞典』（彰国社）と併せて専門家の参考書としてご愛読いただければ幸いです。

*参考文献：川勝平太『文明の海洋史観』中央公論社、1997年

2008年1月

編者　猪狩達夫

目次 CONTENTS

はじめに…… 3

1章　エクステリアデザインとは

1.1　エクステリアデザインの考え方…… 8
1.2　エクステリア計画のポイント…… 9
1.3　これからのエクステリアデザイン…… 14

2章　ファサードのデザイン

2.1　ファサードの考え方…… 18
2.2　ファサード計画のポイント…… 19
2.3　ファサードデザインのテクニック…… 28
2.4　多機能に使う…… 33
　事例1　駐車スペースでガーデンパーティー　35
　事例2　地域社会とのコミュニケーションの場をつくる　35
　事例3　ジャングルジムのあるフロントヤード　36
　事例4　駐車スペース上のバルコニーを美しく見せる　37

3章　門まわりのデザイン

3.1　門まわりの考え方…… 40
3.2　門まわり計画のポイント…… 40
3.3　門まわりのスタイル…… 41
3.4　門まわりの基本寸法…… 43
3.5　門の位置と高さの計画…… 45
3.6　門まわりに使用される素材…… 48
3.7　植栽の生かし方…… 50
　事例1　近隣とのコミュニティーを育む　51
　事例2　花鉢を立体的にディスプレーする　51
　事例3　壁・床のつながりをデザインし空間を広く見せる　52
　事例4　パーゴラで来客を迎える　52

4章　アプローチのデザイン

- 4.1　アプローチの考え方……54
- 4.2　アプローチ計画のポイント……54
- 4.3　アプローチの基本的な形……58
- 4.4　アプローチの舗装……58
- 4.5　アプローチの階段の計画……60
- 4.6　アプローチデザインの工夫……64
- 4.7　アプローチまわりの照明……70
  - 事例1　香りを楽しみながらたどるアプローチ　72
  - 事例2　風を感じ、香りを楽しみながらたどるアプローチ　72
  - 事例3　木漏れ日の踊る石畳をたどるアプローチ　73
  - 事例4　視界が上下に開けるアプローチ　73

5章　駐車スペースのデザイン

- 5.1　駐車スペースの考え方……76
- 5.2　駐車方法とデザインのポイント……77
- 5.3　位置関係のポイント……82
- 5.4　設備と収納スペース……88
- 5.5　駐輪スペースの計画……90
- 5.6　ユニバーサルデザイン……92
- 5.7　その他のポイントとアイデア……93
  - 事例1　いろいろな床版のデザイン　97
  - 事例2　多目的に利用する　98

6章　主庭のデザイン

- 6.1　主庭の考え方……100
- 6.2　空間をつなぐ(動線・視線の計画)……104
- 6.3　空間をつくる……112
- 6.4　背景をつくる……115
- 6.5　景色をつくる……116
  - 事例1　五感に働きかけるヒーリングガーデン　118
  - 事例2　環境に優しい庭　119

7章　側庭・バックヤードのデザイン

- 7.1　側庭・バックヤードの考え方……122
- 7.2　側庭・バックヤードにおける機能スペース……123
- 7.3　基本寸法と建物との取り合い……125
- 7.4　これからの側庭・バックヤード……126

事例 1　街並み配慮型のウッドデッキ付き側庭　129
　事例 2　DIY ワークショップコーナーを中心にした側庭・バックヤード　129
　事例 3　不定形コーナー側庭を「マイアウテリア」に　130

8 章　囲障のデザイン

8.1　囲障の役割・機能……132
8.2　囲障の基本寸法……139
8.3　囲障の素材……144
8.4　囲障の緑化と生垣……146
　事例 1　開放感とプライバシーを両立する囲障　152
　事例 2　圧迫感を和らげる素材・デザインの工夫　153
　事例 3　素材と高低差による工夫　153

9 章　照明のデザイン

9.1　エクステリア照明の役割……156
9.2　ゾーン別照明デザインのポイント……158
9.3　点滅制御……164
　事例　コンサバトリーのあるエクステリアを照明で演出　165

10 章　色彩のデザイン

10.1　色彩の基礎知識……168
10.2　カラーコーディネートの基本……169
10.3　周辺環境とエクステリア……176
10.4　色彩とデザインイメージ……178
　事例 1　ナチュラルなエクステリア　179
　事例 2　カジュアルなエクステリア　179
　事例 3　エレガントなエクステリア　180
　事例 4　クラシックなエクステリア　180
　事例 5　シック・モダンなエクステリア　181
　事例 6　クリアなエクステリア　181

編者・著者略歴……182

おわりに……184

1章
エクステリアデザインとは

鳥居本方面への街並み（京都市右京区）

1.1 エクステリアデザインの考え方

ⓐ エクステリアデザインとは

　エクステリアデザインとは、前面道路や隣地などの周辺環境を十分考慮しつつ、住宅および敷地全体を、総合的に計画設計することをいいます(図1)。

　エクステリアを計画設計することにより、住み手にとって外部空間のひとつひとつに生き生きとした生活が展開されるだけでなく、住宅と庭が連なることで街並みが美しくなり、良好なコミュニティーが形成できるようになります。

ⓑ エクステリアの「図」と「地」

　一般に街並みは「建築」と「エクステリア」のバランスで決定付けられます。今までは建築が「主」で、エクステリアが「従」と考えられることが多かったように思えます。

　ここに「ルビンの壺」という図形があります。これは、ドイツの心理学者エドガー・ルビンが心理テストで使った有名な壺の図ですが、この壺の絵をじっと見つめていると、壺に見えたり、相対する人の顔に見えたりします(図2)。見る人によって、「図」と「地」の、どちらが主格かの関係が違ってきます。「建築」と「エクステリア」の関係も、このように相互が影響し合い、ひとつの図を構成するあり方が望まれます。

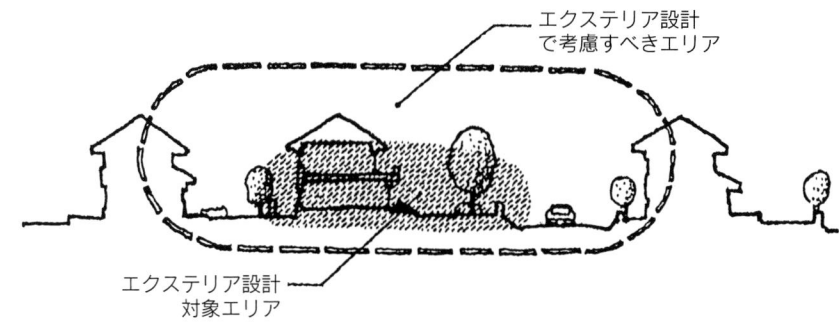

図1　エクステリアデザインの範囲

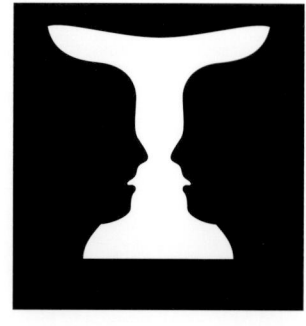

図2　ルビンの壺　「図」と「地」が入れ替わる反転図形

1.2 エクステリア計画のポイント

ⓐ 計画範囲

　住まい(住宅・宅地)の構成は大きく、住宅主屋とエクステリア(外構)に分けられます。エクステリアは、フロントヤード(アプローチ、駐車スペース)、主庭(メインガーデン)、側庭・バックヤード(物置などを置くスペース)そして周囲の囲障(塀、フェンスなど)および門(表門、ゲート)などの装置類からなります。その他、鉢、コンテナーや、彫刻などの可動装置も、エクステリアのツールに含まれます。

　図3、4にエクステリアデザインを構成する要素と、検討項目を示します。

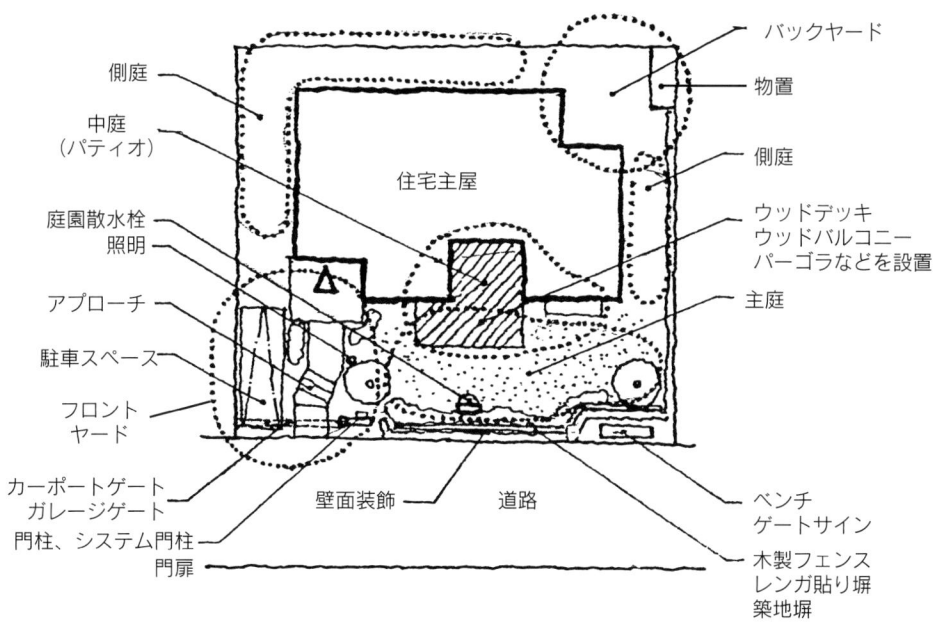

図3　エクステリアデザインを構成する要素

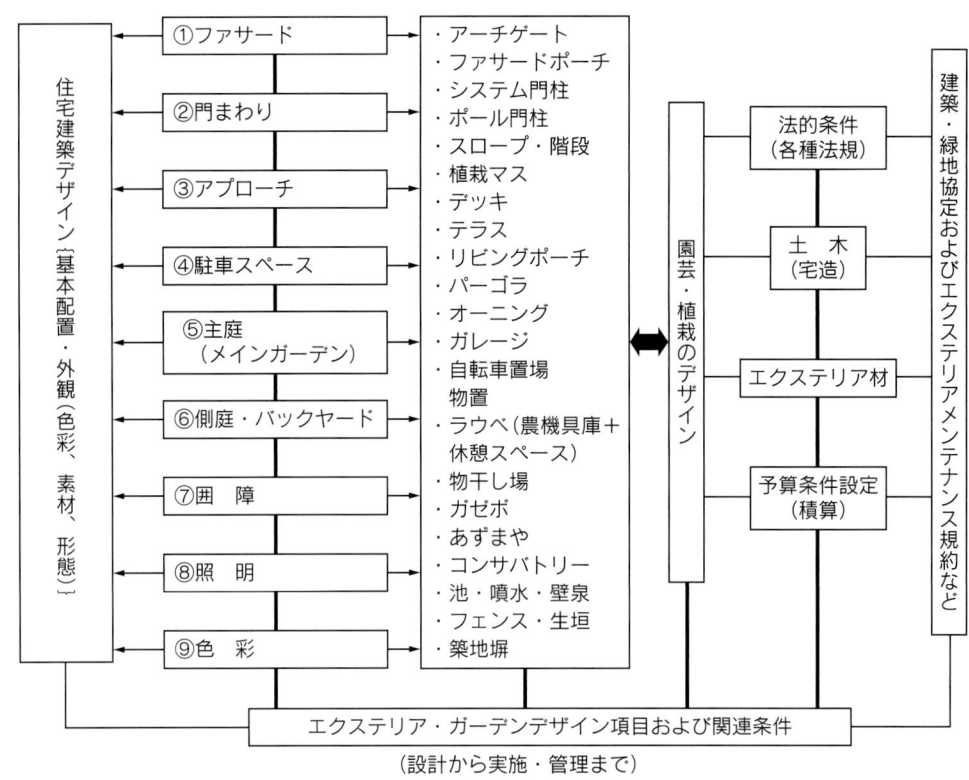

図4　エクステリアデザインの部位別の検討項目

❻ 計画の手順

エクステリア計画は図5のようなフローにそった手順で進められます。

①コンセプト・テーマの設定

まず住宅もエクステリアも、コンセプト(基本理念)・テーマ(課題)決めから始まります。いわば作業のスタート項目です(図6、表1)。

②条件分析

エクステリア空間を決める際に考慮する、ハード、ソフトの条件を検討します(図7)。計画時にはこれらの調査研究を十分に行います。またさらに、法的条件、土木的条件(宅造・インフラ)、建材(エクステリア材)、予算、各種協定・規約など、経年変化によるメンテナンスも検討事項に加わることとなります。

　1) 空間・土地条件(ハード)：敷地の規模・形状、接する道路条件(幅員、路盤と宅盤の高低差)など

　2) 自然環境条件(ハード)：敷地内外の既存の植栽の有無、前面道路の街路樹の有無、周囲の公園緑地、河川などの有無、周囲の地形および景観など

　3) 社会的・生活行動条件(ソフト)：施主の家族構成、年齢、職業、趣味・嗜好、家族各自の生活行動範囲など

　4) コミュニティー条件(ソフト)：相隣関係、植栽帯などの中間領域形成の可能性、隣

1.2 エクステリア計画のポイント　11

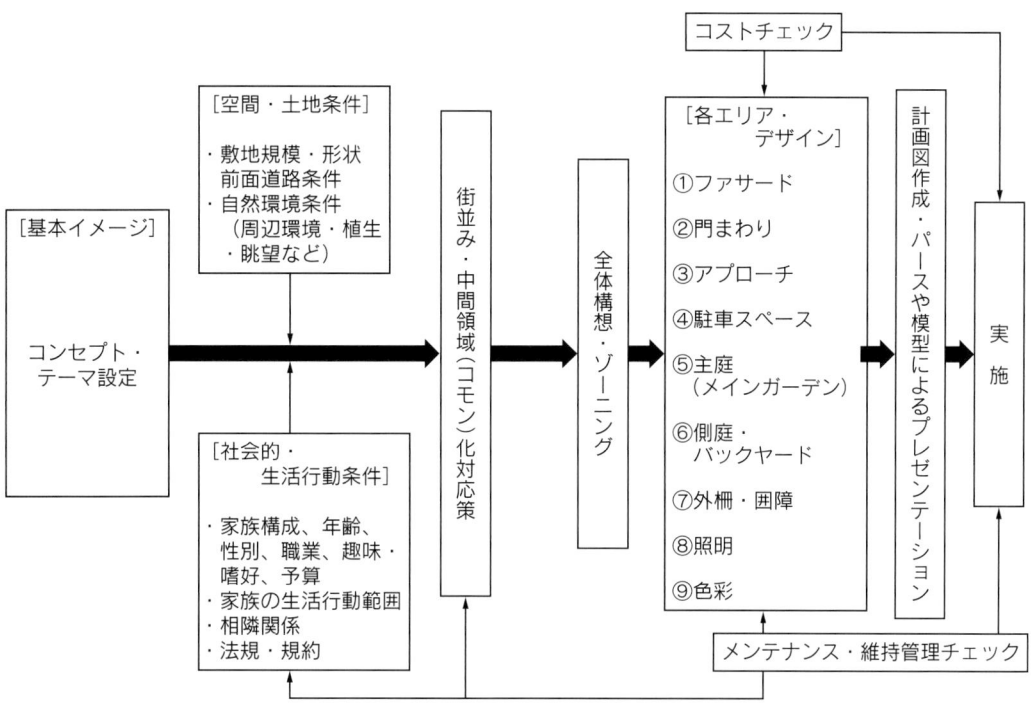

図5　エクステリアデザインのフロー

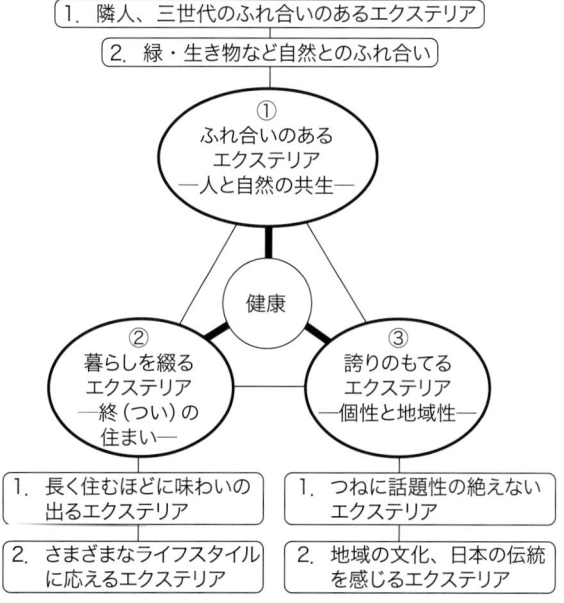

図6　コンセプトの例

表1　テーマの例

テーマ	ネーミング	具体的なイメージ
楽しく見せる庭	流れのある芝生の庭	青々とした芝生の庭の一部に雨の日だけ「流れ」が現れる素掘りの水路と石庭の庭
遊びの庭	チョウと遊ぶバタフライガーデン	チョウなど昆虫が花に集まって、人と共存することを考える自然派ファミリー向けの庭
収穫を楽しむ庭	日本酒と山菜を味わう庭	日本酒党の施主と、山菜好きの家族が休日をのんびり過ごす料理を楽しむ庭
聴く庭	鳥の声を聴く庭	庭に野鳥の好む果樹と雑木を植え、石臼のバードバスなどを据えて鳥の生育環境をつくる

高﨑康隆『自分でつくる　楽しい庭のデザイン』主婦と生活社、2003年より作成

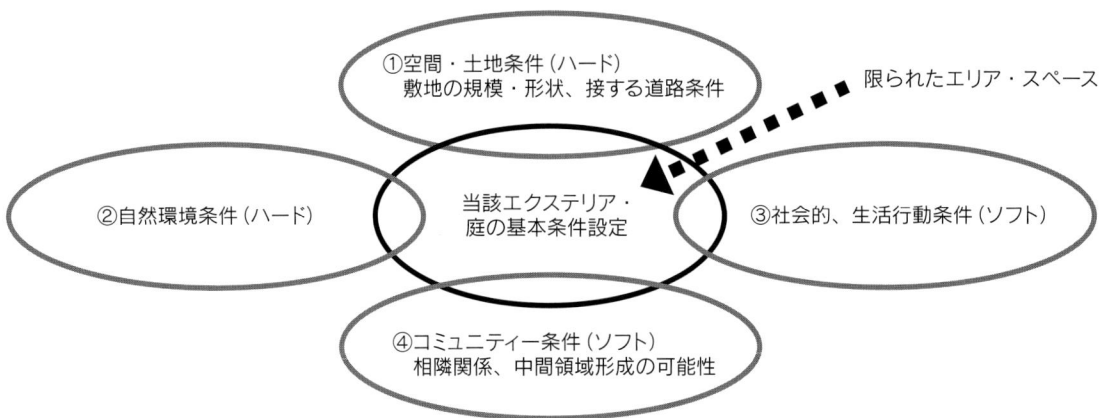

図7　エクステリア空間を決める4つの条件

地との距離、前面道路側囲障を宅地内にセットバックして「中間領域」ができるかどうか

③ゾーニング設定

　機能および生活空間イメージを各ゾーンに分け、落とし込みます。

　ゾーニングはファサード、門まわり、アプローチ、駐車・駐輪スペース、主庭、側庭・バックヤード、囲障のおおむね7項目に分けられます。

　さらに、住宅内外の相互関係、庭の使い方、人・車の動線、室内から屋外の主要視線（view）もゾーニングに影響します。ゾーニング図は図8のように「機能の範囲」「空間の領域」および「お互いの及ぼす関係」を表します。

④細部の計画

　具体的に各ゾーンの計画を進めていきます（2章以降に詳しく説明します）。素材のもつ特徴をとらえ、住宅主屋と十分融合し、エクステリアが主要部をより引き立たせるよう気

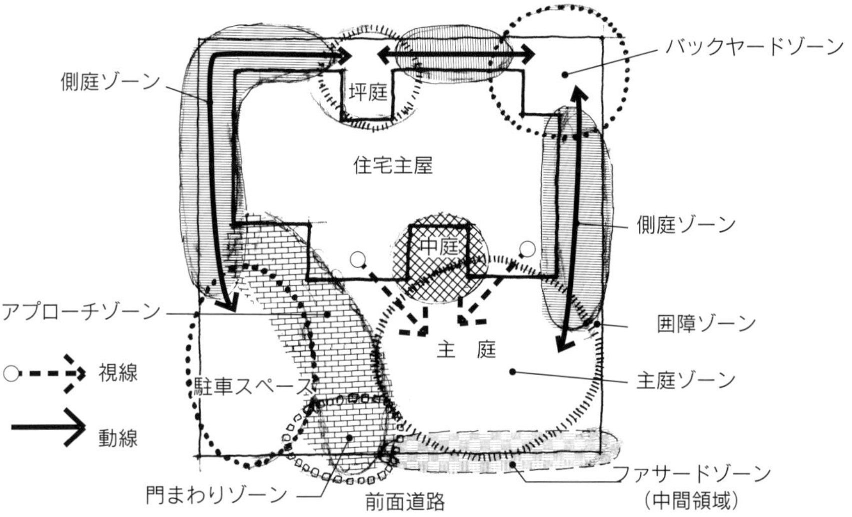

図8　ゾーニング図

オーニング

デッキやテラスの上部を覆う庇。開閉自在な可動式もある。カラフルなキャンバステントでアウトドア気分を演出

パーゴラ

外部床デッキやテラス上部の木組み工作物。上部を緑化し、リビングの延長としての団らん空間を創出する

壁泉・レリーフ

主庭のポイントを占める壁面に薄肉彫（レリーフ）をあしらい、噴水の演出を図るもの。洋風庭園装飾の手法

ラチスフェンス

組立て部材（板材）を斜め状または格子状に組んだ枠付きパネル。ウッドデッキの手すりとなる。中間にはミニ花鉢をハンギングし、楽しく彩る

コンテナー・鉢

素焼き土器（テラコッタ）の花鉢。コンテナーは、庭を花で飾るツールとして活躍する。模様付きの大型の器は「置物」としても使用

あずまや

庭園内の和風・屋根付きのオープン休憩スペース。屋根は方形型で内部に露台が据え付けられる

ガゼボ

洋風のあずまやのこと。八角形や多角形のものもあり、ベンチやテーブルをセットしガーデンパーティーなどに備える

図9　エクステリアデザインのためのツール

をつけます。周囲の景観と調和するよう照明・色彩にも配慮します。また、経済性・施工性についても十分配慮します。なお、エクステリアに必須の植栽は植樹後の維持管理も計画時に考慮しておかなければなりません。

❸ エクステリアデザインのツール・外具

各ゾーンの計画が決まったら、細部を検討していきます。エクステリアデザインに関連するツール・外具は和・洋含めおおよそ図9のように分類できます。
①住宅建物の一部に固定するもの(パーゴラ、オーニング、デッキ、トレリス、フェンス)
②塀、庭園壁面の一部にしつらえるもの(壁泉、レリーフ、壁埋込み照明)
③庭園内に置く、あるいは床面に固定するもの(ガゼボ、あずまや、コンサバトリー、グリーンハウス、ラウベ)

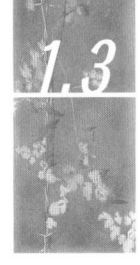

1.3 これからのエクステリアデザイン

❶ 単純機能から複合機能へ

これからのエクステリアは屋内、屋外空間の相互関係があるものや、敷地条件が狭いものが多くなると思われますが、条件が厳しいほど、デザインは緊張感を高めることとなります。また、ひとつのスペースにひとつの機能といった単純機能から、ひとつの場所で複数の生活シーンが展開されるような、より複合的なものになっていくと思われます。たとえ狭くてもそこに新しい生活空間が生まれるよう設計されることが期待されます(図10)。

従来のエクステリアデザインの基本機能を踏まえ、これからのエクステリア空間として望ましいイメージとテーマを表2にまとめます。

❷ 自然を積極的に導入し、五感・情感へアピール

これからのエクステリアは光・風・緑・水面(噴水)などを積極的に取り入れ、人間の五感、情感を適度に刺激することにより、生活環境をより快適なものとすることが望まれます(図11)。

❸ 望ましいエクステリアに連なる美しい街並み

生活を彩る望ましいエクステリアが連なることにより、美しい街並みが形成されていきます。エクステリアデザインの良否は、連接・連続することで、シークエンスをつくれるかどうかにかかっています。面積はわずかでもエクステリアをデザインすることによって地域コミュニティーが生まれ育つこととなります。

表2　エクステリアデザインの基本機能と望ましいイメージ

空間別	項目別	基本機能	望ましいイメージ・テーマ	具体的空間・道具立て
コミュニティー空間（ファサード空間）	①ファサード	●建物の正面外観、門、塀、アプローチ、外庭、駐車スペースで構成 ●都市型の街並み形成 ●間口の狭小化への対応	●多機能化、立体化 ●壁面緑化 ●車庫の街並み景観への同化 ●圧迫感をなくすデザイン	●格子デザイン ●駐車スペース ●アーチゲート、門型ゲート ●各種壁面緑化手法
	②門まわり	●住宅地（戸建て）への主要出入口としてふさわしい構え（門柱、門袖壁、植栽、床の仕上げ、小物の演出など） ●生活の場として必要な機能（表札、ポスト、インターホン、各種メーターボックスなど） ●防犯設備（門扉、照明、センサー、カメラ付きインターホンなど）	●「家の顔」としてふさわしいデザイン ●街並みを構成する要素 ●近隣とのコミュニティーを意識した空間 ●緑との調和 ●建物との調和（デザインテイスト、質感、ボリューム）	●道路から引きをとった門構え ●角柱や壁を組み合わせ変化をつける ●シンボルツリーと照明の組み合わせ ●オリジナリティーのある演出（ポスト、表札、壁飾り、小物など）
庭空間（サービス空間）	③アプローチ	●アクセス動線（門から玄関までの誘導路） ●段差のある場合は階段・スロープなどで門から玄関を楽しく演出	●バリアフリーアクセス路（U字スロープ路） ●四季の花木のあるアクセス路 ●プランター階段、プランタースロープ	●各種プランター ●アーチ ●エスパリア（アプローチ用）
	④駐車スペース	●車庫（ガレージ）は原則として1～2台用 自動車・自転車などを置くスペース（各車機能別スペース）	●多目的空間（日曜大工スペースなど）への転換性 ●車・自転車の「主役」としての扱い（レジャースペースの導入）	
	⑤主庭	●修景用の庭（観賞用、和・洋など） ●生活活動の庭（家族や友人と楽しむ庭） ●その他	●和洋の生活パターンによるゾーン分け・エンジョイライフ型へ（住宅プラン） ●坪庭（パティオ）の活用（和・洋共） ●水路、池の活用	●あずまや、ガゼボ、エスパリア ●パーゴラ・壁泉 ●オーニング（パーゴラ併用） ●つくばい
	⑥側庭・バックヤード	●住人の動線通路、物置、収納庫スペース、物干し場、自転車置場、犬小屋スペースなど ●遮蔽のための植栽、ヌレエン・踏み石、駐車場、ガレージなど	●サイドデッキスペース（瞑想スペースなど） ●ワークショップ、ホビースペース（日曜大工コーナー） ●坪庭、風呂庭（バスコート） ●生き物との共生スペース ●その他	●物置、ラウベ、パーゴラ、デッキ、サイクルボード、犬小屋
コミュニティー空間（景観・街並み）	⑦囲障	●基本囲障（宅地境界の領域明示、防犯機能など） ●プライバシーの保全 ●街並み考慮 ●権利関係	●緑化による景観美化、外周に潤いを与える ●前面道路側（ファサード、フロント）の装飾性 ●隣家（隣地）との境界 ●中間領域配慮型	●マウンド囲い型 生垣、フェンス（天然木、人工材、アルミ、スチール、鋳物など） ●ヘッジ型（幅広低木生垣）
	⑧照明	●夜間・足元を照らす	●防犯・周辺景観へ安らぎ、安心感を与えるデザイン	●門まわり、アプローチの照明
	⑨色彩	●見た目の心地よさ ●耐久性・メンテナンス	●景観・周辺環境へ安らぎを与える	●ファサード

16 ●●● エクステリアデザインとは

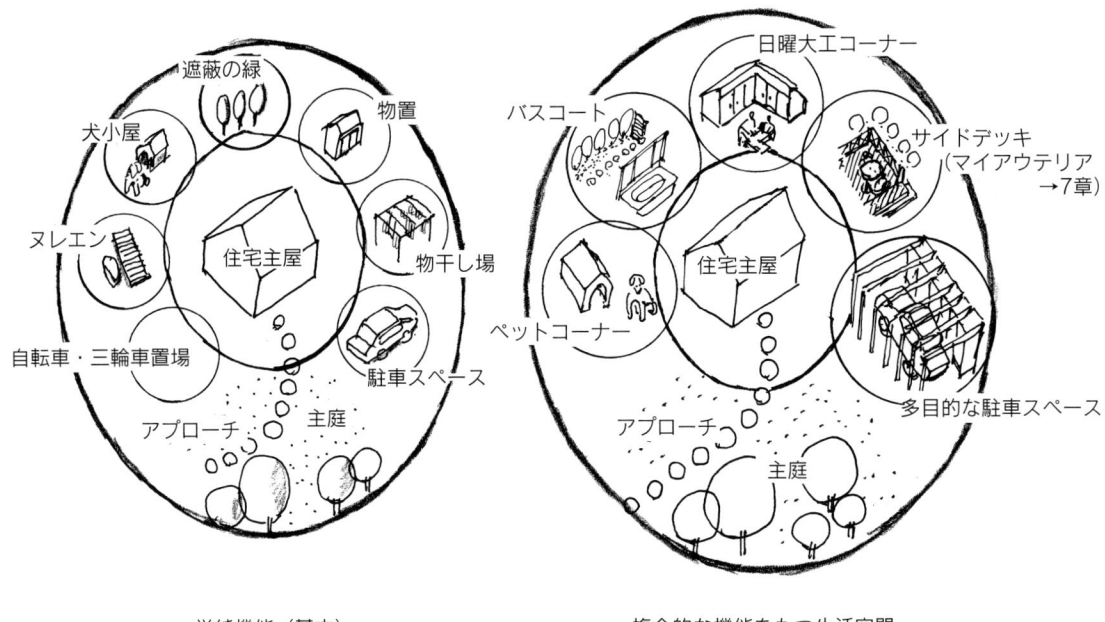

単純機能（基本）　　　　　　　　複合的な機能をもつ生活空間

図10　単純機能から複合機能へ

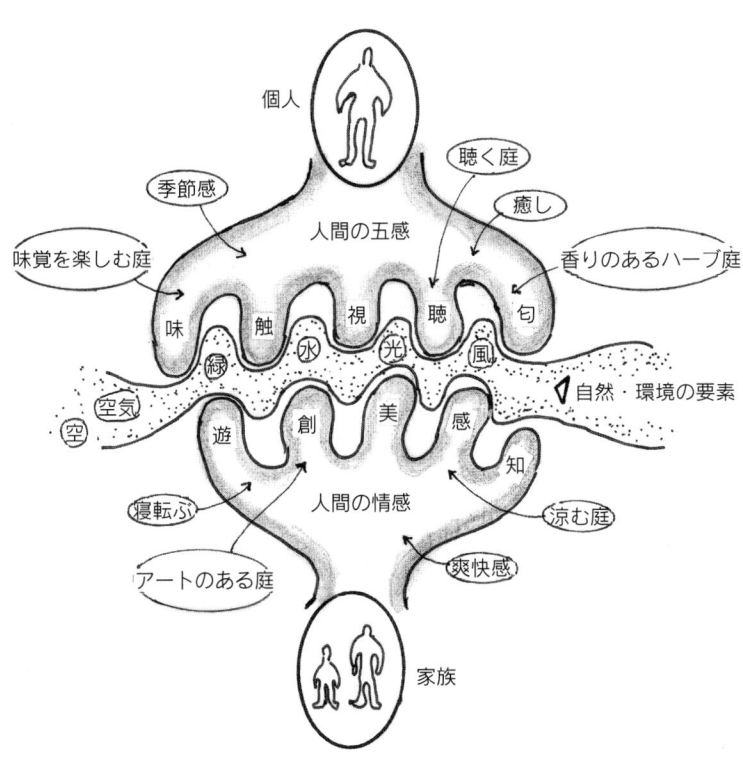

図11　五感・情感を刺激するエクステリア

2章

ファサードのデザイン

西陣の町家（京都市上京区）

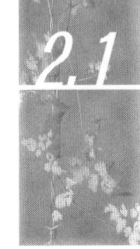

2.1 ファサードの考え方

ⓐ ファサードとは

　エクステリアの要素は、門、塀、各種の庭、アプローチ、駐車スペースなどが知られていますが、これらに加えて、今回新たにファサードという項目を付け加えることにしました。ファサードという言葉は、あまり、なじみがないかもしれませんが、フランス語で建物の正面を意味します。建物の立面において、道路に面した立面が正面です。顔・正面・外観という意味をもつ英語のフェイスと同義語と考えるとわかりやすいでしょう。

　ファサードは街並みを構成する大切な要素で、建物の外観、門、塀、アプローチ、塀の外側につくる外庭、駐車スペースのデザインに、近隣との調和を加味して構成されなければならないものです。

　もしかしたらファサードデザインは建築の分野に入るのかもしれません。しかし、現在の建築の分野では街の美観を考えてファサードをデザインしている建物は非常に限られています。雑誌などを見ても建築家が自分の設計した建物の写真を撮るとき、近隣を含めて撮影した写真は残念ながらあまり多くないようです。もちろんエクステリアデザインの分野においても同じことがいえ、まだ多くは門・塀の域にとどまっているのが現状ですが、1軒1軒の住宅のファサードを美しく、かつ、街の調和と環境を整えようという意識は高まりつつあります。

　一戸建ての住宅の庭の隅々まで合理的、美的にデザインし、併せて、街並みを考慮する、「トータルデザイン」の重要性を認識してほしいものです。個と公の「トータルデザイン」をすることが「エクステリアデザイン」の今後の課題といえます。

　ここでは、特にファサードデザインに的を絞り、その概念、計画の進め方や設計のポイントなどについて述べることとします。

ⓑ 狭小・都市型住宅のファサードデザイン

　住宅建物と庭を一体化して環境を整え「ファサードデザイン」としてトータルデザインをする街並みの形成手法は、住宅の宅地規模が小さくなってきた都市地域では、絶対になおざりにできない新しい概念として、重要視されてきつつあります。

　住宅のエクステリア設計では、まず外部にどれだけの空間があるかで、計画の基本が異なります。

　最近の住宅敷地面積の傾向は、都市型で100 m² 前後の小規模敷地、近郊型で200 m² くらいまでの中規模敷地に整理できそうです。200 m² くらいまでの敷地では、建物から隣地の敷地境界までの間隔は、民法で定められている50 cm くらいです。これでは、隣同士の軒やガレージが連続しているといっても過言ではないでしょう。塀、門、各種の庭、特にフロントヤード、アプローチ、カーポートを総合的に考え、かつ連続する近隣の住宅をお互いに調和させる、このことを意識してファサード設計をしないと、街の景観を壊してしまうことになります。

100m²の敷地で建ぺい率60％が条件のとき、建ぺい率いっぱいに建築面積60m²の建物を建てると残りは40m²となります。しかし、民法に従って隣地境界線から50cm離して建てると、多分エクステリア空間として使えるのはせいぜい30m²になってしまうでしょう。これがガレージ、アプローチ、庭になる外部空間のすべてです。

敷地が200m²前後の近郊型中規模敷地では、小規模の主庭をつくることができますが、ファサード空間の規模はほとんど同じような条件であると考えてよいでしょう。

こうした事情から、都市型住宅では塀・門・庭を明確に分けるより、建物の外観と合わせてトータルにデザインをすべきです。

このような場合、エクステリアではどんなことをポイントに計画したらよいか考えてみます。

2.2 ファサード計画のポイント

ファサード空間デザインの基本的ポイントは、ⓐ駐車スペースの計画、ⓑ緑の確保、ⓒ防犯・プライバシーの確保、ⓓ美観・景観への配慮があげられます。

ⓐ 駐車スペースの計画

現代社会において、車は生活と密着しており、必需品となっていますが、小規模敷地で、敷地の道路境界から建物まで車1台分くらいのスペースしかないような場合では、車庫のデザインがファサードのデザインになってしまい、それが、街の景観を決定する鍵となっているといえます。

小規模敷地で、充実したフロントヤードや外庭、植栽スペースのあるファサードをつくるためには、スペースの確保が肝心です。限られた狭い敷地では、最初の基本計画の綿密な検討が、よい環境を獲得する鍵となります。その第一の鍵は、駐車スペースのつくり方にあります。

①駐車スペースの寸法

駐車スペースの必要寸法は、敷地が面する前面道路の幅員によって、少し異なります。図1は敷地の間口7m、前面道路幅員4mの場合、直角に入れる、平行に入れる、30°斜めに入れる、45°斜めに入れる場合の、駐車に必要な最低寸法です。これは最低限必要な寸法ですが、ほんの少し設計を綿密にするだけで、ファサードがまったく変わってきます。大きなフレームをかけたり、植栽スペースをつくったり、奥行き感を出したりしてファサード景観にゆとり、奥行き、統一感などを演出したり、空間を多機能に使用することで近隣の人とのコミュニケーションを楽しむフロントヤード空間をつくることも不可能ではないのです。

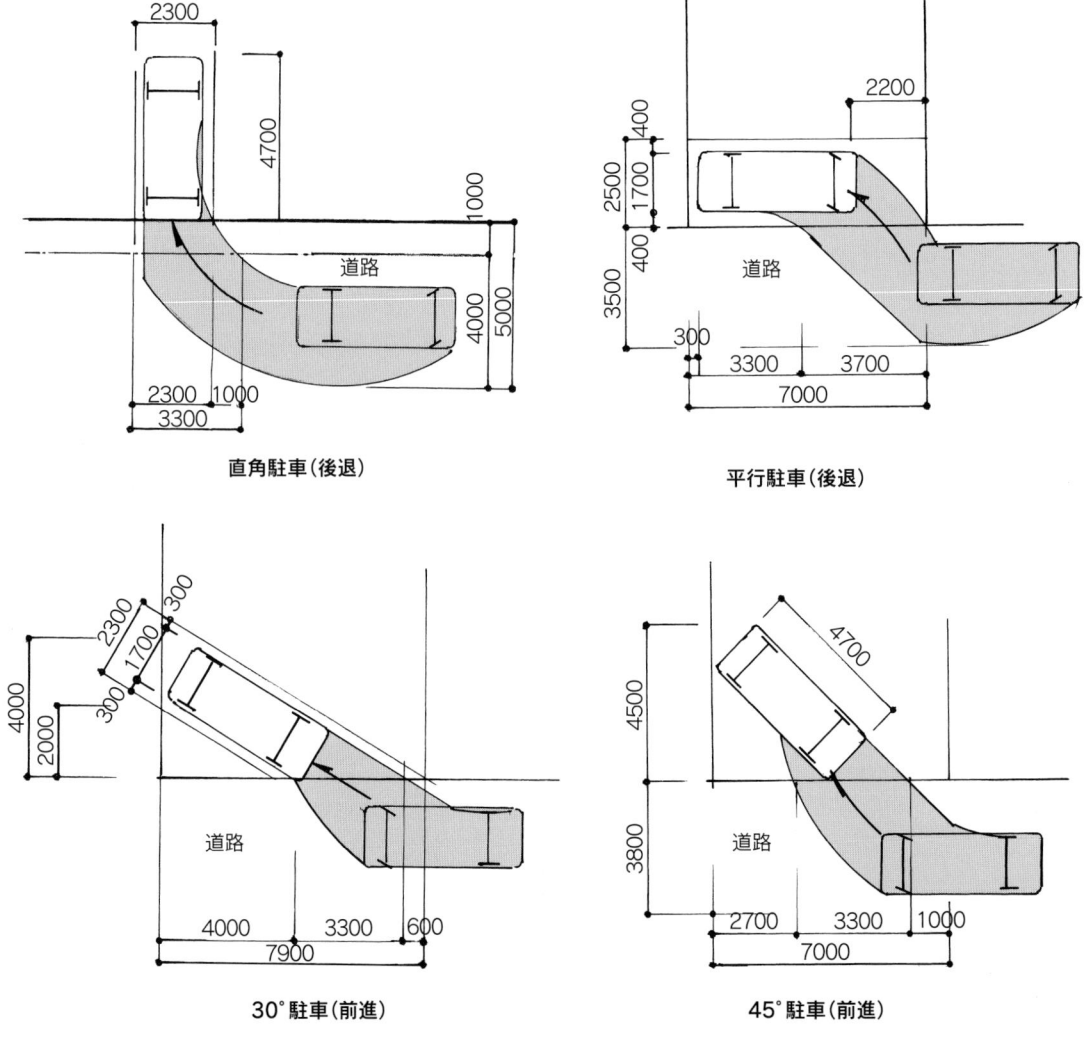

図1　車庫入れに必要な基本寸法と車の軌跡

②駐車スペースのバリエーション

　図2～4は直角駐車のバリエーションです。図2はよく街で見かけますが、なりゆき任せで無造作に駐車スペースを計画したものです。同じ条件でも、図3のように、敷地と道路の間に少し植栽帯をつくり、大きなフレームをかけると、バラバラだった外観にまとまりが出てきます。アプローチは駐車スペースと反対側にとることで車の脇を通行しなくてすみ、ポーチの独立性と安全性を高めることができます。

　図4は図2を少しアレンジしたものです。道路より少しセットバックした位置に引き込み扉のある壁をつくりました。車が出入りするときは、壁の後ろにカーポートの扉を引き込みます。扉のデザインによって、和風にも洋風にも合わせられ、道路際に緑の植え込みもでき、格調の高い、落ち着いたファサードになります。この図4のように植栽帯に一部奥行きの深い部分をつくってシンボルツリーなどを植えると、外観に一層の深みが出ます。塀や門の位置をずらしたり、塀を何枚かに分け二重三重に重ねたり、高さを変えたりすると陰影ができて、奥行き感や立体感のあるファサードになります。

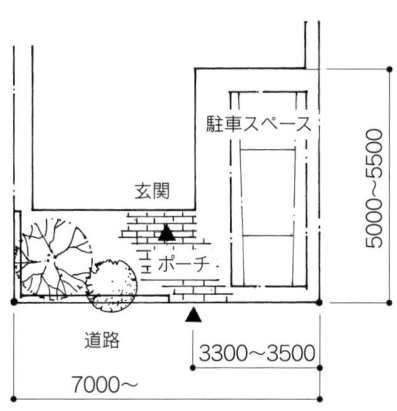

平面図
前面道路幅員が4mの場合、駐車スペースの間口にはゆとりをもたせたい

パース
植栽がなく殺風景な印象

図2　直角駐車1

●●● ファサードのデザイン

平面図
前面道路幅員が4mの場合、隅切りを付けると車の出し入れがしやすい

パース
フレームをかけるとファサードにまとまりが出る

図3　直角駐車2

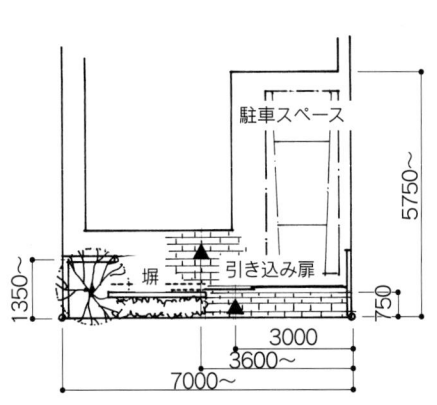
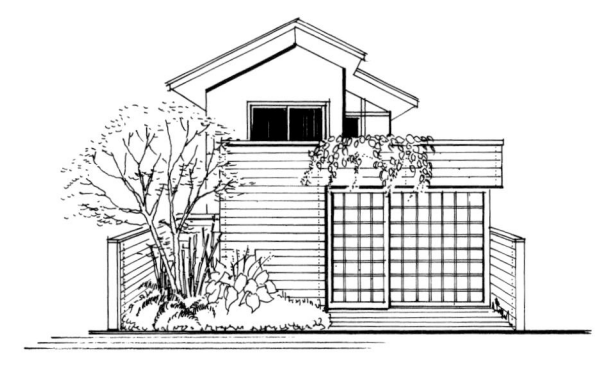

平面図
駐車スペースに扉を付け、塀の後ろに引き込む

パース
扉が付いたことでファサードがスッキリする

図4　直角駐車3

　　　平行駐車の場合は、止めるための切り返しのスペースが必要ですから、このゆとりを含めると、間口が7～8m必要になりますが、図5のように駐車させるには、必要なスペースでも、駐車してしまえば必要のなくなる部分をミニテラスにし、タイヤの踏まないところに植栽をすると、緑のあるゆとり空間の提案ができます。

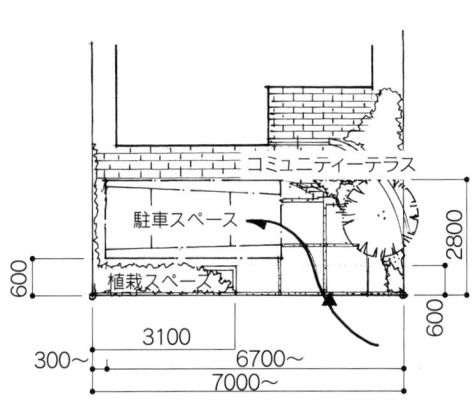

平面図
道路からセットバックして植栽を確保するのが望ましい

パース
植栽を入れることで華やぎが出る

図5　平行駐車

　図6で示すように、斜め駐車は三角形の広い植栽帯とゆったりとしたフロントヤードがつくれます。車の出し入れも楽というおまけもついてくるので、おすすめの配置計画です。
　出し入れに必要な寸法は、角度によって異なりますが、30°くらいの斜め駐車だと、平行駐車で必要な奥行き2.8mにプラス1.2mくらいが必要です。
　このように、基本計画での配慮がファサードデザインのクオリティーに大きく影響しますから、設計にあたっては十分な検討をしなければなりません。

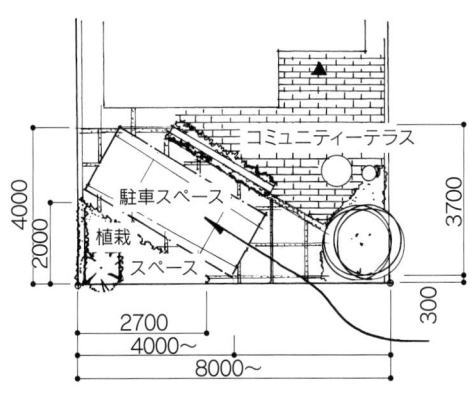

平面図
斜め駐車にする場合、余った空間は植栽にあてる

パース
コミュニティーテラスがゆとりのある印象を与える

図6　30°斜め駐車

ⓑ 緑の確保

①緑化の重要性

　植栽の緑はエクステリアの魂といえます。地球温暖化抑制のため緑化の効果は広く周知されています。夏期に緑のカーテンを窓につくることで外気温が摂氏 35 度のとき、室内温度を 5 度下げるというデータもあり、冷房で室温を 1 度上げることは、成木 5 本が吸収する炭酸ガスの発生を抑制するのに匹敵するということですから、積極的に緑化に取り組むべきです。緑なしのエクステリアは砂漠に等しいといってもよいでしょう。しかし、都市型住宅ではなかなか植栽空間を確保するのが難しく、また、ゆとりのない植栽スペースに無理して植物を植えても、環境になじむことができず立ち枯れさせたり、メンテナンスに手がかかるなど好ましくない状態が起こります。早い段階でゆとりのある植栽スペースを用意することが理想ですが、なかなか難しいようです。ごく小さな地面で豊かな緑化をするには、壁面緑化が有効ということになるのでしょう。

②壁面緑化　小さな植栽スペースで緑と共生

　壁そのものを緑化材で覆う方法と、壁から離してワイヤーメッシュなどを張り、これに緑化植物を繁殖させる方法があります。ツタの絡まるレンガ壁などは、だれでも脳裏に浮かぶ一般的な風景です。

　図 7 は建物の外壁に、植物を絡ませるワイヤーを組み込んだフレームを建てています。外壁から離してワイヤーを付けることで、植物の根で建物を傷めず、虫も入りにくくなります。大きな緑の壁に包まれて、家の中も、外も、地球環境にも好ましい暮らしができそうです。

　図 8 はエントランス部分だけデザイン緑化しています。整形に刈り込んだ緑の額縁が、白い外壁と対比的にマッチして、これなら道路際にあってもおしゃれなエントランスゲートになります。緑化のための植物のメンテナンスには相当の労力を必要としますが、面積を限定すると、負担が軽くなります。

図 7　フレームで囲った中にきちっと入れた緑*
（設計・写真提供：弓良一雄／ユミラ建築設計室）

図 8　門まわりを壁面緑化*
（設計：中村金治）

これらの例のように、ハンギングする植物で緑化するだけでなく、もう少しおしゃれに楽しむデザインを考えるのがデザイナーの本領です。塀に窓を付けそのまわりを花で飾るとか、ニッチ型に刈り込んだ生垣の中に、ネームプレートや白い彫刻を置くなどの演出は、格調高い雰囲気で道行く人の目を楽しませます。また花が好きな施主には、石積みの塀の隙間に山野草などを植え、ロックウォールガーデンを提案したり、壁面緑化と壁泉、流れなど水の演出を組み合わせて変化を楽しむなど、アプローチのウォールガーデンの楽しみ方を創造してください。

ⓒ 防犯・プライバシーの確保

①防犯

住宅街の防犯は、敷地内の安全だけでなく、住んでいる街全体の安全に配慮したものであることが望ましく、わが家の安全のために高い塀を巡らせて、敷地の外で起こっていることに無関心というのは、身勝手すぎるといえます。暗い夜道でも、街灯があれば安心ですし、明かりや人影のチラチラする家の前を通るのはホッとするものです。

プライバシーの確保を考えながらも、高い塀は必要最小限にする、スリットやフェンスを組み込むなどで、家の中の明かりが外から見えるつくりにしておくのは街の安全を守るために必要なことです。これは、外の通行人のためばかりでなく、自分の家の安全と防犯上も効果のあることです(図9)。

視線をさえぎりたいところは高く、その必要がないところは低く、かつ通風のよいデザインとする。見通しもプライバシーも確保され、防犯上も効果がある

図9　プライバシーと防犯を兼ねる

個人住宅の防犯のポイントは、ⅰ)不審者が侵入している様子が通りから見えること、ⅱ)敷地の境をはっきりさせて不審者の侵入を目立たせることです。そのためには、外からの見通しが必要で、敷地内の安全と敷地外の安全の対策は共通するといえます。

②プライバシー

プライバシー確保の問題では、ほとんどの住宅で道路やアプローチからの視線をさえぎりたいという強い要求があります。

日当たりがよく草花などが好きな人には好条件の南側道路の敷地では、南に大きなテラ

ス戸のあるリビングがあり、玄関も駐車スペースもこれに近接するという間取りが多いので、特に注意しなくてはなりません。しかし、アプローチを通る人からリビングが見えてしまうのが嫌な人、塀の内側なら、どこから見られてもかまわないと考えている人、プライバシーに対する感覚には個人差があり、事前のヒアリングが大切です。

　図10は通りに面したリビングと寝室の前に、縦格子で目隠しをつくった例です。寝室など、私的空間のある2階はプライバシー確保のため、格子の間隔を密にしています。1階は、このスクリーンから距離を置いて、住宅の公的空間であるダイニングキッチンになっているので、2階は格子の3本ごとに1本間引きし、敷地内外の融合が密になるよう図っています。このように、部屋の使い方に合わせて、格子の間隔を変えたことで、必然性も満足させながら、ファサードのデザインを粋にしています。このアイデアは機能性と安全性の要求を満たすためにできたものですが、リズム感のあるデザインはファサードとしても楽しいものになっています。

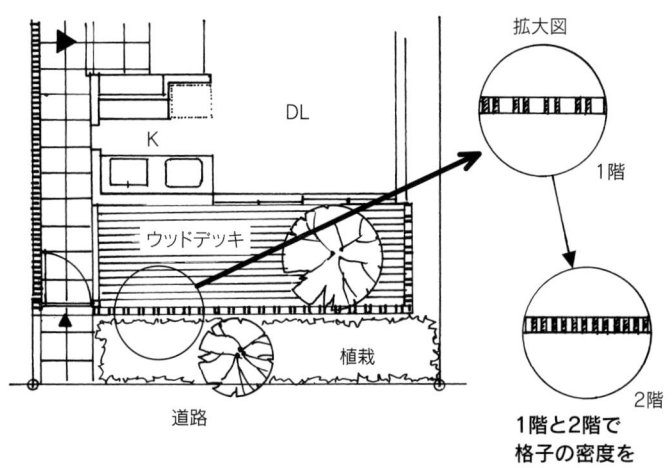

1階と2階で格子の密度を変化させる

図10　外部からの視線の処理*
（設計・写真提供：杉浦伝宗／アーツ＆クラフツ建築研究所）

　また、プライバシー確保においては、道路からの視線の透過性や敷地の内側がどう見えるかということとともに、門から敷地内に入ってからの視線のさえぎり方も検討事項になります。門を構える位置を建物の正面からずらす、アプローチを曲げる、目隠しの壁や障りの木などを設置するなどのテクニックがあります。敷地の中に入ったらどこから見えてもよいという施主の住まいなら、アプローチとテラスを一体化してアプローチテラスにすると、狭くても空間的なゆとりができますし、テラスでミニパーティーをしている中を通って玄関へ行くなど、現代の生活においては希少になっているコミュニケーションを回復するアプローチ空間ができます。

ⓓ 美観・景観への配慮

　ファサード空間が建物の北側になる北側道路の敷地では、日当たりのよい南側の庭をできるだけ広くしたいという希望が高いため、北側は駐車に必要なスペースしかないというのが現実です。

　そのうえ、敷地の使い方が、フロントヤード、建物、主庭という型で3分割されることが多く、このことは、空間の独立性が確保しやすくなり、それぞれの場所で必要とされる安全性や守秘性などを高くすることができますが、その反面スペース不足という問題が生じ、使い勝手や、美観、景観を納得できるレベルにするのは簡単ではなくなります。

　道路に面する側は、防犯、防災への対策から閉鎖的なつくりとすることがありがちです。閉鎖的なデザインは暗いイメージを強調しますから、街のためにも、明るさを演出するような設計にしたいものです。

　明るい色彩の選択、近隣とのつながりを期待したコミュニケーションスペースなどを工夫するよう努めましょう。圧迫感のない塀、閉塞感のないアプローチなど、最近はオープン外構といって、シンボル的存在のような、門塀のデザインも多くなっています。また、ひとつの団地を統一してデザインするような場合は問題ないのですが、既存の住宅街の中で、個性的なファサードは、近隣との調和が難しくなります。街の景観に違和感を与えないようにするのが望ましいでしょう。

　図11は千本格子、切妻の瓦屋根、塗り壁の町家住宅ですが、落ち着いた懐かしさがあります。デザインのよい建物が連続していると調和もよく、安心感があります。和風の隣にモダン都市型というようなちぐはぐさを上手になじませるには、緑を利用して、お互いの敷地境界に適当な植栽をあしらうと効果があります。

現代の町家住宅の家並み。瓦葺きの屋根や千本格子の窓などを使用している。2棟並びを利点としてとらえ、同じデザインのなかにも面格子の形状を若干変えるなど統一感と同時にそれぞれの個性を出すよう図っている

図11　街並みをそろえる*
（設計・写真提供：ポラスグループ・中央住宅戸建分譲事業部）

街の美観や景観をよくするためには、住まいの整理整頓も大切です。乗り捨てられたように乱雑に置かれた自転車、撒水のためのホース、枯れた鉢植え、子供の遊具などはきちんと整頓しておくことが基本です。統一性のない色彩、形、素材を通りから見えないようにするためには、収納や格納場所の確保が必要になります。

2.3 ファサードデザインのテクニック

どうしたら景観やファサードを美しく見せることができるのでしょう。美しいといわれているヨーロッパや京都の街並みを見てみると、外壁や屋根に使用している材料がそろっている、屋根の勾配や形状が同一であるといった統一性に加えて、壁面の壁量と開口部の面積のバランスのよさや、建具や窓飾りなどのデザインのよさが共通しているといえます。こうした美しいデザインは、美しいデザインをしようと考えてできたものというより、社会状況や地域性のなかから生まれたものといえます。何百年も続くこれらの街並みがつくられた頃は、運搬手段がないため、楽に安価に入手できる地元の建材を使ったということや、設備の発達していない時代で、自然環境を生かして住まうという条件が街並みに統一感を与える背景にあったと考えられます。わが国でも、『サザエさん』の世界や、下町の路地に並んだ住宅は、生垣、瓦屋根、板壁や漆喰の外壁、同じような格子戸、2階の手すりの付いた窓など、限られた材料と、棟梁に任せた伝統的デザインや手法で統一感がつくられていました。

国民のほとんどが自分の住宅をもてるようになったのは、ここ30年くらいのことです。1世帯1戸の住宅事情になってからは、まだまだ日が浅いのです。敷地も住宅も小さく、家を手にすることが精一杯である一方で、建設技術や経済界の発展により、世界中のものを簡単に入手できるようになり、地域性がうすれ、個人主義、個性主張が拍車をかけた百花繚乱の街がつくられてきたといえます。こうした状況下では、よい住環境を意識することにも、街の景観を担うエクステリアを考えることにも手が回らなかったというのは当然だったといえます。

街並みの美しさが話題になるようになってから、まだまだ歴史が浅いということです。もちろん、ひとつの大きな団地で、決められたコンセプトのもとにデザインし、美しい景観を保っているものもありますが、1軒ごとに思い思いの個性でつくられている既存の住宅地では、隣同士、または同じ通りに面している建物同士が同じコンセプトでデザインされるということはまずありえず、こうした街並みの景観を調整していく方法の確立はこれからです。暮らしの機能性、安全性、守秘性、快適性、美観といういろいろな要素と、面積・立地・建物配置などの敷地条件や気候・風土による地域性などの条件を合わせて、満足のいくエクステリア空間をデザインするのはなかなか難儀なことです。

ここではこうした状況において、住環境を美しく整えるエクステリアのデザインテクニックについて整理してみましょう。

ⓐ 形のテクニック

エクステリアデザインで景観を整えるには、①覆う、②覆って隠す、③まとめる、④統一化する、が原則になります。これは、家の中の上手な収納術と同じ原則です。

①覆う

もっとも簡単なのは、隠してしまうことです。

持ち物は戸棚にしまうことができますが、しまうことのできないエクステリアを隠すには、カバーをかけて包んでしまうのです。風呂敷というわけにもいきませんから、大きな塀や壁で前庭と建物をまとめるようにスクリーンを張り、軽快さを残しつつも細かい不ぞろいなものを見えないようにするのです（図12～14）。スクリーンの材料と構造は、壁をつくるのと同じですが、建物との調和、通風や強度、耐久性などをきちっと検討してください。コンクリート造や鉄骨造のモダンな外観の住宅では、パンチングメタルのスクリーン、金属製の格子、ガラスブロックや網入りガラスなどが調和します。無機質になりすぎないよう、少量の木材や植栽を上手に組み込むことを忘れないようにしたいものです。

視線を透過させることで軽快さを残す

図12　覆う1

木のルーバーは温かい印象

図13　覆う2
（設計：秋葉孝行アトリエ& Partners）

網を使用すれば将来的に植栽もできる

図14　覆う3
（設計：青木憲一建築設計事務所）

②覆って隠す

①の応用になりますが、スクリーンやパネルで完全に隠してしまう方法です(図15〜17)。閉鎖的にならないよう形や素材に配慮します。和モダンのようなデザインコンセプトでは、木格子、塗り壁など自然素材がよくマッチします。アクセントに金属材料のデザインパーツなどをあしらうと、メリハリがきいてきます。

和洋折衷の建物では、レンガ、タイルなども使えますが、あまり広い面積で使うと、圧迫感が出てしまいます。使う面積量をよく検討したいものです。

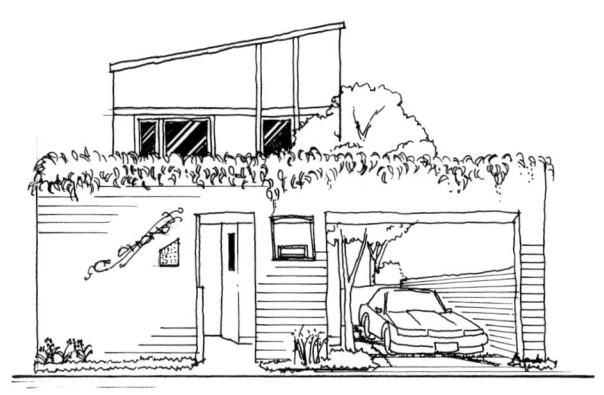

格調が高くフォーマルな印象になる

図15　覆って隠す1

木を使って圧迫感を出さないようにする

図16　覆って隠す2＊
(設計・写真提供：川津悠嗣／かわつひろし建築工房)

金属だがギザギザの形状が軽快な印象

図17　覆って隠す3
(設計：広永和之／櫂建築設計事務所)

③まとめる

　大きな面でカバーしにくい場合は、フレームという方法もあります。梁や柱、斜め材などで囲うだけでも、まとまりが出ます。図18〜20の例のように、間に植栽を組み込んだり、目透かしのスクリーン材を張ったりすると、目隠しにもなります。このような方法をカバー効果、フレーム効果とか額縁効果、箱詰効果などといったりしています。大きさやデザインの違う窓やドアを箱に詰めたお菓子のようにまとめるのでこのようにいいます。フレームをかけることで、福笑いの鼻や目のようにばらばらだったものが整理され、スッキリとするのです。

フレームを使うといろいろな要素がひとつにまとまる

図18　まとめる1

白い壁と木のフレームがやわらかな印象

図19　まとめる2*
（設計：中村金治）

金属のフレームは網を入れて
植栽をすることもできる

図20　まとめる3
（設計：入江高世／DFI）

④統一化する

　形や材料を統一化することでも全体にまとまりが出ます。家の外壁と門塀、フレーム素材の形、色数を限定するとスッキリと落ち着いたデザインとなり、格調も高くなります（図21〜23）。

　住宅街を散歩していて、不気味な空間に入り込んだ印象を受けたことがありました。同じデザインの白いタイルを張った、高さ2.5mくらいの塀とカーポートゲートのある家が、道路の両側に10軒くらい続いているのです。統一したデザインがよいと思ったのでしょうが、統一しすぎて単調になってしまっただけでなく、のっぺりとした無表情で魅力のない景観になってしまったのです。街並みの美しさは統一感があればよいというものではないということです。

形や素材をそろえると統一感が出る

図21　統一化する1

カーポートの列柱・梁と建物の板張りが統一感を与える

図22　統一化する2＊
（設計・写真提供：長谷川総一／
長谷川設計事務所）

コンクリートの特性を生かして、フラットな面と四角で形を統一した例

図23　統一化する3＊
（設計・写真提供：長尾勝彦＋
デザインオフィス）

背景は統一し、その調和を乱さないで、住み手の顔が垣間見えるよう、それぞれの個性を表現することで、活力のある魅力的なエクステリアが生まれます。窓まわりにロートアイアンなどのデザイン格子を付けて飾ったり、ウィンドウガーデンをつくったり、植栽をするなど独自の楽しみ方で、変化やリズムを加えてください。

❺ 色彩のテクニック

　色彩にはレンガや石材、樹木のように材料自身のもつ色と、人工的にペンキや顔料を使って出すものとがあり、前者は、材料を決定したときに決まります。後者のように、でき上がっていく過程を見ながら、調整することはできませんから、慎重な選択を迫られます。色彩の扱いについては、色彩のセクション（10章）を参考にしてください。ベースの色を早い段階で決定しそれを基準に調和をとっていくのがポイントですが、複数の色彩や材料を組み合わせるときは、基調色または基調材料：組み合わせる色または材料：アクセント色またはアクセント材料の比率を 6.5：3.0：0.5 くらいにするのがバランスをよく見せるようです。

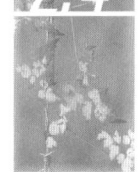

2.4　多機能に使う

　ファサード空間が狭い、ゆとりがないということで、暮らしに必要な駐車スペースやアプローチをつくることだけに終始するのでなく、プロならここで一歩進んだ提案をしてみたいものです。この限られた空間に、自然との交流や暮らしのゆとりをしつらえるには、どんな方法があるか考えてみましょう。解決方法は、空間の使い回しにあります。空間を兼用する、空間を重ねて立体的に使う……多機能化や立体化デザインへのチャレンジです。都市型住宅ではフロントヤードのつくり込みをしっかりとして、後は目隠しの必要な部分の快適性に気を配り、その機能の充足を図るようにしましょう。

❹ デザインは立体で考える

　平面的グランドレベルの計画・検討が煮詰まってしまったら、立体的デザインに入ってみることをおすすめします。たとえば、駐車スペースの上部につくった2階バルコニーの手すりや目隠し、庇をデザインしてファサードのデザインを大きく立体的に構成してみるのです。敷地のファサード面の間口を横軸に、建物の屋根の棟ぐらいの高さを縦軸にして、画面をつくってこれをデザインすればよいのです。地盤から棟までの高さは、2階建てでおよそ7mくらいです。建物の正面を、高さで切り取って、画面にすると楽にデザインをすることができます。

❺ 空間の多機能使用

　空間の機能を限定せず、多機能な使用方法を考えることも、デザインの幅を広げてくれます。

　たとえば、門から玄関までのアプローチを含む庭をフロントヤードといいますが、ここは玄関への通路を主眼としたデザインでつくられることが多く、歩きやすさや安全性と

いった機能性、また玄関としての格調や品格が重視されます。一方で、都心においては、子供の遊び場がもてない、という悩みが常にあります。ここでフロントヤード空間を、子供の遊び場として、デザインしてしまうという方法があります(事例編参照)。一見相反する用途のものを同一空間にデザインするなど、ときには既成の概念にとらわれない方法を選択することで、問題が解決することもあります。

また、ガーデンパーティーの場を要求されているが、場所がない、という難問の解決方法をひとつ紹介します。車を一時コインパーキングに預けて駐車スペースをパーティー会場にしてしまうのです。そのために基本計画で、駐車場ではあっても、庭として楽しむこともできるデザインにしておきましょう(事例編参照)。

❻ エクステリアはコミュニケーションの場と考える

未来のエクステリア・新しいエクステリアの課題は、近所付き合いを考えた外部空間づくりでしょう。地域のコミュニケーションを構築しやすいエクステリア空間は、フロントヤードの新しい機能になるはずです。

今の熟年世代の生まれ育った環境は、隣同士の敷地境界は生垣で、垣根の根元のほころびをくぐり抜けて遊んだとか、洗濯物を干しながら朝の挨拶を交わすといった日常で、いささかプライバシーの問題があったとはいえ、近隣のコミュニケーションはとても温かいものがありました。プライバシー問題に過敏になっている現代の住環境ですが、社会情勢にマッチした、洗練されてしかも温かな近隣の関係を構築できるような環境をつくる、これこそエクステリアデザイナーの命題であり、エクステリアでしかできないものだと思うのです。

本文写真のキャプションに「」とあるものは、社団法人住宅生産団体連合会の「まちなみ住宅100選」に選出され『まちなみ住宅のススメ』(鹿島出版会、2006年)に掲載された作品である。写真の掲載にあたっては、各写真提供者ならびに、同連合会のご協力をいただきましたことを、ここに明記いたします。

事例1　駐車スペースでガーデンパーティー

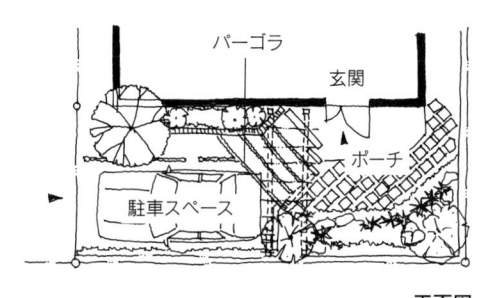

車をあずけた駐車スペースにガーデンファニチュアやバーベキュー炉を出してパーティー会場にします。相当大勢の集まりが可能です。できれば、シンク付きのカウンターの用意があるとよいでしょう。垂れ下がった緑と花の間から空の見えるパーゴラの天井も、近隣からの目隠しに効果を発揮しますし、パーティー会場の雰囲気づくりにもなります。
そのほか床の仕上げ材の選択やその組み合わせをよく吟味してパーティーの雰囲気を盛り上げるデザインにしたり、目隠しのパーティションを移動型のプラントボックスにしておいて、必要に合わせて空間を整えられるようにしておくといったアイデアも考えられます。

平面図

駐車スペースをガーデンパーティー会場にする　　パース

事例2　地域社会とのコミュニケーションの場をつくる

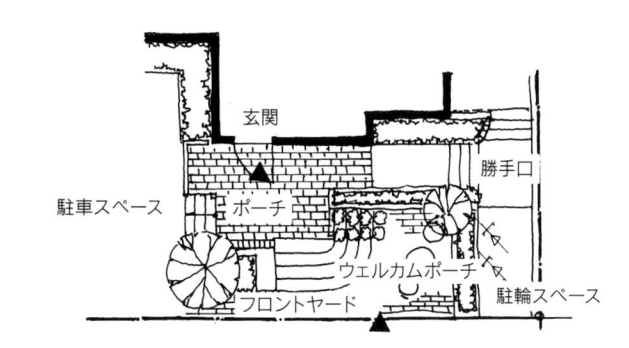

玄関前のポーチやバルコニーにイスを置き、そこに座って通りを行く人に声をかける……そんなしつらいが高齢化、孤立化するこれからの暮らしに変化と活力を与えてくれます。玄関前のポーチやフロントヤードを思いきり広くして、ウェルカムポーチ、ウェルカムガーデンにすれば、玄関前での立ち話をゆったりしたティータイムにすることができます。
道路に面したフロントヤードを、社会に開いたオープンヤードにして新しい地域づくりをするというようなことが未来型のエクステリアではないでしょうか。

平面図

ウェルカムポーチをつくる　　パース

事例3　ジャングルジムのある
　　　　フロントヤード

アプローチの門や袖壁をジャングルジムにしてみました。ヴィヴィッドな色彩のジャングルジムには造形的なユニークさがあり、子供の姿がなくても個性的なファサードとなります。遊具として使用する期間が終わったらツル性の緑を絡ませて緑化したり、棚を付ければ、陶器や彫刻などのアウトドアギャラリーとして活用することもできます。ジャングルジムでなくても、風景を縮小した箱庭ガーデンなどをつくり趣味の場とする方法もあります。

ジャングルジムの下をくぐって玄関へ

パース

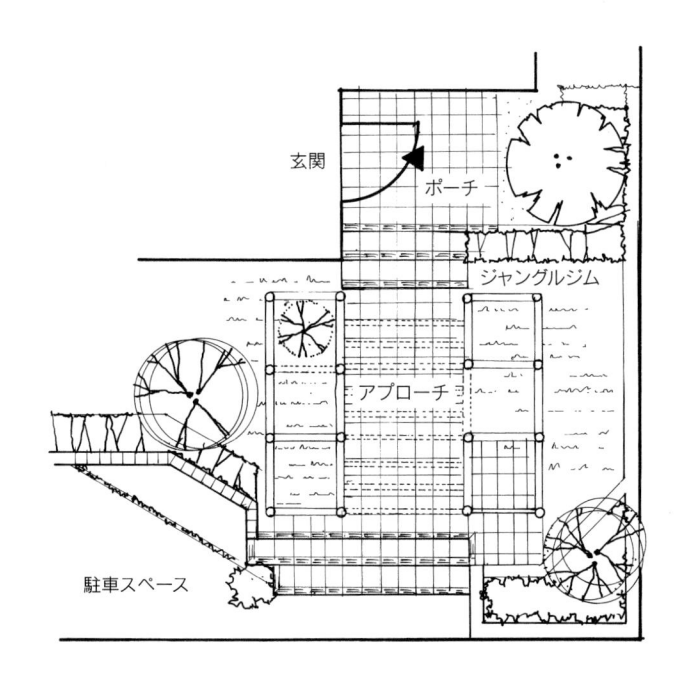

平面図

事例 4　駐車スペース上のバルコニーを美しく見せる

庭もほしい、駐車スペースもしっかりとりたい、けれども敷地にゆとりがない。住宅地でよく見かけるのが、駐車スペースの上が、居室やバルコニーになっている建物です。図の案は、敷地の地盤面が道路より 800mm 上がっているので、駐車スペースの上につくられたデッキは、ちょうど中 2 階・地盤面より 1400mm の高さです。間口の狭い敷地で、駐車スペースの上にデッキをつくるファサードは、縦横のバランスが悪く、あまり美しくないのが欠点になります。デッキの手すりからツル性の植物をたっぷり落とす、車の乗降に邪魔にならない部分の下がり壁のデザインを工夫するなどが必要です。しかし、車の出入りの支障になることを考えると、柱を立てる場所が限定されるので、広いデッキの床をつくるには、構造設計の技術も必要になります。車庫上全体でなく、ボンネットや後部トランクの部分だけをデッキにするなどでも、ファサードデザインはスマートになります。

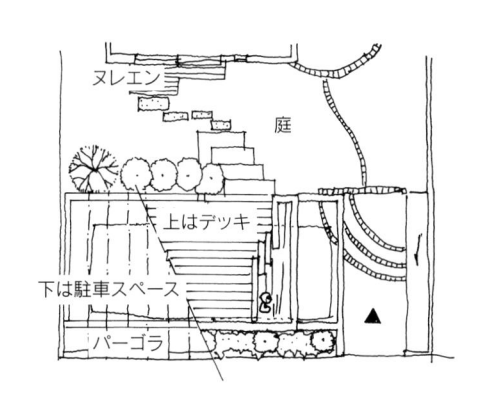

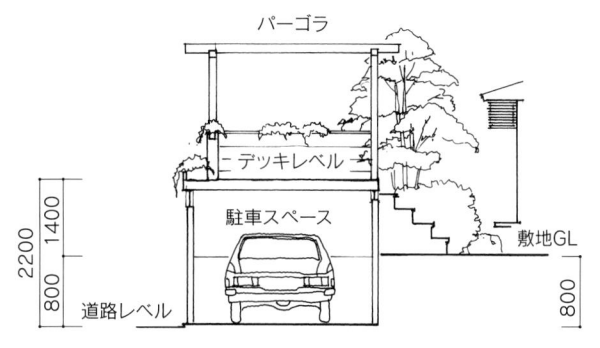

平面図

道路と敷地のGLの高低差がある場合には、こんな立体利用も使いやすく、空間に変化も生まれて楽しくなります

断面図

パース

3章

門まわりのデザイン

桂離宮の御幸門（京都市西京区）

3.1 門まわりの考え方

　来客を迎えるときお客さまが最初に目にするのが門まわりです。どんなに立派な建物であってもこの「門まわり」がみすぼらしかったり、汚かったりすれば家の第一印象は悪くなってしまいます。よく「門まわりは家の顔」といわれるのは、このような理由があるからなのです。

　ひと昔前まで日本は武家社会のなごりで門の構えを大きく立派にすることがひとつのステータスとなっていた時代もありましたが、近年は近隣コミュニティーを意識した「門構え」に変わってきています。あまりいかめしい構えよりも高さを抑え、立体的に構成された壁や角柱を植栽とうまく組み合わせ、セキュリティーにも配慮したデザインがテーマとなっています。

　そして、忘れてはいけないのが建物との調和です。門の後ろには建物があるわけで、その住宅の様式や外壁の色、質感などと門まわりのテイストが合っていなければ、どんなに素晴らしい門まわりでも違和感のあるものになってしまいます。たとえ予算が限られていても、この門まわりだけは手を抜かず、質を落とさずにこだわりをもって計画したいものです。

3.2 門まわり計画のポイント

ⓐ 建物や街並みとの調和

　門まわりをはじめとするファサードのデザインは単体として見られることはなく、必ずその背景には建物があり、周囲には近隣の住宅が立ち並んでいます。どんなに素敵な門構えでも、それらの建物や街並みと調和していなくてはどこか不つり合いなものとなってしまいます。

　門まわりのデザインを考える前に、建物のスタイルやコンセプト、色使いや使われている素材などをきちんと確認し、周辺環境にも配慮しながらプランニングに入るようにしましょう。

ⓑ 潤いのある空間づくり

　どんなに素晴らしい壁や角柱、床のデザインであっても、そこにまったく植物がないと門まわりの表情はかたいものとなってしまいます。どんなに狭いスペースであっても工夫次第で植物を植えることは可能です。門まわりにたとえ1本でも樹木を植え、季節感や潤いのある空間づくりを心がけましょう。

ⓒ 新しい素材、商品、施工方法を積極的に取り入れる

　忙しい日常業務のなかでできるだけ手間をかけないで設計や施工を行おうとすると、使用する材料や商品、施工方法がワンパターンとなり、変わりばえのない施工事例ばかりになってしまいます。少し長い目で見ると門まわりのデザインや使われる素材、商品にも流

行があり、それに気づかないまま毎回同じような提案ばかりしていると、時代遅れのプランしか考えられなくなってしまいます。新しいものを面倒に思ったり敬遠したりせず、積極的に取り入れてみる前向きな姿勢をもち続けましょう。

ⓓ セキュリティーに対する配慮

近年オープンスタイルが増えていますが、その反面オープンスタイルからクローズドスタイルにリフォームする事例も増えています。いくつか理由はありますが、一番多いのが防犯面での不安です。凶悪な犯罪が増加するなか、残念ながら日本の安全神話は過去のものと思わなくてはならない状況です。単におしゃれだからとか、工事費が安いからという理由でオープンスタイルを安易に採用するのではなく、セキュリティーにも配慮してエクステリアのデザインを考えることも今後ますます重要となるでしょう。

図1 門まわりは建物とのバランスが大切

3.3 門まわりのスタイル

エクステリアの計画において最初に行うべきことはゾーニングです。敷地内に各要素をレイアウトしていくわけですが、まず最初に駐車スペースの位置を決めます。道路に面した部分で隣地境界側に寄せてレイアウトするのが一般的です。それが決まったら次に門の位置を検討します。基本的には道路から容易に入れる位置であればどこに配置してもよいわけですが、動線を含めた使い勝手や構造物の納まり、主庭のスペースの確保などを考慮

し、駐車スペースの近くにレイアウトするとよいでしょう。

門まわりのスタイルとしては「クローズドスタイル」「オープンスタイル」「セミオープンスタイル」に大別されます。いずれのスタイルを選択するかは施主の好みやライフスタイル、敷地の周辺環境などを総合的に考慮して決定します。その特徴とポイントについて見てみましょう。

ⓐ クローズドスタイル

クローズドスタイルとは塀や門扉、カーゲートなどで道路側を囲ったものをいいます（図2）。道路境界ぎりぎりに門扉を配置したり、高い塀で囲っただけのデザインではあまり魅力的なプランにはなりませんが、壁の構成や植栽スペースの確保、素材の組み合わせなどを工夫すれば決して閉鎖的ではない、潤い豊かなプランとすることも十分可能です。また最近はセキュリティーの面からもクローズドスタイルを希望する施主も増えています。

ⓑ オープンスタイル

オープンスタイルとはクローズドスタイルの逆で、塀や門扉、フェンスなどで囲わず、だれもが自由に出入りできる開放的なプランをいいます（図3）。もちろん、構造物が少ない分、植栽などで補わなくては魅力的なものにはなりません。素材もできるだけ存在感のあるものを選び、植栽とのバランスにも注意を払わなくてはなりません。セキュリティーの面でもセンサーや照明、踏むと音の出る砂利敷きなどを積極的に提案する必要があるでしょう。

ⓒ セミクローズドスタイル

セミクローズドスタイルとは、クローズドスタイルとオープンスタイルの中間的な存在で、適度な囲いと開放感のバランスがポイントとなります（図4）。見せる部分と隠す部分を明確にしてからデザインすることが大切で、もちろん植栽とのコーディネートも忘れてはなりません。壁や角柱を計画する場合は、機能的な寸法と全体バランスの双方から検討し、構造物の大きさや配置を決定するとよいでしょう。

図2　クローズドスタイル

図3　オープンスタイル

図4　セミクローズドスタイル

3.4　門まわりの基本寸法

ⓐ 門前スペース

　まず門まわりの設計に入るときに考慮するのは、門前スペースの確保です（図5）。門の袖壁や扉の位置を道路境界からセットバックさせ、そこにスペースを確保します。この空間に植栽スペースなどを組み合わせると、ゆとりを感じさせることにもなりますし、幼児や児童の道路への飛び出しを抑制する効果も期待できます。セットバックの距離Dは敷地条件にもよりますが、600～1200mm程度はほしいものです。

　バリアフリーを考慮したプランで、車イスを前提に設計する場合は、門の前に車イスを止めておくスペースと介護者が回り込めるスペースを確保しておかなくてはならないので、1500mm以上が理想的です（図6）。

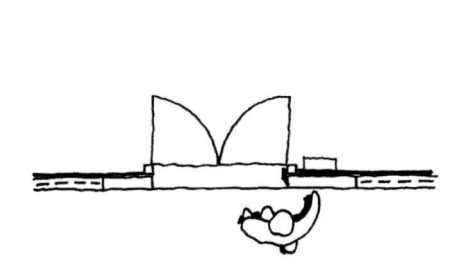

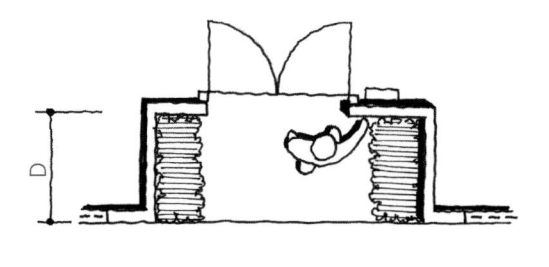

道路境界ぎりぎりに門を構えると、道路に立ってインターホンを使うこととなり危険。
景観上も耐震強度上も好ましくないので避けたほうがよい

門の前にスペースを確保すれば安全なだけでなく植栽スペースも確保でき、景観上も好ましい。また、両サイドの壁が控え壁となり、耐震強度も向上する

図5　門前スペースの確保

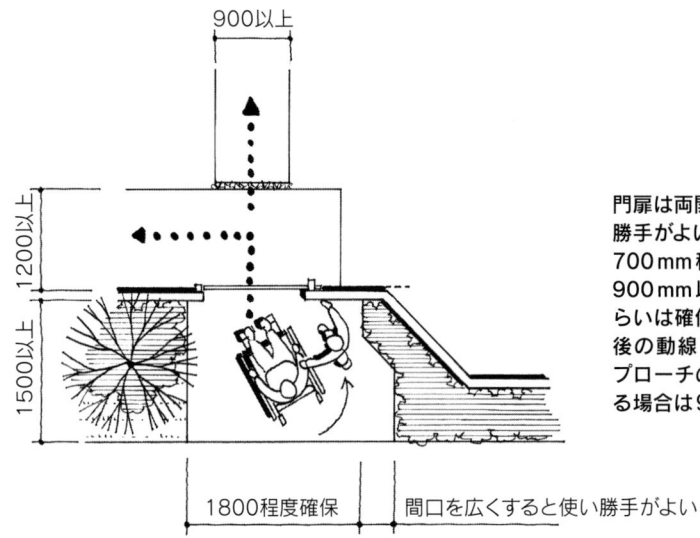

門扉は両開きよりも引戸のほうが使い勝手がよい場合もある。車イスの幅は700mm程度なので開口部の間口は900mm以上、できれば1200mmくらいは確保しておきたい。門を入った後の動線が直角に曲がる場合は、アプローチの幅員を1200mm、直進する場合は900mmは確保する

図6　車イスに配慮した門前スペース

❻ 門袖壁の高さ

　門袖壁の基本寸法を図7に示します。まず高さHは1500mmを標準とし、これよりも高いと高級感が出ますが、同時に圧迫感も感じられるので注意しましょう。また、1500mmより低いと開放感が出ますが、ポストやインターホンの位置が低くなりすぎ使いにくくなるので注意してください。

　門袖壁の幅はポストや表札、インターホンなどが付く側Aは800～1200mm程度、付かない側Bはそれよりも200mm程度狭くするとバランスがよいでしょう。

　人が出入りする間口の寸法Wは1400mmが標準で、既製の門扉を付ける場合は200mm単位で増減します。

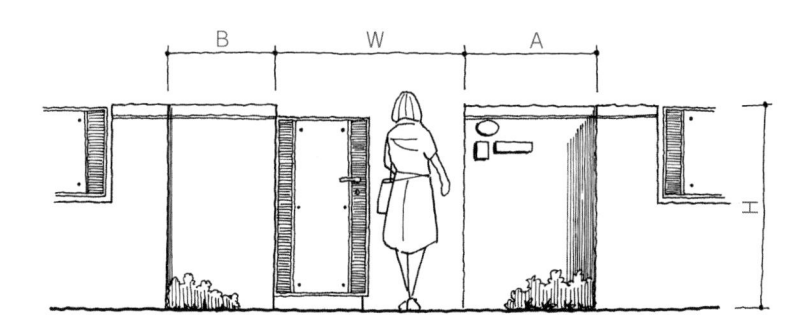

H：袖の高さ
A：メインの袖の幅
B：サブの袖の幅
W：開口部の間口寸法

図7　門袖壁の基本寸法

3.5　門の位置と高さの計画

ⓐ 扉の開閉方向

　門の位置は道路際に設置せず、敷地内にセットバックさせて設置することは前節で述べた通りですが、さらに扉の開け方についても決まりがあります。

　両開きの門扉は文字通り2枚の扉で構成されていますが、通常は片側のみを開閉し、もう一方は落とし棒によって固定されています。特に指定がない場合は道路から見て右側を開閉させるよう設定をします（図8）。

　ただし、門を入ってからの動線によっては、門の開け方を逆にしたほうがよい場合もあるので、建物の配置や玄関の位置を十分に把握してから決定するようにしましょう（図9）。

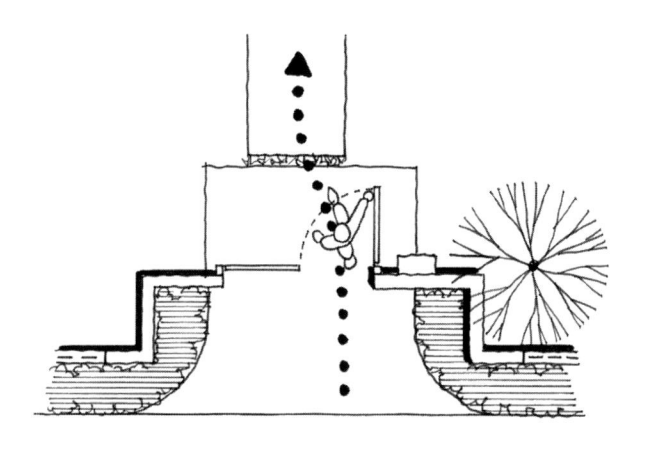

右利きの人が多いので通常は右側を使って開閉するほうが使い勝手がよい。
大きな荷物を出し入れする場合は、左側の扉の落とし棒を上げれば、大きな開口を確保することができる

図8　門の開閉方向（右開き）

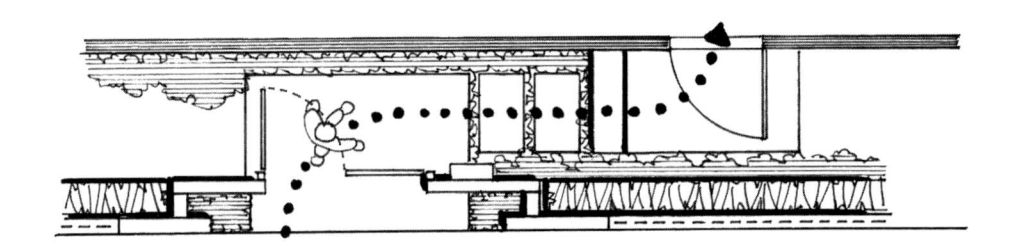

北入りプランで門を入ってすぐ建物があり、玄関の位置が右側にあるようなケースでは、右側の扉を開けるようにしてしまうと通りにくいので、左側を開けるように指定したほうがよい

図9　門の開閉方向（左開き）

❻ 門と階段の関係

敷地と道路に高低差がある場合は、門まわりに階段を設置することになります。階段と門の位置によって門の印象や使い勝手が違ってくるので注意する必要があります（図10）。

好ましくない例
道路からすぐ階段になったり、門扉の直下に段差があると危険なのでできるだけ避ける

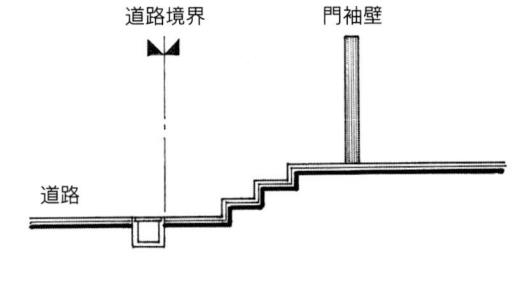

処理パターンA
門の前で階段を処理するパターン。門の位置が高くなるので高級感が出るが、圧迫感も出るので注意

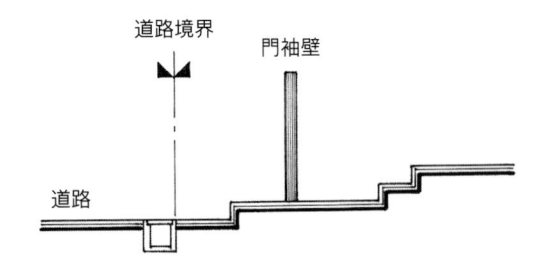

処理パターンB
門の前後で階段を処理するパターン。高低差が大きく階段の段数が多くなる場合、階段の多さを感じさせない効果もある

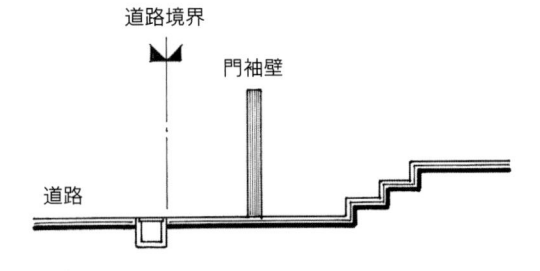

処理パターンC
門の中に入ってから階段を処理するパターン。門まわりのデザインは高低差を考慮しないで設計できる

図10　門と階段の関係

❸ 門袖壁の高さ

　敷地と道路の高低差が大きく、門の前で階段をすべて処理する場合は、道路から見て門の位置が高くなるので圧迫感が感じられないように配慮しなくてはなりません。特に、その門袖壁から続く塀の部分を同じ高さで設計すると、道路際でかなり高くなるので、デザインだけではなく耐震強度上も問題になります（図11）。

好ましくない例
門袖壁と同じ高さで壁を道路側へと出すと、道路から見た壁の高さが高くなり圧迫感が出るばかりか、耐震強度上も問題がある

処理パターンA
袖壁と塀の接点で1段落とすパターン。
スッキリとしたデザインとすることができるが、高低差の大きな敷地には不向き

処理パターンB
高低差が大きな敷地の場合は階段状に高さを落とすと効果的。ブロック下地の場合は 200 mm ずつ、レンガの場合はもう少し細かく落とすときれいに見える

処理パターンC
これも高低差が大きな敷地の場合で、個性的な表情にしたい場合に最適。スリットを挟んで高低差を大きく変えている

図11　門袖壁の高さ

3.6 門まわりに使用される素材

ⓐ 門袖壁・門柱の素材

門袖壁や門柱に使用される代表的な素材には次のようなものがあげられます。

①コンクリートブロック

あらかじめ表面に意匠性のある化粧ブロックであれば仕上げは不要ですが、スタンダードブロックの場合は必ずその表面に仕上げをするようにしましょう。代表的な仕上げとしては、

- タイル貼り(二丁掛けタイル、ボーダータイル、方形タイルなど)
- 石貼り(乱貼り、小端貼り、方形貼りなど)
- 塗り壁仕上げ(コテむら仕上げ、櫛引き仕上げ、ローラー仕上げなど)

などがあります(図12〜14)。

②レンガ

レンガは洋風の住宅によく合うので人気があります。高さが1200mmを超える角柱や壁などをレンガでつくる場合は、鉄筋やモルタルで補強する必要があります。また、ヨーロッパサイズやオーストラリアサイズなど寸法が違うので注意が必要です(図15)。

③コンクリート打ち放し(RC)

シンプルでモダンな住宅によくマッチするので近年、また見直されている仕様です。基本的には仕上げをしないので、型枠や施工に細心の注意が必要です。工期も長くなるので注意しましょう(図16)。

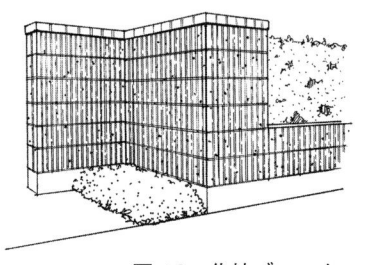

図12 化粧ブロック 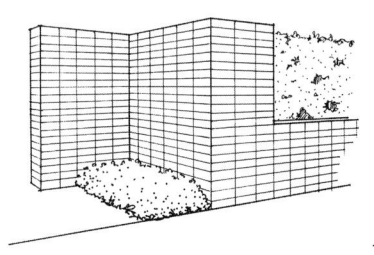　　図13 コンクリートブロック＋タイル貼り 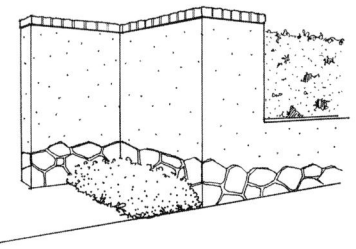　　図14 コンクリートブロック＋塗り壁

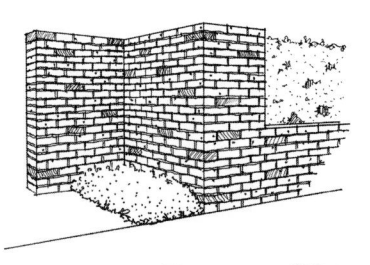

図15 レンガ積み 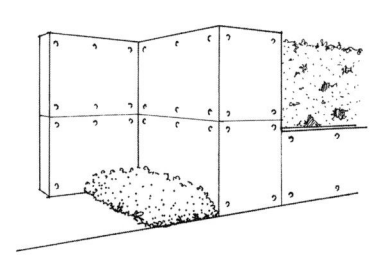　　図16 コンクリート打ち放し

❺ 門扉の素材

門扉に用いられる素材としては次のようなものがあります。

①アルミ型材

軽量でサビが出ないという長所があります。直線的なデザインが基本で色のバリエーションが豊富です（図17）。

②アルミ鋳物

適度な重量感があり曲線的なデザインが可能です（図18）。

③ウッド

ナチュラルなプランには相性がよい素材ですが、定期的なメンテナンスが必要です（図19）。

④ロートアイアン

重厚感がありオリジナルデザインでつくることが可能です（図20）。

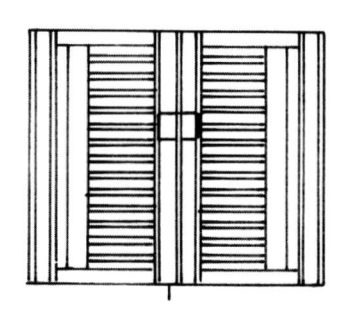

図17　アルミ型材

図18　アルミ鋳物

図19　ウッド

図20　ロートアイアン

その他、門まわりには表札やポスト、インターホンや照明などが必要となるので、デザインのなかにうまく組み込むことを忘れないようにしましょう。

3.7 植栽の生かし方

　一般的に門まわりは壁や門扉に囲まれた小さな空間となることが多く、植栽などを組み込まず、床だけで仕上げるケースも多く見られます。しかし、門まわりは道路に一番近く、だれもが最初に目にするところです。ここに植物がまったくないと、かたく寂しい印象を与えかねません。単にスペースがないからと諦めるのではなく、人が歩かないところや車が通らないところを見つけて積極的に植栽を取り入れることが、魅力的な門まわりを演出するとても重要なポイントとなります(図21)。

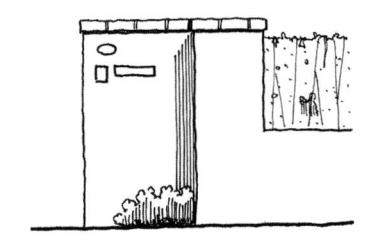

花壇は立ち上がりを設けずじかに植栽したほうが重心が下がり空間が広く感じられる

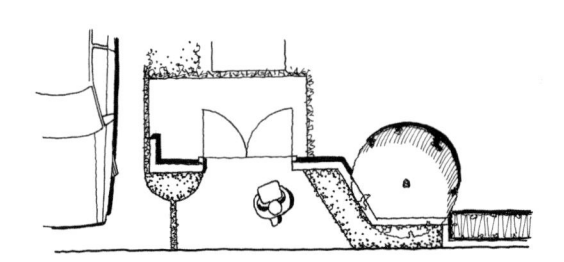

門前の植栽スペースは可能な限り道路面まで連続させる

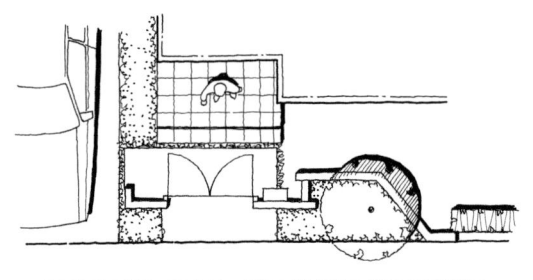

奥行きが浅い場合は、門に続く壁を後ろに下げて植栽ポケットをつくる

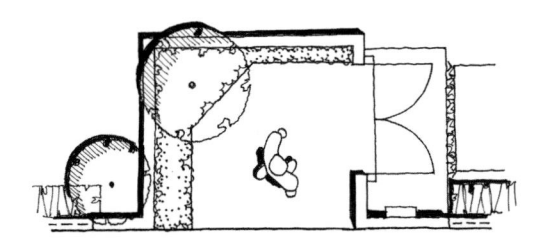

壁で囲まれた門まわりは圧迫感と閉塞感を和らげるためにも積極的に植栽スペースを前面に出す

図21　植栽の生かし方とテクニック

事例1　近隣とのコミュニティーを育む

大きく引きをとった門前のコーナーを利用してベンチと花壇をレイアウトすると、そこは近隣とのコミュニティースペースにもなります。

ベンチと同じ高さの花壇は高齢者にも手入れが楽で、間近に植物を観察することもできます。ここに咲いた季節の花が道行く人との会話のきっかけとなりコミュニティーの輪が広がります。

駐車スペースとの間にはサークル状の植栽スペースを確保し、落葉樹を植えることで道路沿いの表情が豊かになり、落ち着いた空間を演出することができます。

ステップはやわらかい曲線で処理し、床の表面仕上げは方向性をもたない自然石の乱貼りとすることで、ベンチにとどまりゆったりとした時間を過ごせるよう配慮されています。

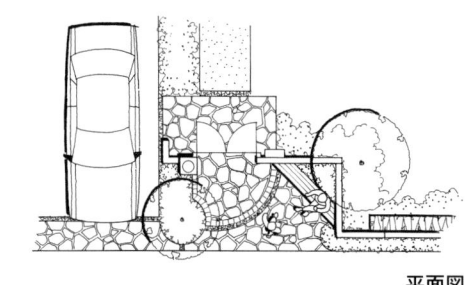

平面図

パース

事例2　花鉢を立体的にディスプレーする

メインの門袖壁にレンガを積んだ階段状のアクセントウォールを組み合わせてコーディネートすると、それだけでも変化のある個性的な門まわりとなります。さらに一歩進めて、ここをディスプレーコーナーとして活用すれば、施主の趣味を生かした小物を飾ることもできます。

花が好きな施主であれば自慢の花鉢を飾ることもできるし、パーティーが好きな施主であれば来客を迎えるウェルカムキャンドルを飾るのも楽しいでしょう。

そこに飾る小物を引き立たせるには、背景の壁はシンプルな塗り壁にすると効果的です。

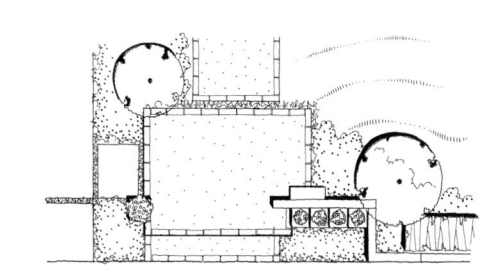

平面図

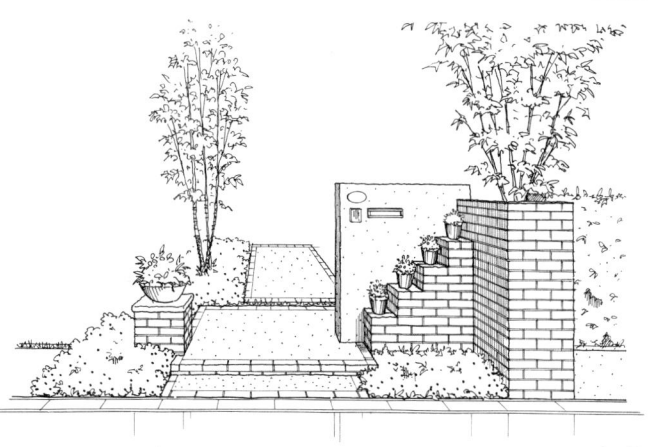

パース

事例3　壁・床のつながりをデザインし空間を広く見せる

アプローチ脇に立てた枕木が床へとつながり空間の広がりを感じさせるデザインとなっています。
シンプルモダンなデザインにはあえて曲線を使わず、スッキリとした直線でデザインをしたほうがきれいにまとめやすくなります。門前のアプローチ床部分にもラインが入り、視覚的にもアクセントとなっています。道路際の床を広くとっているのは車の出入りを考慮したものであり、使い勝手もよいものとなっています。

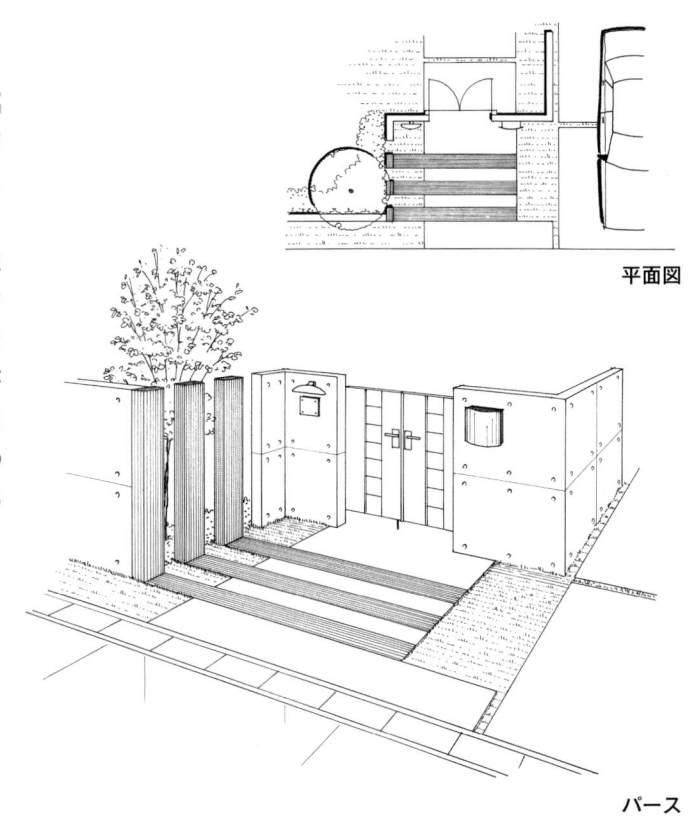

平面図

パース

事例4　パーゴラで来客を迎える

入口を道路に対して直角に構えると、その前にちょっとしたスペースが確保できます。思いきって四隅に角柱を配しパーゴラを組んでみましょう。空間を立体的に構成した素敵な門まわりとなります。ハンギングで花鉢をぶら下げたりコーナーに落葉樹を植えて演出します。
パーゴラはコーナーを抜いて落葉樹の生長に備えます。
根元にスポットライトを入れれば夜の表情もドラマチックなものに。

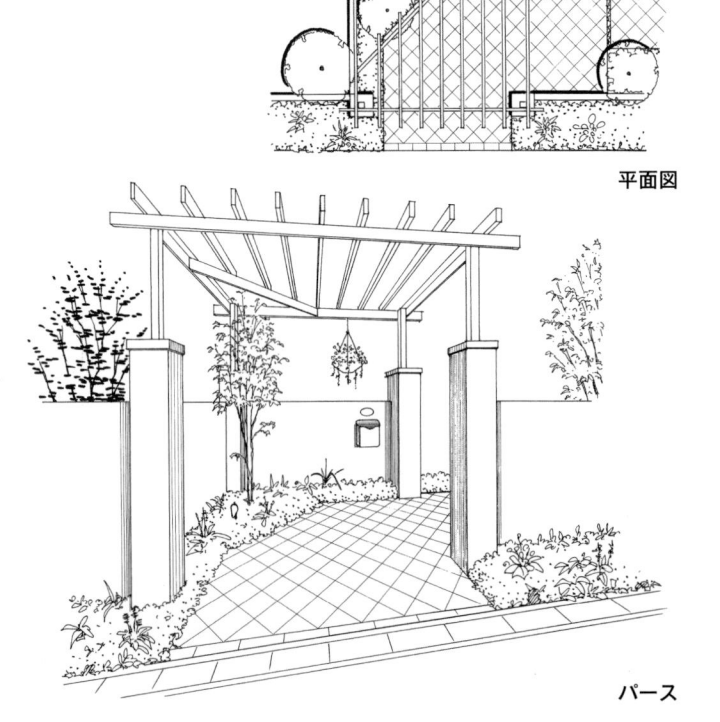

平面図

パース

4章

アプローチのデザイン

桂離宮のアプローチ（古書院前延段と飛石・京都市西京区）

4.1 アプローチの考え方

　道路から玄関までの通路部分を一般にアプローチと呼びます。アプローチは建物の配置と敷地の大きさ、高低差によって、ほぼ決まってしまいます。したがって、建物の計画と同時に考えることが望まれます。また、アプローチは建物や門、塀、駐車スペース、サービスヤードを通し、街並みにも影響する部分といえます。

　人の体でいえば、顔の部分に相当し、通路という機能だけでなく、庭園的な美的要素が要求されます。前述のように、アプローチは道路と玄関を結ぶ空間なので、道路や建物の配置や間取りに大きく影響されます。当然ながら、天候や時間、季節に関係なく家族全員が毎日の出入りに使用し、たまの来客も使用することになります。このような道空間は住む人の配慮が表れるところであると同時に、美しく、安全で、ゆとりのある癒やされる空間となることが求められます。

　アプローチは歩きやすくすべりにくいとか、歩行に安全な有効幅員、快適な曲線など、機能面から語られるのに、美しい、楽しい、快適などの情緒的な側面から語られることは少ないように思われます。たしかに、機能面を無視し、形や色などデザイン面を優先しすぎることは問題です。ゆとりのあるアプローチ空間を確保することが難しい都市の状況や、高齢化が進むなか、時代の要望にも配慮したアプローチの計画が必要と思われます。

　しかし、生活の様式や社会通念の変化が進んでも、そこで生活する家族が毎日利用する場所であること、加えて、安全で、歩行しやすい丈夫な道であることなど、アプローチに求められる基本的な要求は変わらないと考えられます。変化に配慮しながら、これからは狭いアプローチ空間をいかに豊かにつくるか、人に優しいアプローチの工夫、街並みや建物、門などの周辺工作物との調和など、より快適な住環境に配慮することが重要になるでしょう。こうしたことから、以下にあげる事項に留意した計画が望まれます。

①アプローチを豊かにするために、道としてだけでなく空間として配慮する。
②劣化や退色、腐食などに強く、将来にわたりゴミとならない素材を採用する。
③高齢者や子供にも優しく、夜間の歩行にも安全な、照明や手すりなどを設置する。
④門、塀、建物などの周辺工作物との調和に配慮する。
⑤街並みや景観に配慮する。

4.2 アプローチ計画のポイント

　アプローチを考え計画するときには、主に次のようなことを考えながら計画するとよいでしょう。

ⓐ 建物との調和

　エクステリアの全体計画は街並みを含め建物との調和を考えて計画されます。これは、街並み景観や家並み空間がエクステリア空間と重要な関係にあることを意味しています。

建物と調和しないエクステリア計画は、建物や街並み景観を壊します。そこに生活する人や街で生活する人々を不愉快にし、がっかりさせます。したがって、エクステリアの重要な構成要素であるアプローチは当然ながら建物のデザインや様式、仕様、色彩、グレードなどと調和させることが必要になります。

ⓑ 周辺ゾーンとの動線

アプローチは機能的に生活動線の意味合いの強い園路空間です。図1に示すようにアプローチから駐車スペースへの動線、アプローチから主庭への動線、アプローチからサービスヤード空間への動線など使用頻度の高い動線は使いやすく、快適でないと日常生活が不便で、ストレスを感じます。したがって、アプローチ空間と主庭やフロントヤード、駐車スペース、サービスヤードなどとの位置関係に配慮し、使いやすい動線の計画が大切です。

ⓒ 視線

日常生活のなかで、道路や隣地からの視線は気になるものです。"覗かれている"あるいは"見られている"と感じると、人は不安になったり、不快になったりなどのストレスを感じます。同様に、訪問者の視線も無視できません。どの方向から視線がくるのか、図2にアプローチをたどる視線を矢印で示します。

道路からは門や塀、扉、アプローチ、駐車スペースなどが目に入ります。門を入ってから視線はアプローチや庭、駐車スペース、植栽に向き、さらに建物に近づき、玄関、テラス、窓に向きます。したがって、入ってくる視線を完全に防ぐ、あるいは透過させる、視線の先に気持ちのよい景観を設けるなど、状況に応じた視線に対する対応を考えた、ストレスの溜まらない計画が望まれます。

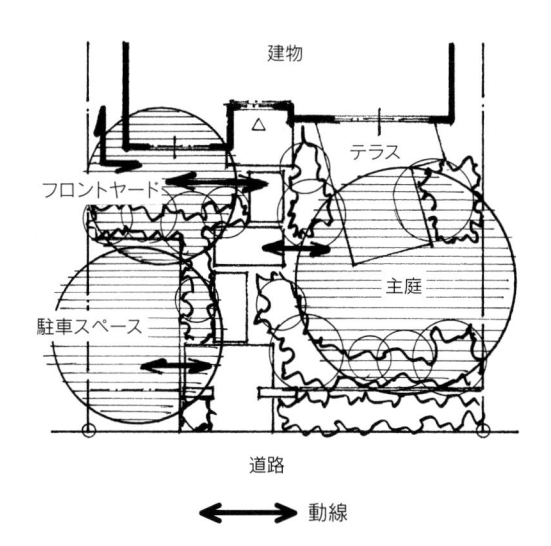

アプローチから庭や駐車スペースへの使いやすい動線を配慮する

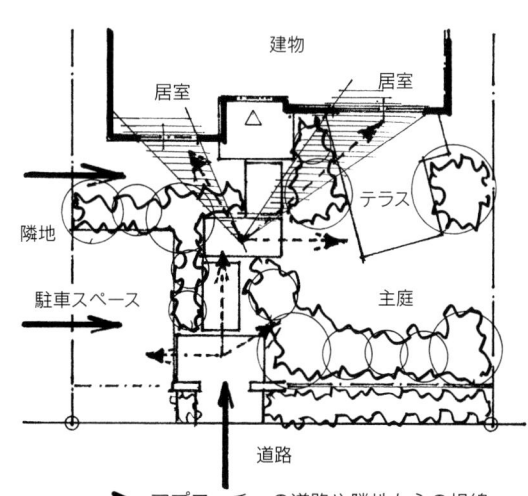

図1　動線計画

道路や隣地からの視線やアプローチから居室への視線も考慮する

図2　視線計画

ⓓ 材料やデザイン・色調

　歩行者のことを考え、すべりにくい、安全な舗装材と歩きやすい形状に配慮することが必要です。しかし、機能だけあるいはデザインだけを優先して、建物や周辺と調和を欠いては気持ちのよいアプローチにはなりません。やはり、用いる素材やデザインは建物や門、塀の素材やデザインを基調にすることが大切です。また、計画の全体の色調は雰囲気をつくり出す大きな要素となりますので、同様に建物外壁や門塀の素材の色調にも配慮が必要です。

ⓔ 歩行幅員と機能

　歩行路における安全で使いやすい幅員を図3に示します。下図を基本寸法とし、家族の構成や距離、構築物のそばを通る、片側が傾斜している、植栽が迫っているなどアプローチを取り巻く状況に応じた柔軟な判断が必要になります。一人で歩くから600 mmでよい、一般的には1200 mmでよいと簡単に考えないで、雨天、夜間、荷物を持っている場合、自転車を押している場合など、アプローチの利用状況も考慮して幅員を決めることが大切です。

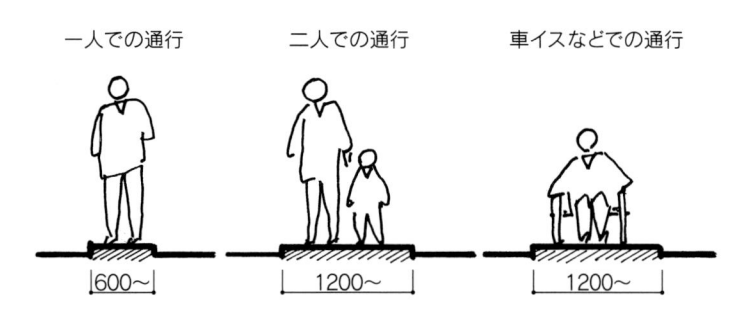

図3　アプローチの園路幅員の基本寸法

ⓕ 快適性、ゆとり

　アプローチは安全に歩行できることは当然ですが、同時に美しく、楽しくなくてはいけません。歩ければよいということだけでは十分ではありません。毎日家族が利用する、利用頻度の高い大切な空間と認識する必要があります。元気に学校に行く子供たちをお母さんが心地よく送り出し、疲れて帰ってくるお父さんが元気をもらう、あるいは季節を感じ、ほっとできる空間でなければなりません。図4のように空間を豊かにつくるために植栽を工夫することが必要です。園路だけが際立ち、小さく貧相な足元だけの植栽はアプローチ空間を小さく貧弱に見せます。逆に、高さとボリュームのある植栽は空まで取り込むようなゆとりのある、気持ちのよい園路空間になります。加えて、落葉、花、実、新芽など季節を感じる樹種の選択が、より豊かなアプローチをつくり出します。

❸ 視界の上下変化

　園路空間を豊かにする植栽も、その植え方や樹種により空間に大きな影響を与えます。

　一般的には園路の足元に下草を、中間に中木を、一番離して高木を植えていきます。しかし、植える樹木は同じでも図5のように園路の周辺に高低差のある場合とない場合では園路空間の広がりに相違が生じます。また同様に常緑高木を近くに植え込むと空間が圧迫されたように感じます。枝下の空いた樹形の落葉高木を用いると、空まで取り込むような大きな空間の広がりを感じられます。このように、アプローチ空間は植栽をすればよいだけではなく、周辺の高低差や樹種の選択が重要になります。

低い植栽しかないアプローチは、狭い意識になる

高く、密度のある植栽は、アプローチに広がりを意識させる

図4　植栽とゆとりの感覚

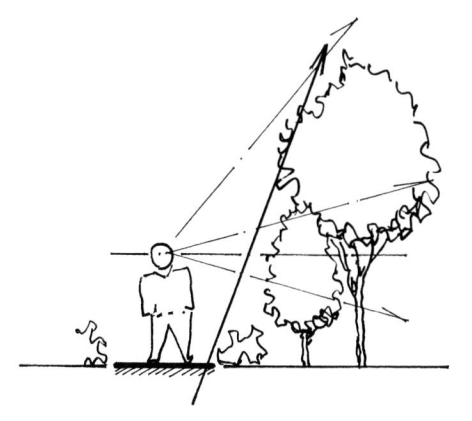

高低差のない場所でのアプローチに近い植栽は、樹種によっては圧迫される

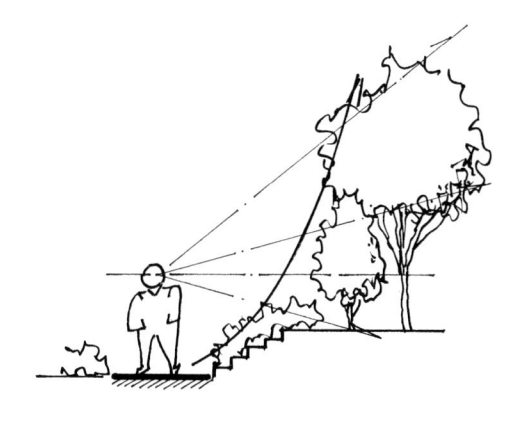

高低差のある場所でのアプローチに近い植栽は、視覚的にも大きな広がりを感じさせる

図5　樹木による空間の広がり

4.3 アプローチの基本的な形

アプローチには直線、直角曲がり、曲線、斜め曲がり、斜線の基本的な5つの形が考えられます。図6では一方向の図となりましたが、逆の方向への曲がりや斜めも考えられます。敷地や建物、門や駐車スペースなどに配慮しながら、どの形が適当であるかを考えます。

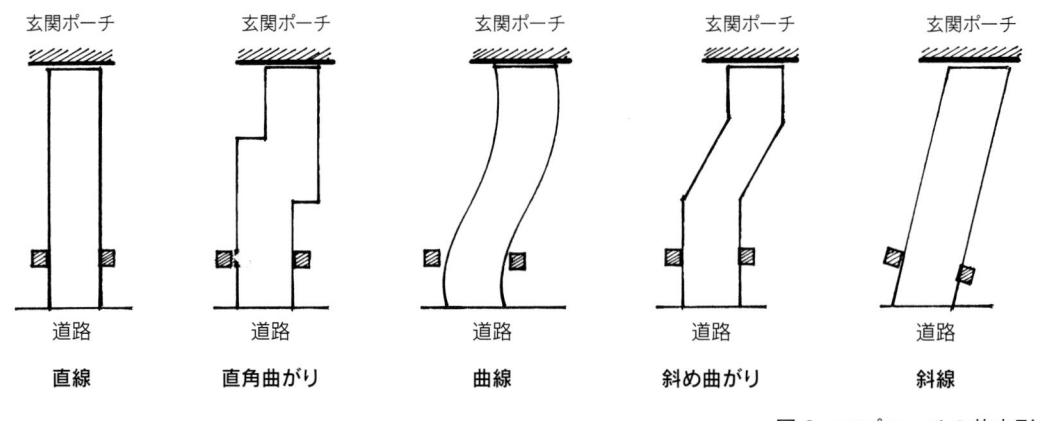

図6 アプローチの基本形

4.4 アプローチの舗装

家族全員が毎日のように利用するアプローチはすべったり、つまずいたりしにくい舗装仕上げとします。舗装面に亀裂が入ったり、水が溜まったりしないようにすることも大切です。アプローチに使用される舗装材は上記の要件を満たすものでなければなりません。舗装材を決めるときは玄関ポーチの素材や仕上げ、門、塀、街並みなどにも配慮して、調和を図ることが大切です。

ⓐ コンクリートを下地とした舗装

駐車スペースのように重量物が載るような舗装、下地がないと仕上げることができない舗装、または、仕上げ材のみでは割れたりバラバラになって舗装面を維持できない舗装は、基本的に地業およびコンクリート打ち下地の上に仕上げます(図7)。

この方法の舗装は不陸を起こさない、耐久性のある舗装となりますが、かたい踏み心地と滞水や亀裂を生じることもあるので、施工には注意が必要です。これらの種類には以下のものがあげられます。

①左官仕上げ舗装(モルタル刷毛引き、コテ押え、砂利の洗い出しなど)
②自然石の石貼り舗装(乱貼り、方形貼りなど)

③タイル貼り舗装(100角、200角、300角など種々のタイル)

④レンガ貼り舗装(下地コンクリートを用いない場合もある)

⑤砂利などの樹脂舗装(左官仕上げの洗い出しと同様の仕上りになる)

⑥上記の組み合わせ舗装(小舗石やレンガの縁取りに洗い出しやモルタル仕上げなど)

❻ 砂利や砂を下地とした舗装

　重量物が載らない、または舗装面に多少の凹凸があっても問題のない場合に用いられる舗装です(図8)。この舗装は雨水を土に返す、踏み心地がよいなどの利点があります。しかし、不陸が多く発生します、反面、補修は比較的簡単で、何度でも現状復帰が可能です。しかし、耐久性がないため維持管理が必要となります。これらの舗装には以下のものがあげられます。

①コンクリート二次製品舗装(化粧またはコンクリート平板敷き)

②モルタル二次製品舗装(インターロッキングまたは化粧ブロック敷き)

③枕木の敷き込み舗装

④自然石板石・加工石敷き舗装

⑤レンガ敷き舗装

⑥上記の組み合わせ舗装

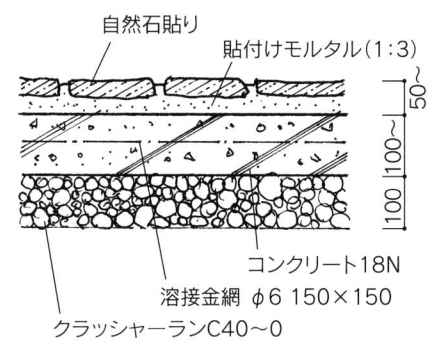

図7　コンクリートを下地とした丈夫な舗装断面

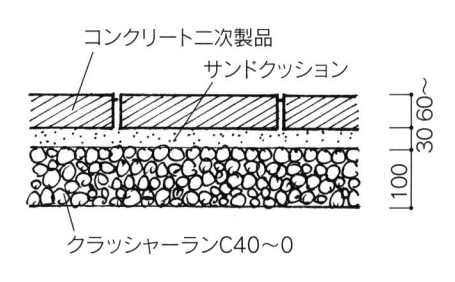

図8　砂や砂利を下地としたやわらかい舗装断面

❸ 舗装の種類（図面表記）

舗装仕上げの表示は実際の仕上がり状況をそのまま表現したものとします（図9）。

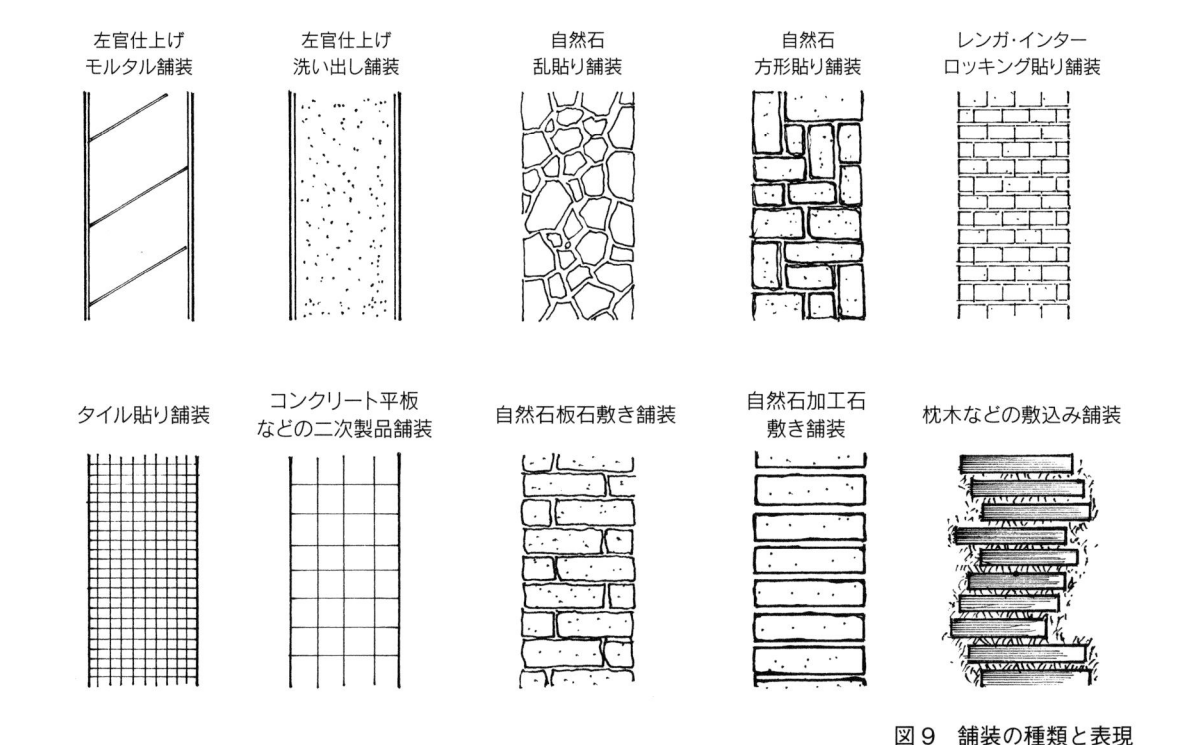

図9　舗装の種類と表現

4.5 アプローチの階段の計画

　道路と宅地に高低差がある場合のアプローチは、敷地に余裕がありスロープ（図10）で上れる程度の高低差を除いて階段を設けることになります。階段を設けることにより、玄関までの距離や面積が短縮でき、さらに工事費が節約できます。また、アプローチに上下方向の変化が生まれるという心理的な利点もあります。しかし、歩行者にとって、特に高齢者や小さい子供にとっては、すべったり、つまずいたりと危険が伴います。したがって、以下の点に留意した安全な階段の計画が必要です。

　①階段の踏面や蹴上げの寸法を変えないこと。これを守らないと、つまずきや転倒の原因になります。

　②踏面はすべりにくい、モルタル刷毛引き、自然石貼り、床用タイル、化粧平板、レンガ敷きなどの舗装とします。雨や雪など、外部は天候に大きく影響される場所なので特に注意が必要です。

図10 階段とスロープ

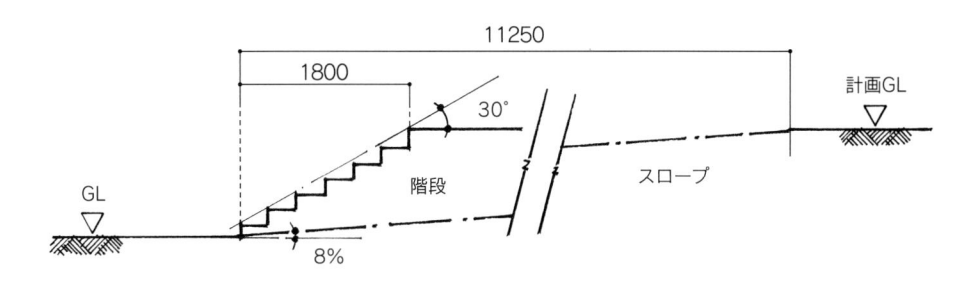

同じ高さを上りきるのにスロープでは階段の6倍の距離を要する

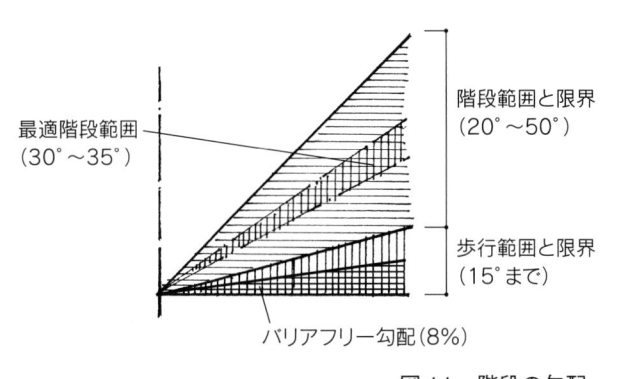

図11 階段の勾配

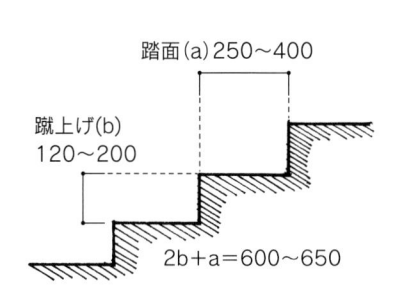

図12 階段と蹴上げと踏面の関係

③階段の段鼻にはスリップ止めの仕上げや素材を用いるようにします。
④夜間の歩行を配慮して照明を考慮します。
⑤直線的な長い階段は転倒すると、下まで一気に落下して大変危険です。途中に踊り場や手すりを設置します。

ⓐ 階段の基準寸法

階段は一般的に蹴上げ寸法×2＋踏面寸法＝600〜650 mmの範囲に納めると安全な階段となるといわれています。傾斜角度は30°〜35°程度で、傾斜が急になるほど歩幅は狭くなります（図11）。通常の階段歩行では蹴上げが200 mm以上になると階段の上り下りが苦痛になります。したがって、蹴上げの最大寸法を200 mmと考え、踏面の最小寸法を300 mmと考えます。蹴上げあるいは踏面のどちらかが大きすぎても歩きにくい階段になります。

蹴上げが50 mmほどに小さくなると、かえってつまずきの原因になります。また、踏面も人の歩幅を考慮しないで広くすると踏鞴を踏むことになり、上りにくい階段になります。階段の幅員はこれにつながるアプローチと同じ幅員とすることを原則と考えます。快適で安全な階段は蹴上げは120〜200 mmの範囲、踏面は250〜400 mm程度の範囲が適当でしょう（図12）。

ⓑ 危険な階段

　長い直線の階段や安易な曲線を用いたアール階段は計画しないようにしたいものです。階段の全体高さが3m以上になる場合は歩行安全上、12段程度上がったところに踊り場を設ける必要があります。踊り場の広さは踏面の2〜3倍以上が適当です。急激な回り階段や踏面幅の不ぞろいな階段も踏みはずしやすい危険な階段となります。さらに、階段の蹴上げの不ぞろいもつまずきの原因となるので注意が必要です（図13、14）。

長い直線的な階段は危険

回り階段のある危険な階段

踏面幅がバラバラで危険な階段

階段の途中に踊り場を設け安全を図る

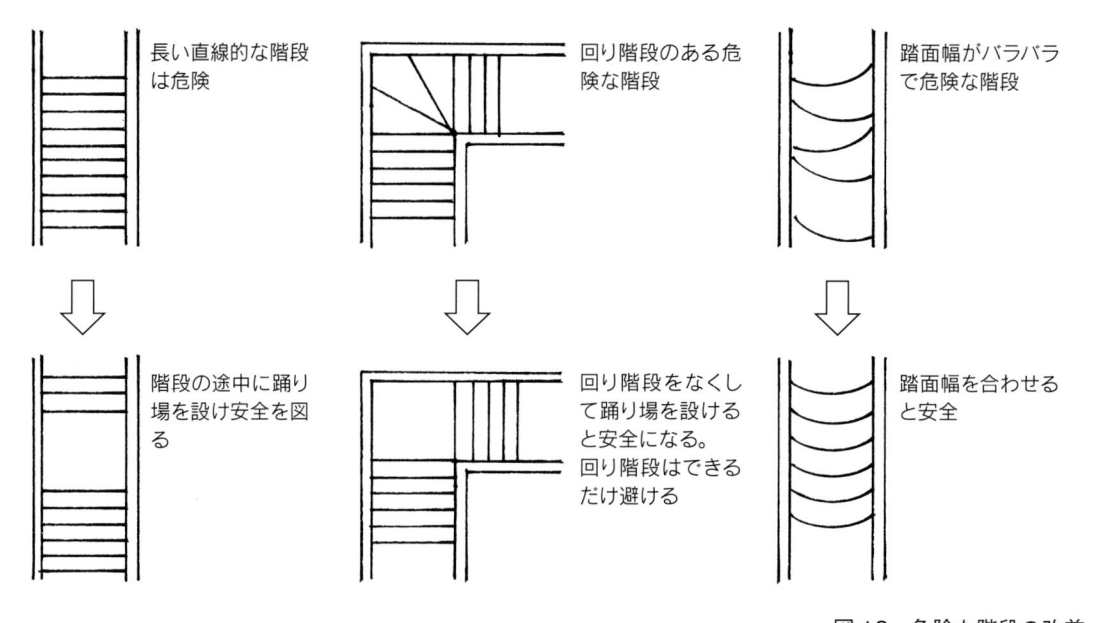

回り階段をなくして踊り場を設けると安全になる。回り階段はできるだけ避ける

踏面幅を合わせると安全

図13　危険な階段の改善

上りにくい　　　　上りやすい

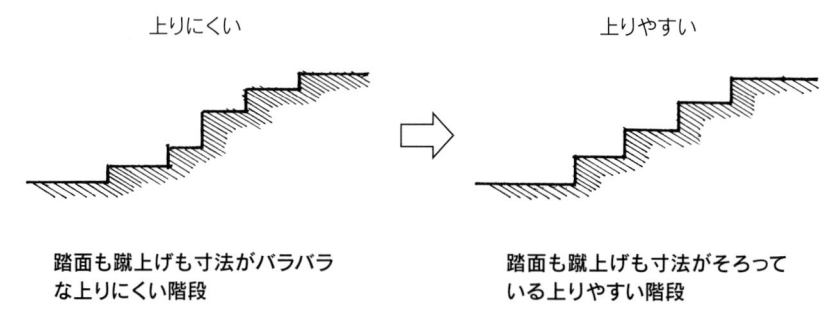

踏面も蹴上げも寸法がバラバラな上りにくい階段

踏面も蹴上げも寸法がそろっている上りやすい階段

図14　上りやすい階段と上りにくい階段

ⓒ 階段の構造

　階段については構造上も安全な計画としなければなりません。エクステリア工事では空洞ブロック下地の階段を見かけることがありますが、わずかな段数だから適当につくってよいということにはなりません。さらに、路床に接した階段は簡単でよいということでも

ありません。やはりRC造でつくることが望まれます。もちろん跳ね出し階段や下地のない自立階段、または2mを超える長い階段は、構造計算をしたうえで安全な階段をつくることが必要です（図15、16）。

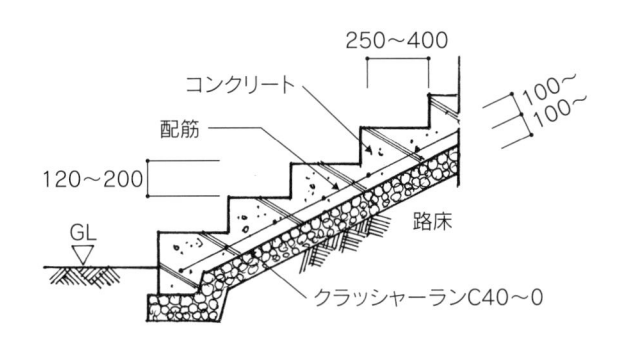

図15　路床に接して設けた階段

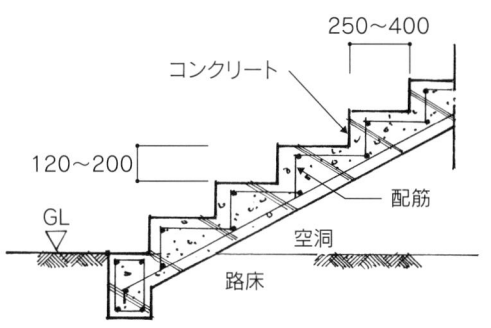

図16　路床が期待できない、または路床のない自立階段

d 階段アプローチの工夫

階段は上るだけでは単調になり、危険にもなります。そこで、少し工夫するだけで、変化のある面白い空間が実現します。階段アプローチは平坦なアプローチに比べ、すでに上下の変化という要素をもっています、視線や視界、アイストップなどの変化や効果が期待できます。そこで、階段の上り口を少し曲げてみることにより、緑の効果的な取り込みや、直接道路に飛び出さない広い踊り場の確保が可能になり、変化のあるアプローチが実現します（図17）。

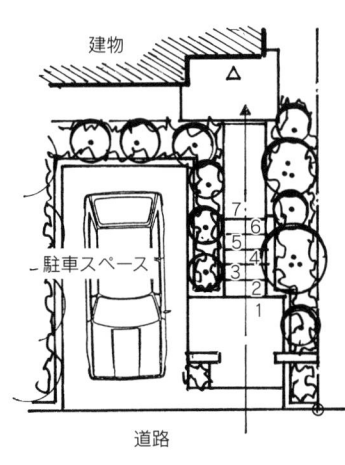

直線的になる階段は踊り場や門まわりに大きな空間をとる。高低差が変化を生み出す

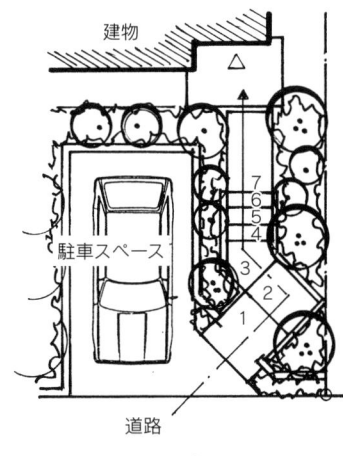

入口を斜め曲がりにして工夫。緑を効果的に生かす

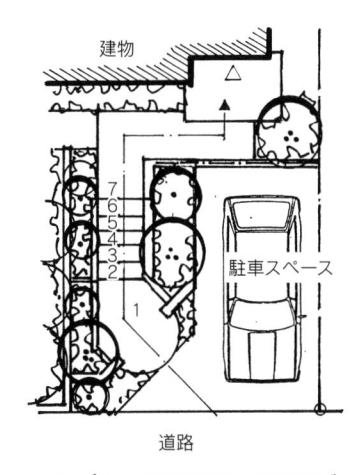

アプローチの始まりと玄関をずらして工夫。
駐車スペースとの間に効果的に

図17　階段アプローチの工夫

4.6 アプローチデザインの工夫

　道路出入口から門柱を経て、建物玄関までに至るアプローチはできるだけ、物理的にも心理的にも距離を確保し、奥行き感をつくり出すことが望まれます。しかし、前述したように敷地に余裕のない場合も多く、距離を確保することが難しい場合にも、通路形状を斜めや折れ曲がり、曲線などに工夫したり、舗装の仕上げを変化させる、目地に植栽を施すなどにより心理的な距離感や奥行き感をつくり出すように考えます。さらに、通路を取り巻く空間や歩行者の視線の先に緑や添景物を配置することにより、景色に変化をもたせることができ、単調にならない、ゆとりのある空間が実現できます。

ⓐ 玄関との正対は避け奥行きや変化をつける

　道路出入口と玄関位置は、アプローチの距離感やゆとりなどの心理面からも、できるだけ正対しないように工夫することが大切です。どうしても正対してしまう場合は、扉の位置を少しずらしたり、アプローチの形状を折れ曲がりや曲線にして正対をはずす工夫をします（図18）。

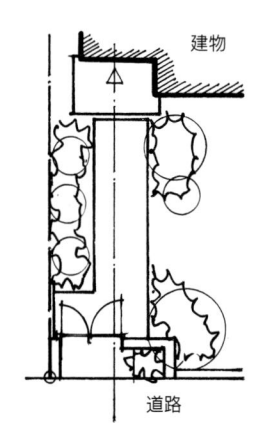

| 玄関に対し、道路からの入口を少しずらす | 道路からの入口は正対するが、アプローチを斜め曲がりとした | 道路からの入口をずらし、曲線のアプローチとした | 道路からの入口をずらし、斜線のアプローチとした |

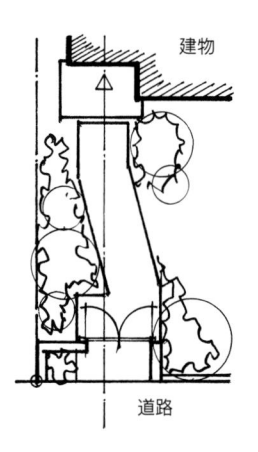

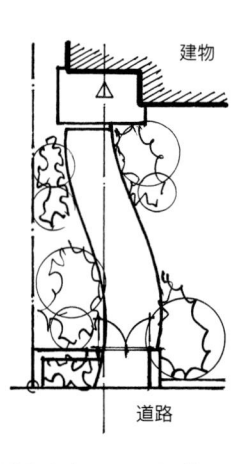

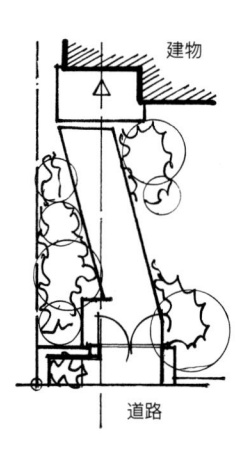

図18　玄関との正対は避ける

ⓑ アプローチ空間に形状変化をつけ、植栽を取り込む工夫

　出勤、登校、買い物あるいは疲れて帰宅したときに、アプローチをたどりながら季節を感じたり、緑に癒やされたり、草花や自然の美しさを感じることができたら疲れもとれ、明日への意欲が湧いてきます。しかし、単調でつまらないアプローチでは植栽も効果的に配置できないことになります。したがって、門扉と玄関が正対する単調で、短いアプロー

4.6 アプローチデザインの工夫 65

チも植栽や形状を工夫することで、美しい、楽しいアプローチが実現できます。

①園路形状と植栽の工夫

図19のように門の位置と玄関位置が正対し、しかもあまり長くないアプローチは、園路形状を工夫することにより、植栽も効果的に配置できるようになります。目地を利用し上手に緑を取り込む手法もぜひ使いたいものです。

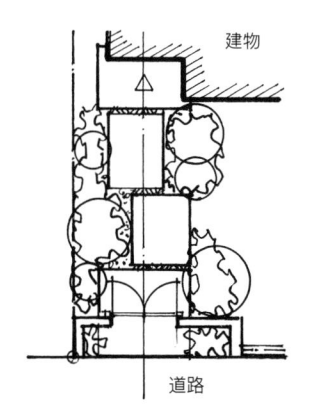

園路を大きく分割し、正対線をずらすことにより単調さを解消する。目地に緑を埋め込み、緑を園路に絡ませる。狭いながらも緑豊かな変化のあるアプローチが実現する

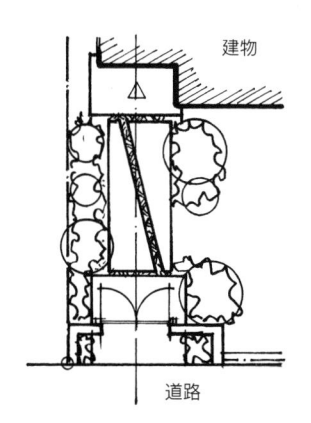

直線の園路に大胆な斜めの目地をとり、草目地としてみる。園路のかたさが和らぐと同時にアプローチが長くなったような錯覚を生み出す。植栽の採用が平面的に難しいので、天蓋のように葉が広がる樹種を用いるとより効果的になる

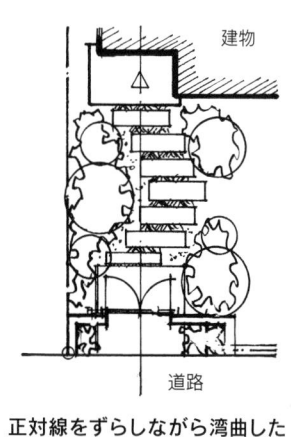

正対線をずらしながら湾曲した飛石風園路は緑の取り込みがもっとも多くなり、視界の中に緑が効果的に配置される。足元も下草の緑で緑量や変化、距離感が生み出される。目地が多い分、歩行には注意が必要になる

図19 園路の形状と植栽の工夫

②アプローチまわりに取り込む緑の基本的位置

アプローチに緑をより効果的に取り込むには、園路形状と視線が重要になります。以下の園路形状と緑の配置および視線の方向を念頭に、アプローチ計画をするとよいでしょう(図20)。

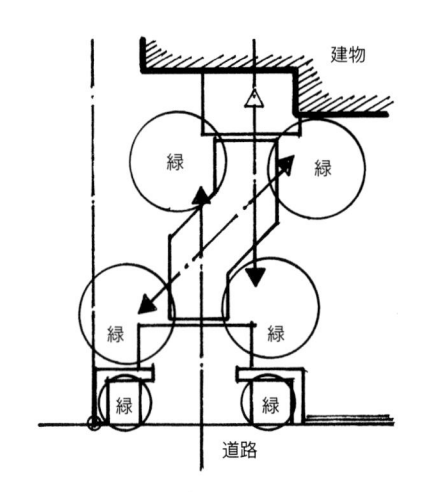

斜め曲がりのアプローチにおける緑の位置。
視線の先に配置する

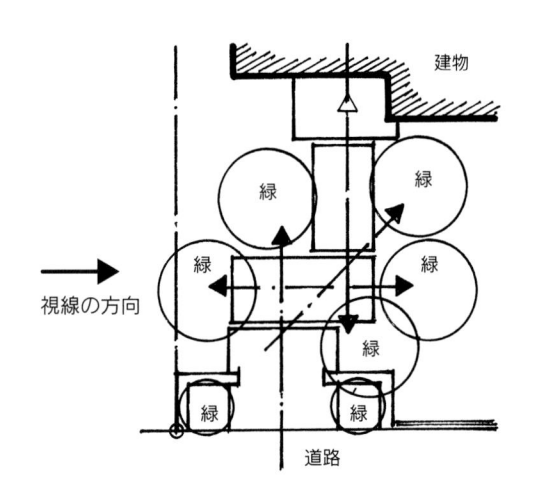

直角曲がりのアプローチにおける緑の位置。
視線の先に配置する

図20　アプローチ形状による緑の配置の違い

❸ 狭い敷地でのアプローチ形状の工夫

短いアプローチは単調で、つまらない園路になりがちです。そこで、狭いながら少しでも園路が長くなるよう工夫をします。まず玄関とアプローチの始まりが正対しないようにずらすことにより、正対距離より長くなり、植栽が効果的に配置できます。園路をたどりながら視線の先に緑が配置できます(図21)。

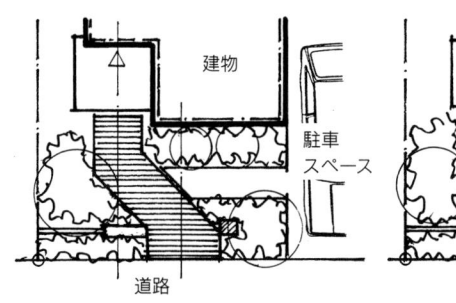

玄関に対し道路からの出入りを右側にずらした、斜め曲がりアプローチ

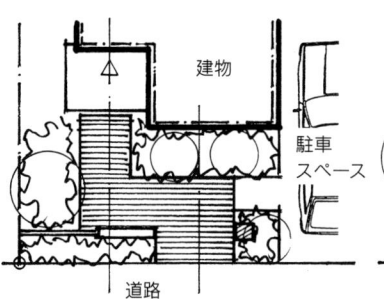

玄関に対し道路からの出入りを右側にずらした、折れ曲がりアプローチ

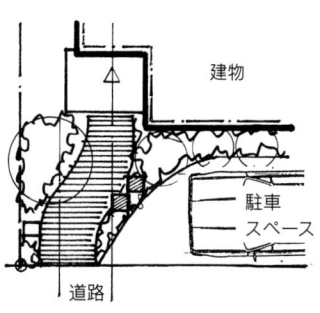

玄関に対し道路からの出入りを左側にずらした、曲線アプローチ

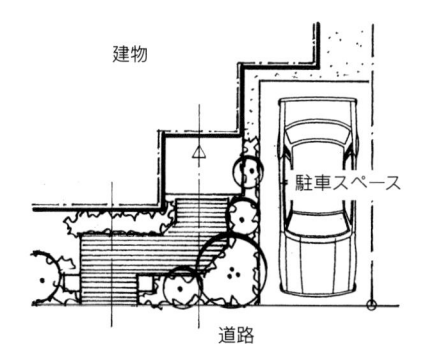

玄関が駐車スペースと近接しているため余裕がない。出入りを左にずらした、折れ曲がりアプローチ

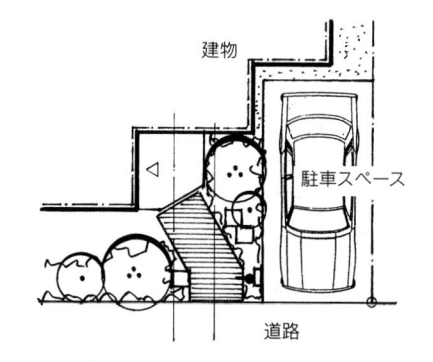

ごく接近した玄関をずらす場合、玄関ポーチを園路方向にカットするなど、玄関ポーチの工夫も必要。斜めずらしアプローチ

図21 狭いアプローチにおける工夫

d 駐車スペースに対するアプローチの工夫

　駐車スペースとアプローチが空間を共用している場合は工夫の難しいアプローチになります。車は絶対面積を確保しなければ駐車できません。したがって、勢いアプローチをいじめることになります。しかし、右側から駐車スペース幅員、アプローチ幅員と確保した工夫のないアプローチ空間も、正対線をずらすことにより、道路側に緑量を確保でき、道路からまたは玄関からの景観がよくなります。

　駐車スペースをアプローチ空間から離して、道路と平行にとることにすれば、余裕のあるアプローチが可能になります。このように、同じ敷地でも駐車スペースのとり方によりアプローチ空間は大きく変えられることが理解できます(図22)。

68　アプローチのデザイン

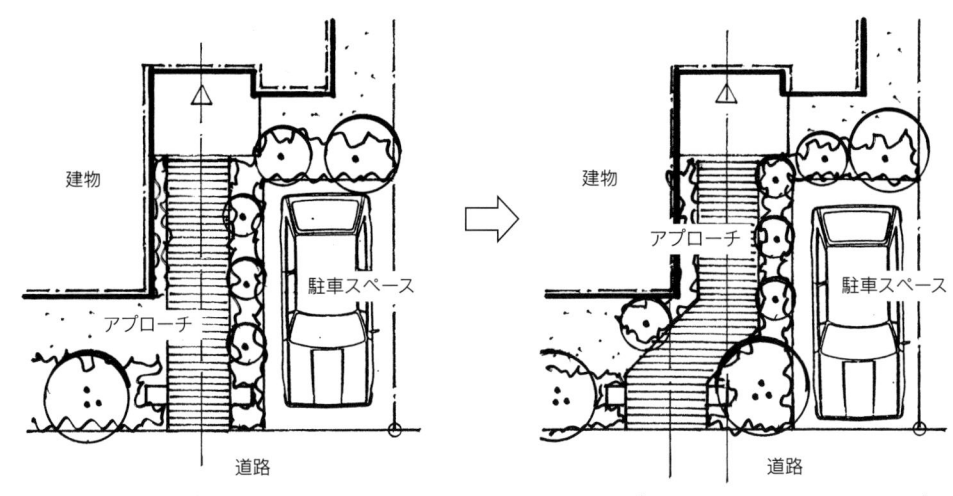

直線で正対するアプローチは単調で緑の効果も期待できない

出入口をずらし正対を避けるだけで、緑が効果的になり、アプローチに変化が生まれる

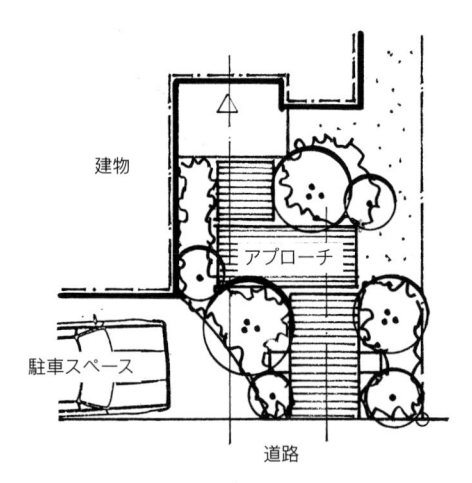

駐車スペースをアプローチ空間から離して、道路と平行に確保すると折れ曲がりの園路に緑が効果的に配置できる

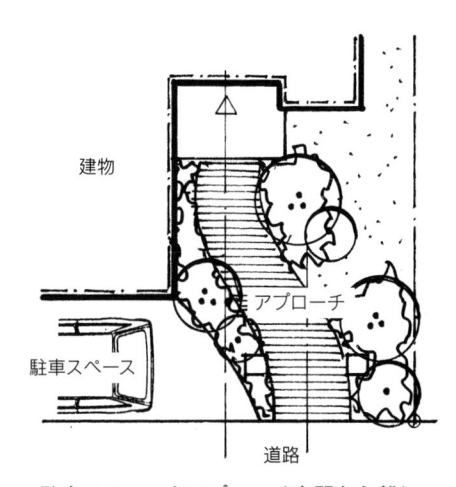

駐車スペースをアプローチ空間から離して、道路と平行に確保すると折れ曲がりと同様に曲線の園路も緑が効果的に配置できる

図22　駐車スペースに対するアプローチの工夫

❷2台駐車とアプローチの工夫

　中入りの玄関に2台の駐車を確保という条件でのアプローチを考えます。

　図23左のように駐車スペースのとり方を縦列と平行としたことにより、2台の間から入るアプローチの出入口を玄関正対線よりずらすことができ、植栽の絡みもよくなります。図23右のように道路側に2台平行駐車させるとアプローチが玄関と正対してしまいます。この場合、植栽の絡みはよくありませんが、園路形状を工夫することにより変化をつけることができます。

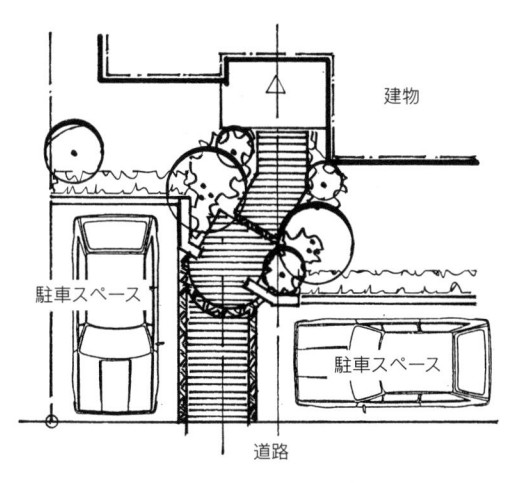

2台駐車の間から出入りするアプローチ。仕上げの変化と門を入ってからの変化を考える

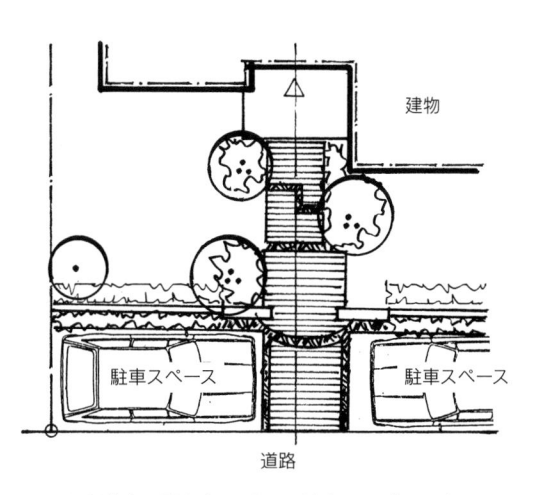

2台駐車の間から入り、正対するアプローチ。仕上げと植栽の工夫で変化をつける

図23　2台駐車の場合のアプローチ

❻ 玄関が敷地境界側に計画されたときのアプローチの工夫

　玄関が隣地側に寄って設けられる建物でのアプローチも、工夫しないと狭いところを通るゆとりのない、単調なアプローチになりやすいものです。図24左では駐車台数1台の場合、玄関と正対するアプローチの出入口を、駐車スペースの一部を利用して、角度をつけることにより、正対の単調さを緩和する工夫をしてみました。2台駐車の場合には、図24右のように縦列駐車と平行駐車の間を通ることにより、距離感と変化のある、植栽も効果の出せるアプローチを可能にしています。

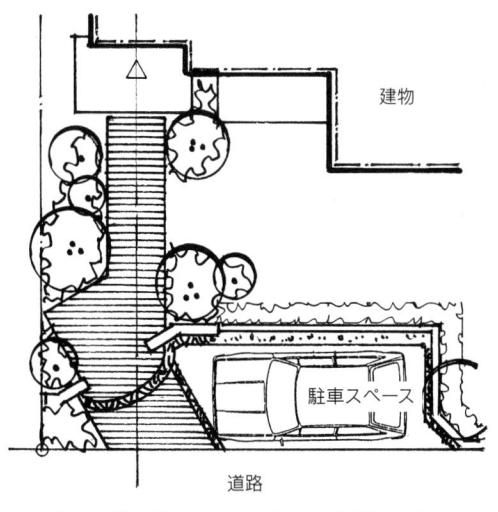

出入口前は駐車スペースとしても利用。車の入りやすさに配慮したアプローチ

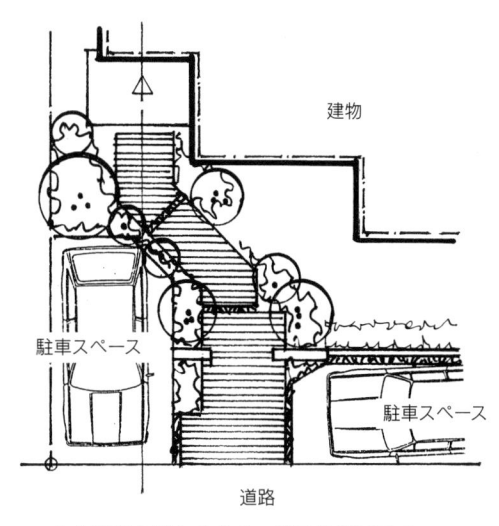

2台駐車の間から入る。斜め曲がりアプローチの門前は駐車スペースとして利用

図24　玄関が隣地境界に近い場合のアプローチの工夫

4.7 アプローチまわりの照明

　アプローチは夜間に利用することも多く、夜間の安全な歩行には照明が必要となります。特に夜間の階段歩行に照明は欠かせません。同時に照明はアプローチの歩行だけにとどまらず、夜間のアプローチ空間の修景にも大きく影響します。さらに、暗がりをなくし明るくすることで防犯上も大きな効果を発揮します。昼間の利用だけではなく、夜間の利用も考え、照明に光や熱感センサーを付け、その設置場所、数、デザインなどをうまく用いることにより、アプローチをにぎやかで安全なものにします。

ⓐ 照明の位置

　道路から玄関までのアプローチに設けられる照明は、門灯に始まり玄関ポーチ灯で終わります。その中間領域に設けられる照明を考えます。長いアプローチの場合は照明も多く用いられますが、門灯とポーチ灯で十分明るく、改めて照明を必要としないアプローチも多いといえます（図25）。夜間の安全な歩行のための明かりの範囲からいえば、5mごとに1カ所（60W・足元灯）の照明があれば歩行には十分でしょう。しかし、明るくするだけでなく夜間のアプローチ空間を美しく演出することも大切です。特に階段部分は階段の蹴上げと踏面に影ができないように配置するよう注意します。また、斜めや折れ曲がりのアプローチ形状には死角ができますので、折れ曲がりの角などには照明が必要になります。

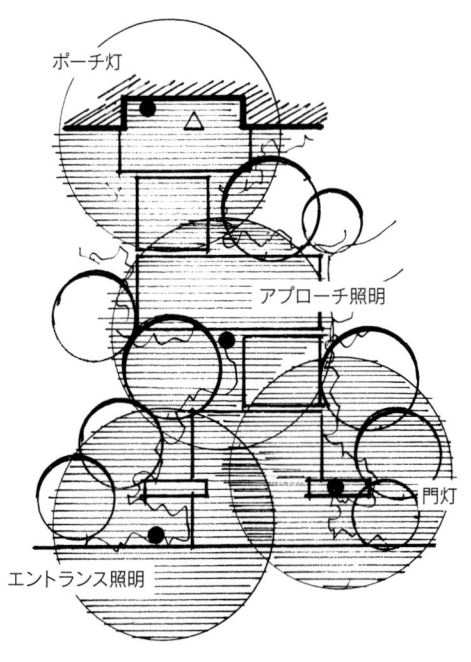

少し長くなるアプローチではポーチ灯や門灯の利用だけでは十分でない範囲の照明を考える。さらに道にも照明をあてる

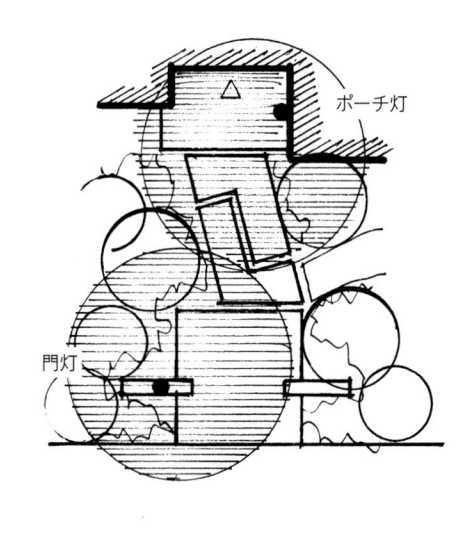

玄関に近いアプローチの照明はポーチ灯と門灯だけで十分な場合も多い

図25　アプローチの照明のゾーン計画

❺ 照明の高さと光の方向

　照明器具の明かりの高さや方向を考慮して、演出効果に合わせた器具選びが大切です。たとえば、樹木をライトアップしたい場合はスポットライトを、アプローチ舗装面を重点的に照らす場合は床置きのような低いテーブルライトやスタンドライトを、壁や階段横などはブラケットライトを、さらにアプローチまわり全体を照らす場合はポールライトを用います（図26）。既製の照明器具を用いるのが一般的ですが、計画に合わせ、既製のシンプルな器具にオリジナルカバーや焼き物、石材などを組み合わせても面白いと思います。

　歩行の際に目に光が入り足元が見えにくくなったり、まぶしいなどの不都合の出ないように器具の種類や位置を考えることも重要です。また、光源を明るい光や淡い光、ぼんやりした明かり、鮮やかな強い光にしたいなど、用途や目的に合わせ、光の色や光の出方（向き）を考えながら器具を選択します（図27）。

足元の低い照明は主に舗装面や地被、灌木などの下草を照らす

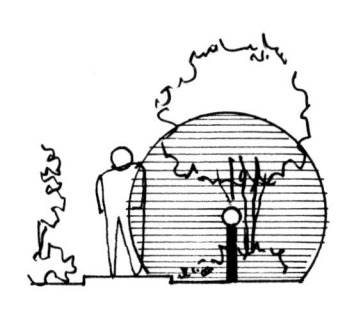

腰高の照明は舗装面全体や高木の下を明るくする

上方からの照明はアプローチ全体を明るくする

図26　照明の高さの変化による光の範囲

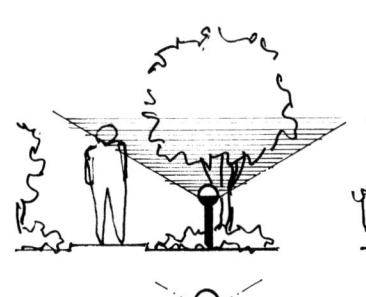

光源の上半分を空けた照明は下方から上方へ、アップライト効果をもつ。時に上方に広がるまぶしい光となるので気をつける

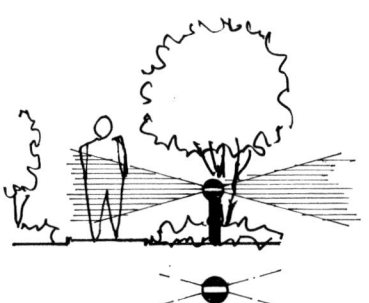

光源の上下をふさいだ照明は光の方向性が明確になり、横に広がる光となる

光源の上をふさいだ照明は足元の道を明るくしてくれる下方に広がる光となる

図27　光の方向による効果

●●● アプローチデザイン

事例1　香りを楽しみながらたどるアプローチ

花木の香りを楽しみながら通るアプローチです。春を迎え一斉に咲き誇る草花と花木の中を歩きます。斜めのアプローチは無意識のうちに玄関に運んでくれます。足元はすべらず、段差のない、安全で歩きやすい砂利の硬化舗装の道とします。自然の色は時とともに風合いが生まれ、目にも優しい舗装となります。

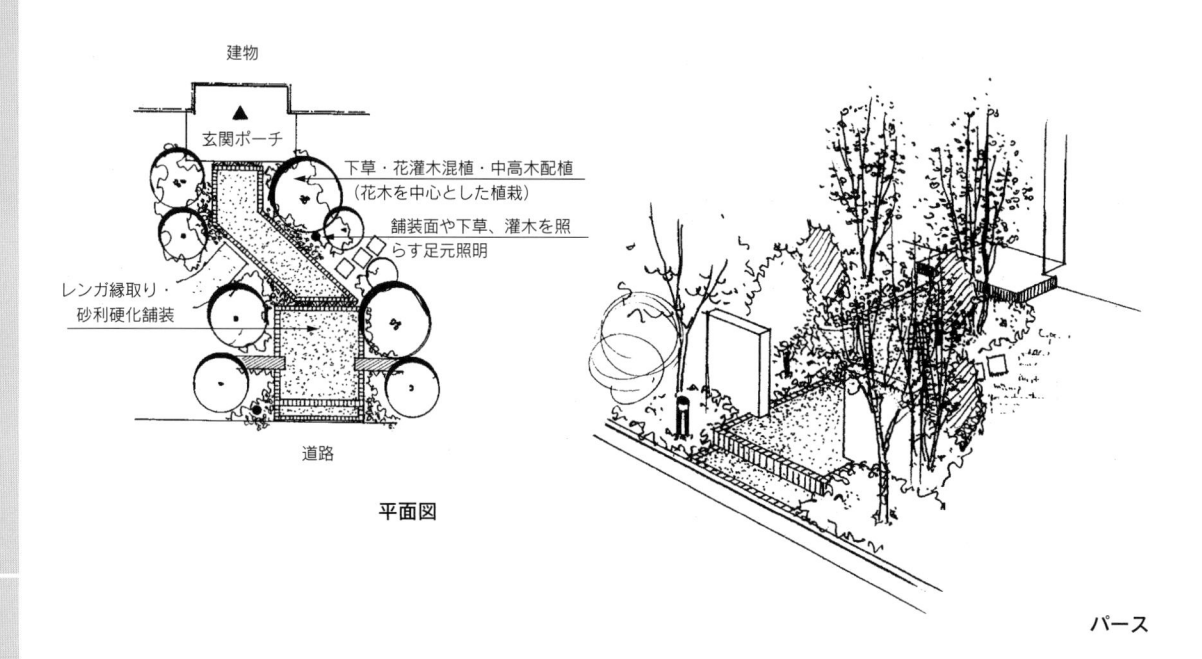

平面図

パース

事例2　風を感じ、香りを楽しみながらたどるアプローチ

自然石の板石を敷き並べた、踏み心地のよい石敷きのアプローチです。道を囲い込むように植えられた樹木の囁きを聞きながらたどります。立ち止まり方向を変えるクランクのアプローチは、視界と視野を変化させます。足元のハーブは人にふれ、香りを伝えてくれます。

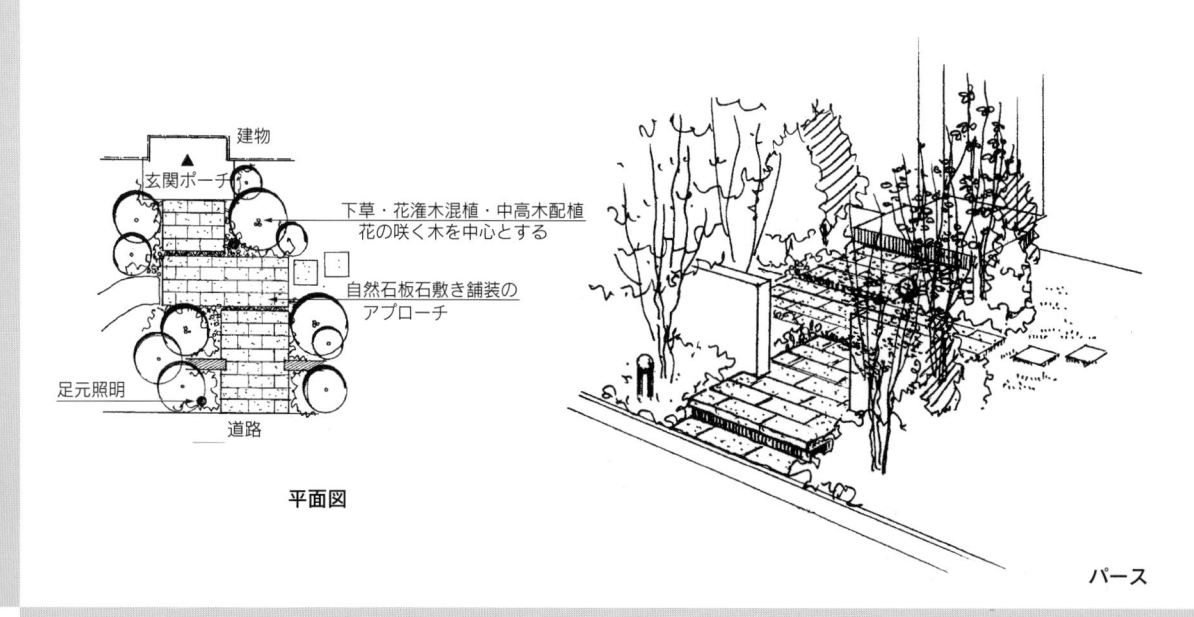

平面図

パース

事例3　木漏れ日の踊る石畳をたどるアプローチ

アプローチに落ちる光を浴び、踏み心地のよい石畳をゆっくりと味わいながら歩きます。自然の石の風合いや光による変化も楽しく、石と石の間から顔を出す草花もかわいいものです。雨天には雨に濡れた石は色を増し、緑は生き生きと映える道ともなるでしょう。足元には園路を覆う草花が競い合います。ゆるやかにカーブしながら玄関に向かう、こんな気持ちのよいアプローチを考えてみました。

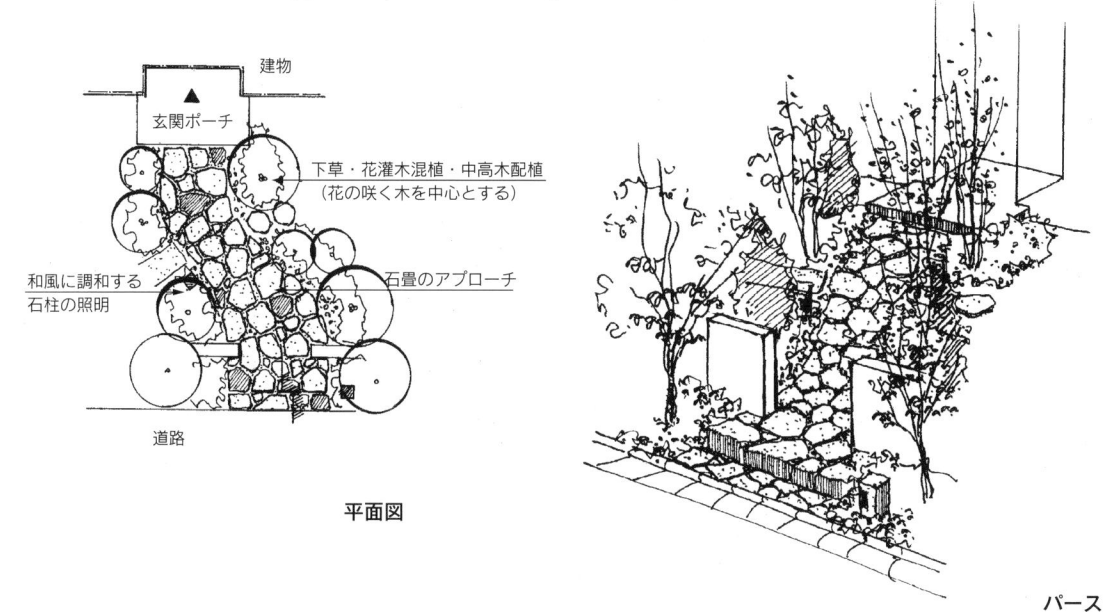

平面図：建物／玄関ポーチ／下草・花灌木混植・中高木配植（花の咲く木を中心とする）／和風に調和する石柱の照明／石畳のアプローチ／道路

パース

事例4　視界が上下に開けるアプローチ

道路からの視界、視線の先に緑を配置し変化をつけます。樹木の足元から幹、枝へと移る視線の変化、ストレートよりクランクのアプローチはその効果を増幅します。草花が視界に入ると、歩を進めるごとに視界の変化は楽しみを生み出します。床の仕上げも階段による上下の変化を強調し、単調な雰囲気を緩和します。横の緑の変化を加えることでより豊かなアプローチが創造できます。

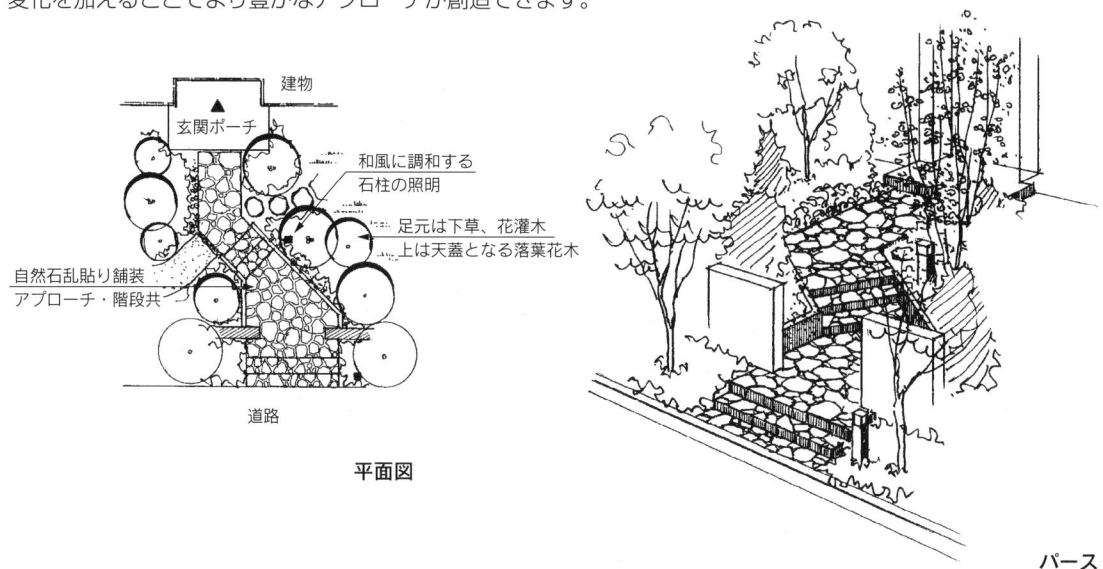

平面図：建物／玄関ポーチ／和風に調和する石柱の照明／足元は下草、花灌木　上は天蓋となる落葉花木／自然石乱貼り舗装　アプローチ・階段共／道路

パース

5章

駐車スペースのデザイン

嵯峨付近の駐車スペースのある住宅（京都市右京区）

5.1 駐車スペースの考え方

　駐車スペースは通常道路に面して位置するものであり、その配置やデザインはファサード(2章参照)に大きく影響します。特に複数台駐車の場合は、それぞれの車の使われ方によって配置の可能性が異なってくるので、施主の生活スタイルなどを把握するための打ち合わせが重要となります。駐車台数を確認する場合にも「何台駐車したいか」ではなく「どの車を、いつ、だれが、どのように使うのか」を施主から聞き出すことで配置計画に幅が出ることになります。また、自転車置場はともすれば乱雑になりがちであり、道路やアプローチから見えにくい位置に配置するべきでしょう。

　駐車スペースは「入出庫の容易さ」や「安全性」などの"機能"を満足させるとともに道路に面して配置されるため、ファサードデザインに与える影響も大きいので、空車時の床版デザインなども考慮しなければなりません。駐車スペース計画の8つのチェックポイントを表1にまとめます。

表1　駐車スペース計画のチェックポイント

チェック項目	内容
①必要寸法の確保	●車の寸法 ●自転車の寸法 ●車用具の収納場所
②複数駐車の場合	●各車の使われ方
③駐車・駐輪位置や配置	●建物の間取り ●建物出入口との関係 ●隣家への影響(騒音、排気など) ●駐輪場所と視線の関係
④他のスペースとの位置関係	●玄関、勝手口 ●アプローチ ●主庭 ●バックヤード
⑤前面道路との関係	●道路勾配 ●車庫入れ方向(一方通行ほか) ●電柱や標識、サポートワイヤーの位置
⑥入出庫	●視界の確保(障害物、急勾配など) ●腹こすりの有無
⑦必要設備や備品	●洗車用水栓 ●電源コンセント ●車用具の収納
⑧その他	●デザイン的な考慮 ●水勾配

5.2 駐車方法とデザインのポイント

駐車スペースには入出庫しやすく乗り降りが楽…といった機能が求められ、車の寸法や動きの特性と必要寸法を知っていなければなりません。また、空車時の床版デザインも要求されます。

ⓐ 車の寸法と軌跡

普通車の寸法は一般に 1750 × 4500 〜 5000 mm 程度として駐車スペースの検討を行います。設計時に実寸（縮尺に合わせる）で作図することで、乗り降りに必要なスペースやトランクからの荷物の出し入れに必要なスペースを検討することができます（図1）。

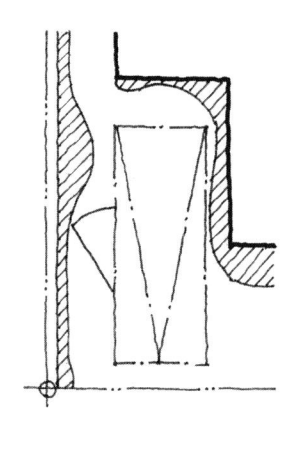

▨ 植栽などに利用できるスペース

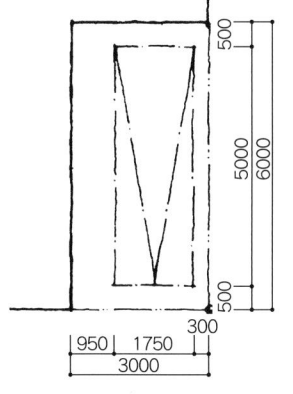

一般的な直角駐車に必要な寸法は 3000×6000 mm 程度。運転席側に乗降用、後ろにトランク開閉用のスペースが必要となる

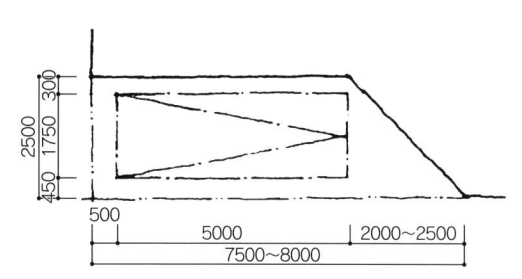

平行駐車に必要な寸法は 7500×2500 mm 程度。道路面に広い開口がくるので、床版のデザインや植栽を考慮する

図1　実寸で作図することで利用可能なスペース（斜線部分）がわかる

ⓑ 駐車方法と車の軌跡

車庫入れを苦手とする施主も多く、特に平行駐車の場合や全面道路が狭い場合はハンドルの切り返しも多く面倒なものです。使いやすいスペース計画がのぞまれます。

駐車に必要なスペースは、前面道路幅員や駐車パターンによっても変わってきます。ドライバーの乗り降りやトランク内の荷物の出し入れスペースも考慮しなければなりませんが、いろいろな場合の最低必要寸法の目安を図2〜5に示します。

①直角駐車

直角駐車の場合、軌跡が大きく外側にふくらむため「前面道路幅員」によって敷地内に必

要なスペースが変わります(図2)。

②平行駐車

平行駐車は前面道路幅員と駐車スペースにはあまり関係がありませんが、入出庫に運転技量を求められます。また、出庫時の安全確保のため「後進入庫・前進出庫」とすべきです(図3)。

③斜め30〜45°駐車

斜め30〜45°駐車は前面道路幅員が狭いときに有効です。バックで車庫入れも楽であり、道路沿いにできてしまう三角スペースも植栽や駐輪スペースとして活用できます(図4)。

④直角2台駐車

直角2台駐車の場合、前面道路幅員により敷地側に必要な接道幅が変わってきます(図5)。

前面道路4m

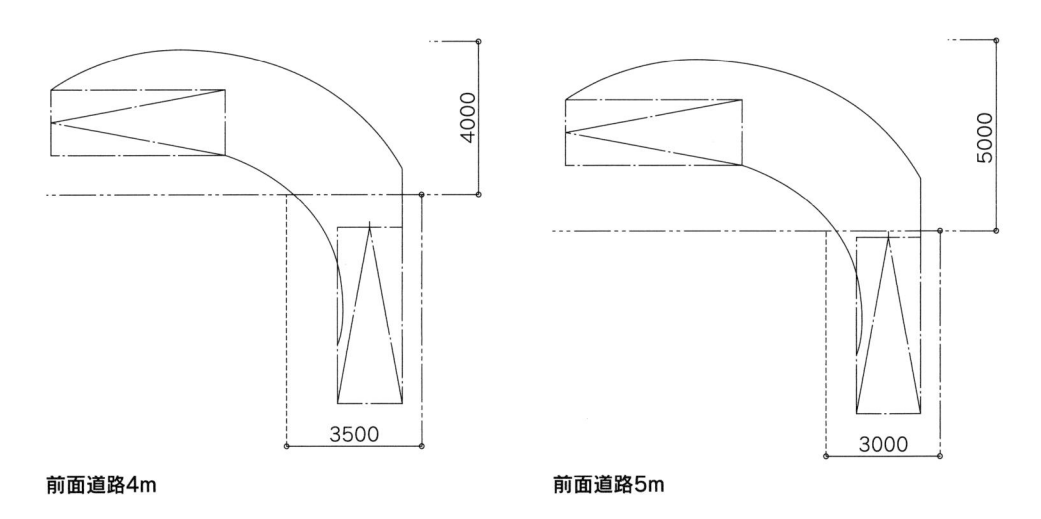

前面道路5m

図2　直角駐車の基本寸法

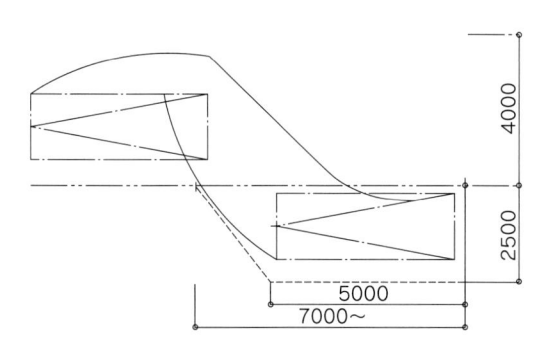

5.2 駐車方法とデザインのポイント　79

図3　平行駐車の基本寸法（前面道路4m～）

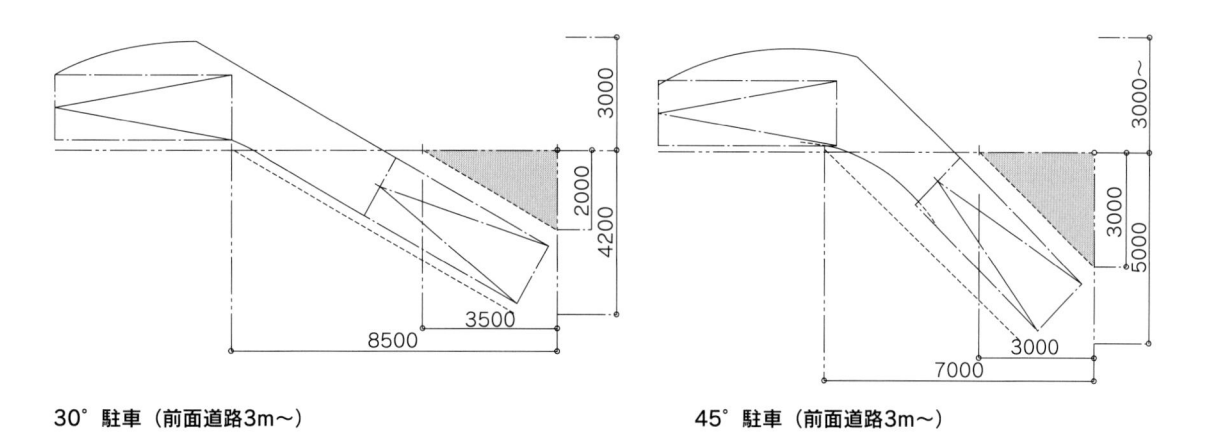

30°駐車（前面道路3m～）

45°駐車（前面道路3m～）

図4　斜め駐車

前面道路5m

前面道路4m

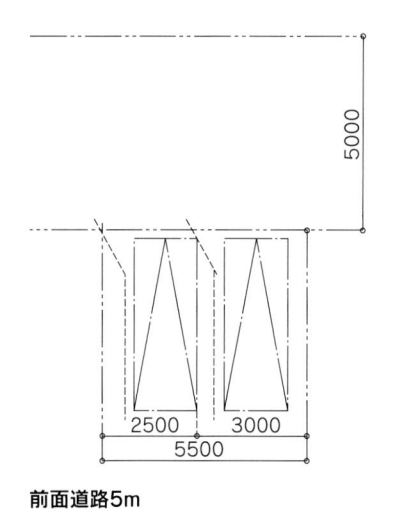

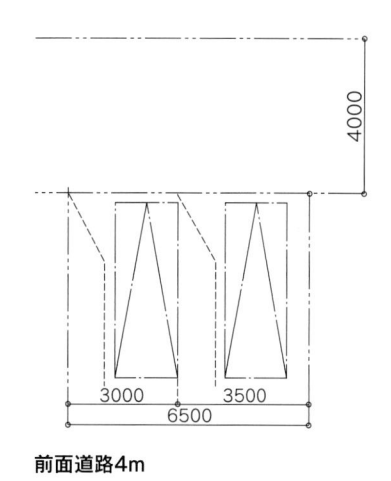

図5　直角2台駐車

❸ 駐車方法によるデザインへの影響

　駐車スペースの配置により、道路から見える建物デザインに影響があるとともに、街並みデザインにも影響してきます。直角駐車の場合は建物側面のほうがよく見え、隣家との駐車スペース配置によってはかなり街並みイメージが異なることになります（図6）。一方、

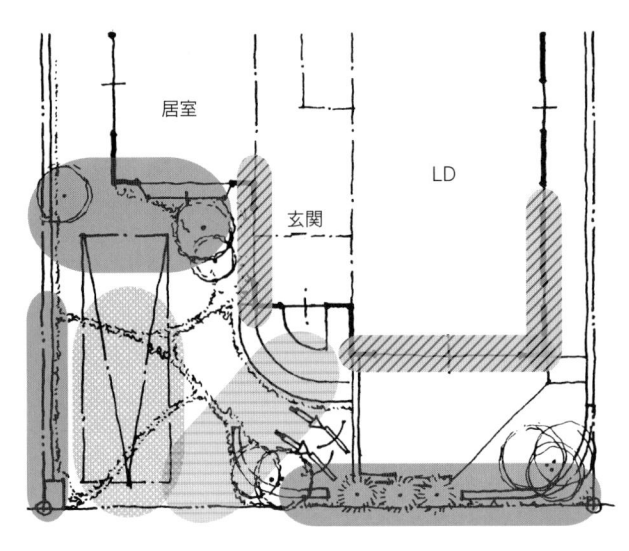

建物側面がよく見えるので街並みデザインに影響する

駐車スペース：隣地の駐車スペースと隣接させると広々とした空間になる
アプローチ：駐車スペースとの一体的なデザインを意識する
緑化：空車時の中庭的デザインをイメージし、床面と立面の緑化を行う
建物設計：建物側面のデザインも街並みに大きく影響する

図6　直角駐車（南側道路）

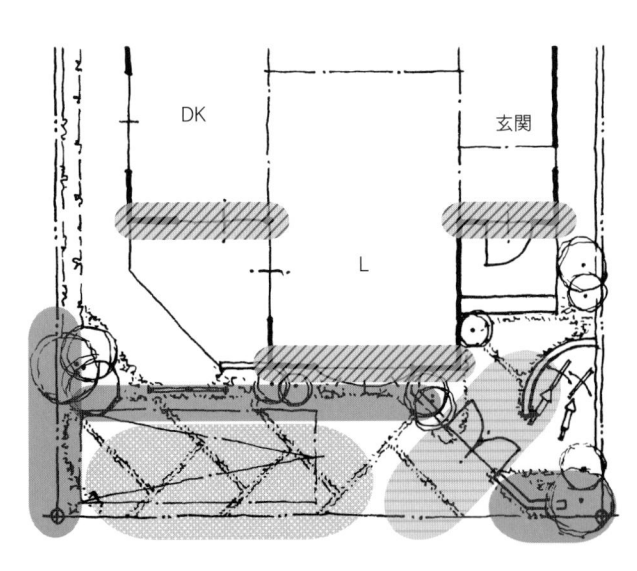

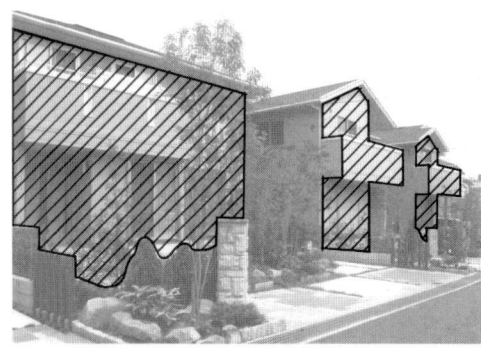

2階バルコニーによる陰影や屋根の向きなど、建物デザインで変化をつけたい

駐車スペース：空車時に見える床版デザインが街並みに大きく影響する
アプローチ：駐車スペースと一体的にデザインし、床版デザインにも留意する
緑化：建物の基礎まわりを含め立面的な緑化も有効に行う
建物設計：総2階プランの場合、単調なファサードとならないよう注意

図7　平行駐車（南側道路）

5.2 駐車方法とデザインのポイント

平行駐車は建物正面全体が景観の主役となります（図7）。

路地状敷地の場合、隣地境界を含めた道路際のデザインがその住宅のファサードとなります。また、路地状部分がアプローチ空間も兼ねるので、床版のデザインとともに奥に視線止めの樹木やトレリスなどを設けると効果的です（図8）。

複数台駐車の場合、各車が頻繁に出入りする必要性があるのかどうかによって駐車スペースのとり方が変わり、ファサードデザインやアプローチのスペースにも大きく影響します（図9～11）。

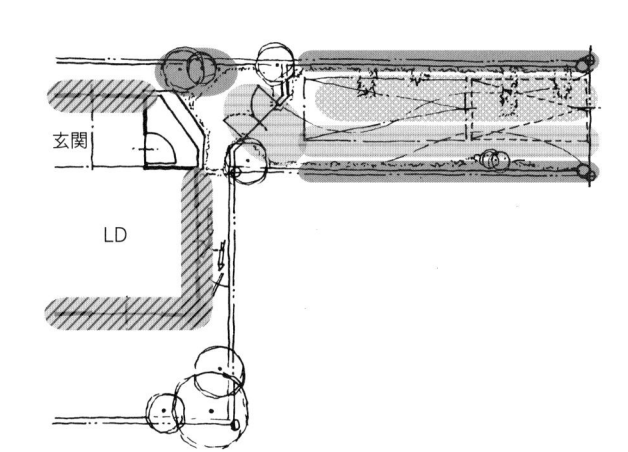

空車時の床版デザインがアプローチを豊かに見せる

駐車スペース：路地状敷地が隣接するときは、境界柵を設けないデザインにすると広々とした空間になる
アプローチ：駐車スペースと一体の床版デザインを意識する（門扉位置にも留意）
緑化：足元隅部と立面的な緑化で潤いをもたせ、奥に視線止めの樹木を配する
建物設計：隣地建物の開口などの位置関係に留意する

図8　路地状敷地（敷地延長）

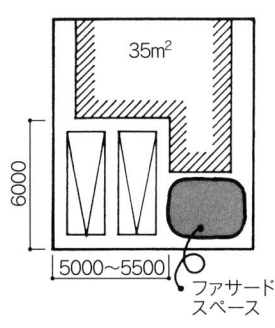

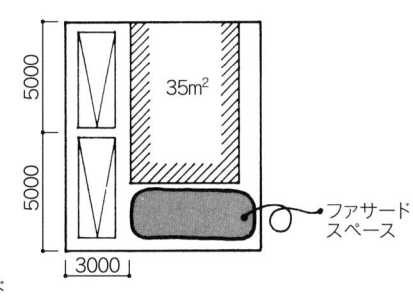

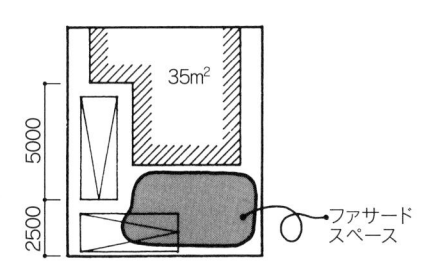

図9　並列駐車（直角）

容易に入出庫可能な配置だが、道路に面した一番よいスペースを占領し、ファサードスペースなどを圧迫する

図10　縦列駐車（直角）

奥の車は「休日に使うレジャー用」や「夫が車で出勤した後に妻が買い物に使う車」などの場合は、このような配置も特に問題なく、ファサードなどに使えるスペースも広くなる

図11　直角＋平行駐車（L字型）

車は1台だが来客用の駐車スペースが必要であれば、床面のデザインを含めてアプローチやファサードデザインなどに利用可能なスペースは大きく広がる

5.3 位置関係のポイント

　駐車スペースの配置はファサードデザインに大きく影響するとともに、荷物などの持ち運びの動線を考えて玄関や勝手口との位置関係の検討が必要です。また、建物内からどのように見えるかも考慮する必要があります。

ⓐ 建物との位置関係

　特に南側道路で建物中央に玄関がある場合、予備室的位置付けの「和室前」に駐車スペースを設ける場合が多いのですが、そうすると「窓を開けると目の前は車のトランク」といった状態になってしまいます。斜め駐車や動線方向のコントロールなどで車を隠す工夫をしましょう（図12）。

　また、車から玄関への動線（人の歩くルート）は「一度道路に出てから玄関へ」は禁物です。まとめ買いの荷物などを運ぶために勝手口への動線も確保したいものです（図13）。

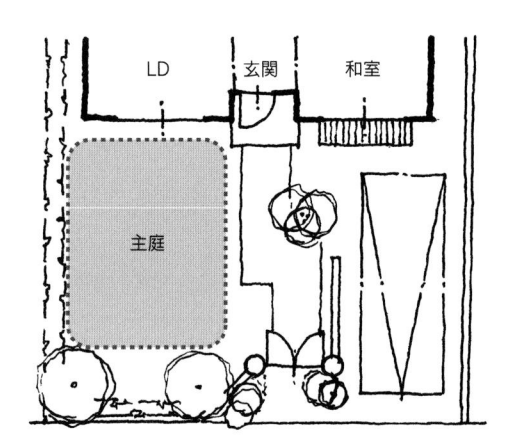

LD前は整形の主庭となるが、和室前は「目の前に車！」となってしまう

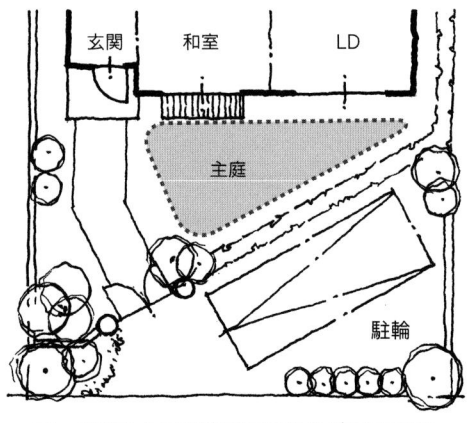

LD、和室ともに不整形ではあるが主庭に面し、駐車スペースの三角部分は駐輪や収納のスペースに使える。人と車の動線が交差することになるが、運転者＝住む人なので特に問題はない

緑化のバランス

立面的な「緑化」の範囲は左側に偏る

緑化のバランス

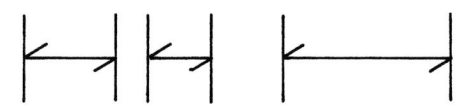

道路面に対してほぼ均等に立面的に緑化

図12　建物と駐車スペースの位置関係

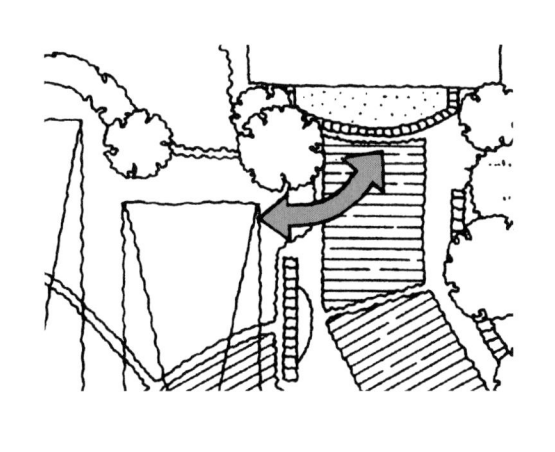

駐車スペースからアプローチへの動線を確保 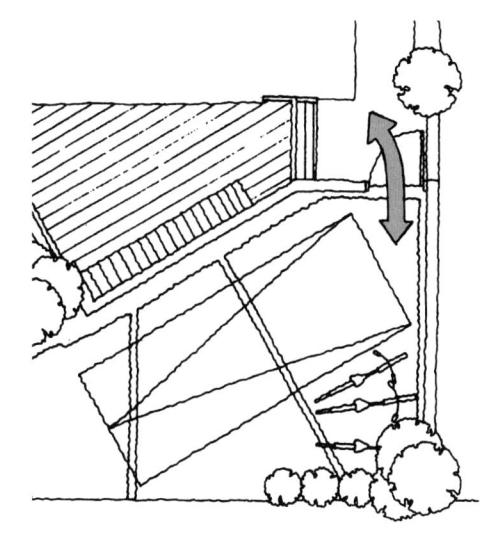　　　　　裏動線で勝手口へ

図13　建物の出入口と駐車スペースの関係

❺ 他のスペースとの位置関係

　駐車スペースの配置計画は建物出入口だけでなく、外部住空間との位置関係も十分に検討する必要があります。

①アプローチとの関係

　アプローチは住む人はもちろんですが、その家を訪れる人すべてが通るところです。特に狭い敷地の場合、アプローチガーデンとしてデザインし潤いを演出することで得られる効果は絶大で、施主にも喜ばれるポイントとなります。

　しかし、アプローチに駐車スペースが隣接することで、荷物の搬入や雨の日の出入りにメリットがある反面、景観上のデメリットが発生してしまう場合も多いので、注意が必要です（図14）。

②主庭との関係

　ホームセンターで購入した園芸材料や日曜大工資材などを、作業場所である主庭に運ぶ動線が周囲に確保されていれば、家の中が汚れることもなく靴を履き替える必要もありません（図15）。

③バックヤードとの関係

　主庭と同様に、バックヤードへの動線も大切です。物置の収納物を出し入れするためにも駐車スペースからの動線を確保するよう検討します（図16）。

84　●●● 駐車スペースのデザイン

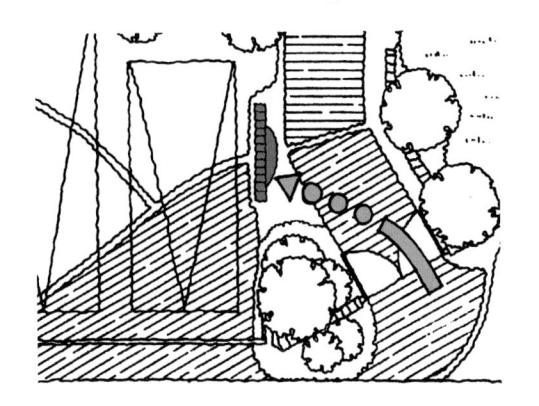

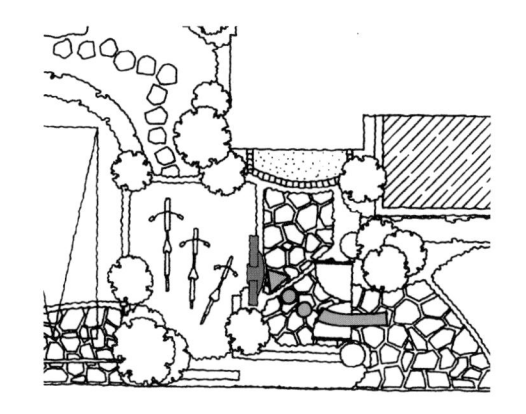

門を入った視線の先にデザインウォールを配し、視線を受け止めながら駐車スペースを隠す

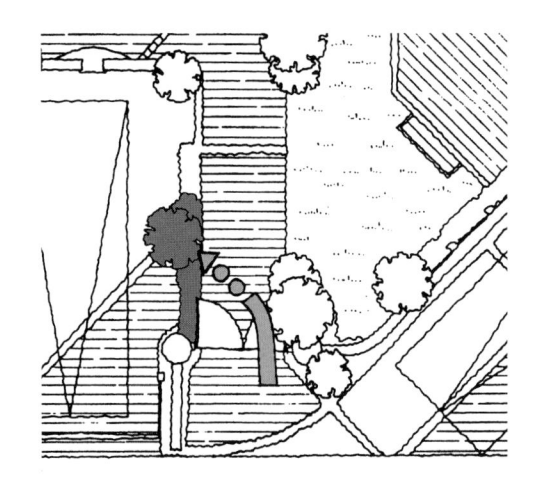

中高木の植栽で視線を止める

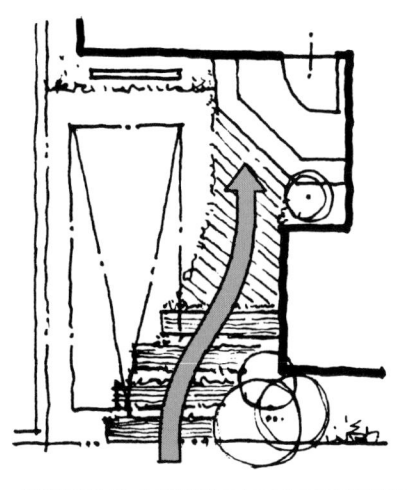

床版デザインに変化をつけて「下向き視線」を強調する

図14　アプローチと駐車スペースの関係

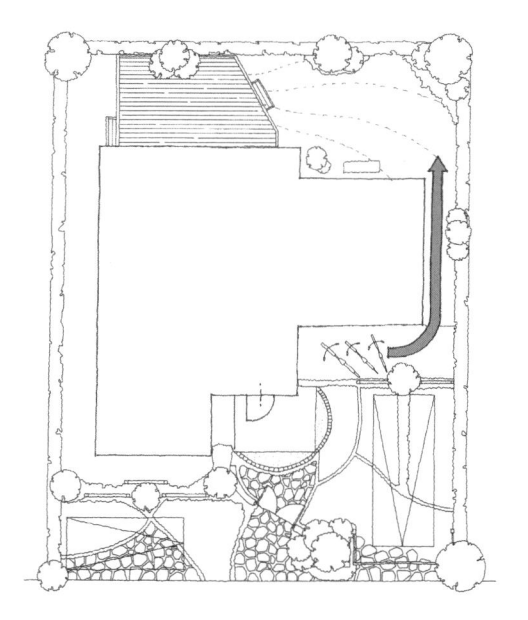

5.3 位置関係のポイント

駐車スペース奥の駐輪スペースから庭へ

駐車スペース隅部門扉から庭へ

図 15　主庭と駐車スペースの関係

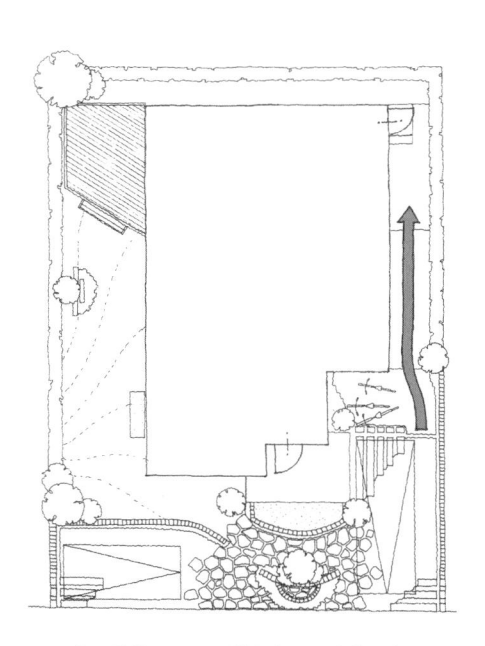

奥の駐輪スペース横からバックヤードへ

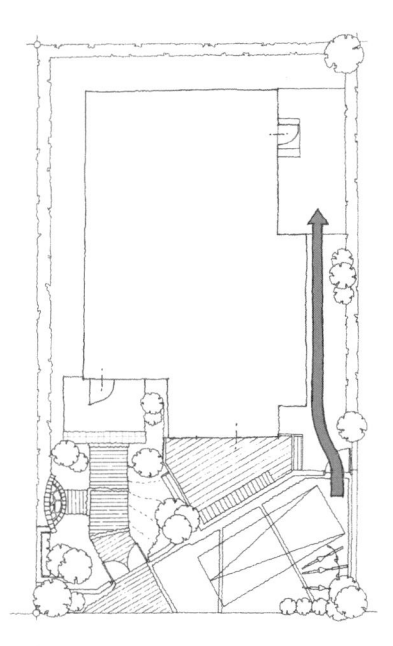

駐車スペース奥の門扉からバックヤードへ

図 16　バックヤードと駐車スペースの関係

❸ 前面道路との関係

駐車スペースは道路に接する場所に設けるものなので、前面道路の状況に左右されるチェックポイントがあります。

①道路勾配

前面道路の勾配が急で直角駐車の場合、道路からの距離を十分確保しないとタイヤが浮いた状態となってしまいます（図17）。

②車庫入れ方向（一方通行のとき）

前面道路が一方通行の場合、図18のような配置の角度のついた駐車スペースではバックで入庫したくともできません。

③道路上の障害物（電信柱や道路標識）

道路上には車にとって障害物となるものがたくさんありますが、入出庫を考えると電柱や道路標識がその最たるものとなるでしょう。特に電柱のサポートワイヤーや道路標識には注意が必要です（図19）。前進出庫はハンドリングもあまり気になりませんが、入庫はバックなので結構大変です。

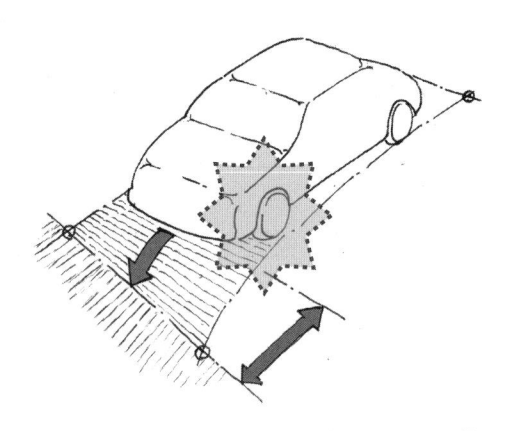

図17　道路勾配による不備

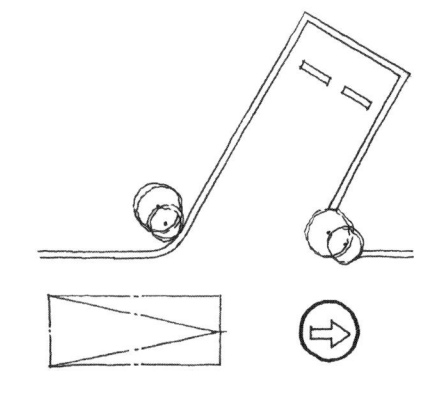

図18　車庫入れ方向の不備

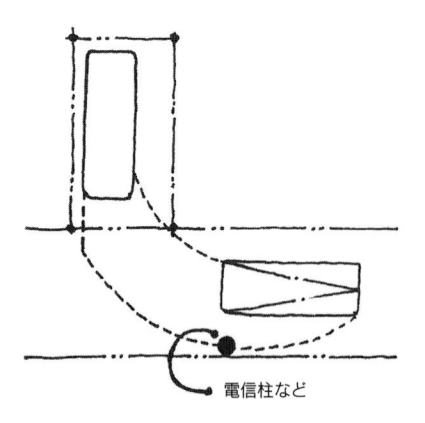

図19　障害物による不備

ⓓ 車出入時の安全の確保

前述のように駐車スペースは、入出庫しやすく乗り降りを楽にするため位置関係の検討を求められますが、安全確保についても検討しなければなりません。

①視界の確保

入出庫にあたって視界の確保は安全面から大切です。車種にもよりますが、平面図で考えず、立体的に視界が確保できているかどうかを考えることで、デザイン的な幅が広くなります(図20)。平面図に木がある場合、実際のスペースにどのような影響を与えるかイメージすることも大切です(平面図では視線をさえぎりそうな植栽も、樹種や樹形によってはあまり問題にしなくてもよい場合もあります)。また、道は平面図には勾配が書いてありませんが、図21のように急勾配の斜路の場合、バックで出庫するときには「道路状況がまったく見えない」状態になってしまいます。事前のチェックがこのような事態を防ぎます。

②急勾配による腹こすり

道路から急勾配で下る斜路がもつ問題で、上がりきりの前後1mくらいを緩和勾配する必要があります(図22)。車種が決まっていれば紙型に切り抜いて検討する方法もありますが、縁石と道路の段差(一般的に50〜100mm)を忘れないことです。一般的な乗用車の最低地上高は150〜180mm程度です。

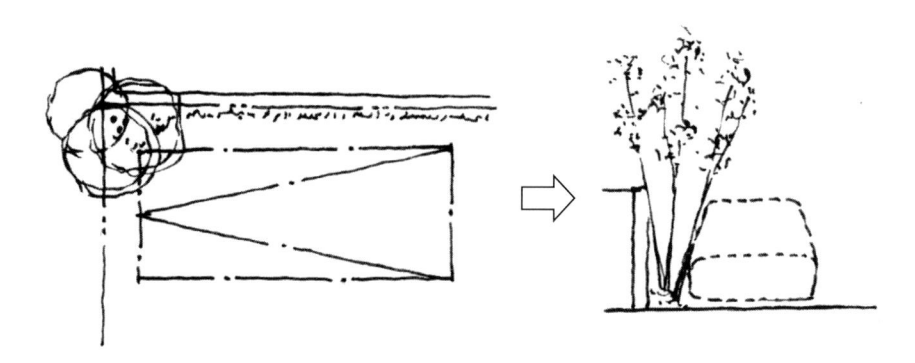

図20　図面の情報は立体的に考える

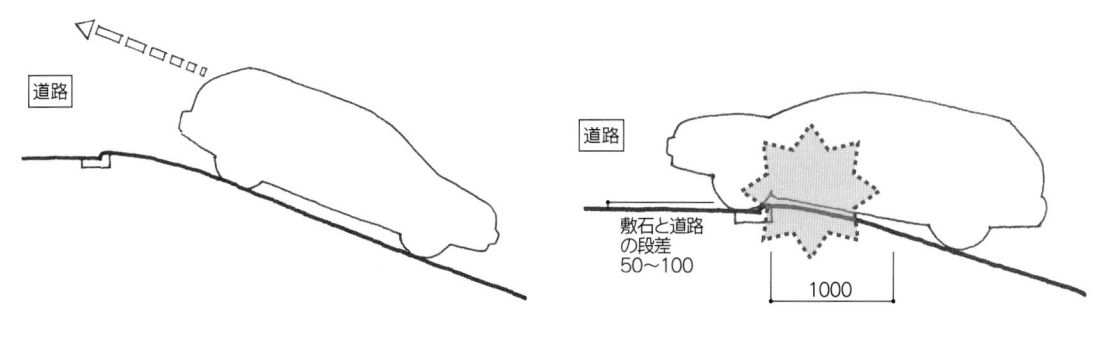

図21　道路勾配の検討

図22　腹こすり

5.4 設備と収納スペース

駐車スペースまわりには洗車や掃除用具、替えタイヤや車カバーの収納など、結構スペースや設備が必要となります。

ⓐ 必要な設備

①水栓

「新築の家に新車…」であれば車好きでなくともまめに洗車をするもので、ファサードまわりの植栽灌水用を兼ねた駐車スペースそばの水栓は必須です。土間コンに埋め込むタイプのボックス水栓でもよいのですが、枕木やウォールと組み合わせてデザイン的にも利用したいところです(図23)。

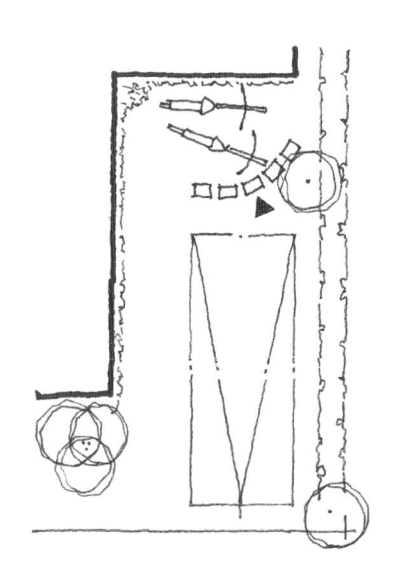

▲印が水栓の位置。右図の場合、門横のウォールのデザインポイントとしても有効

図23　駐車スペースの水栓位置の検討

②コンセント

車用の掃除機には充電式やシガーライター用の12Vタイプもありますが、駐車スペースを日曜大工の作業場兼用と考えればコンセントもほしくなります。エクステリアデザイナーとしては、建物本体の外壁面に防雨コンセントを設けるよう建築設計者にアドバイスするのがベストでしょう(図24)。なお電気工事には国家資格が必要ですが、コンセントから先は「器具扱い」となるので、駐車スペース演出のための照明なども自作のものを設置することが可能となり、デザイン的な幅を広げることができます。屋内側にコンセント連動のスイッチを付けてもらうといいでしょう。

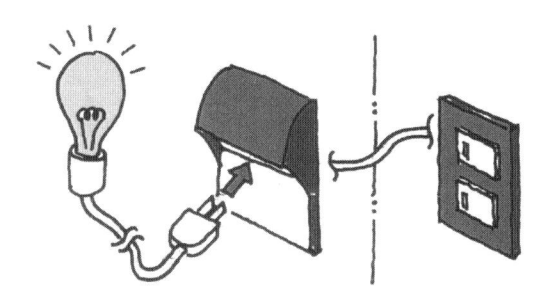

図24　防雨コンセント

❺ 車用具の収納スペース

　車のメンテナンス工具や洗車用具など、駐車スペースに必要な収納が確保されていると便利です(図25)。物置というほど大きなものでなくとも、ホームセンターで売っている大型のコンテナボックスでも十分役にたつので、設置スペースを考えておきましょう。また現場で屋根付きカーポートの上部に収納場所をつくるのもよいでしょう。

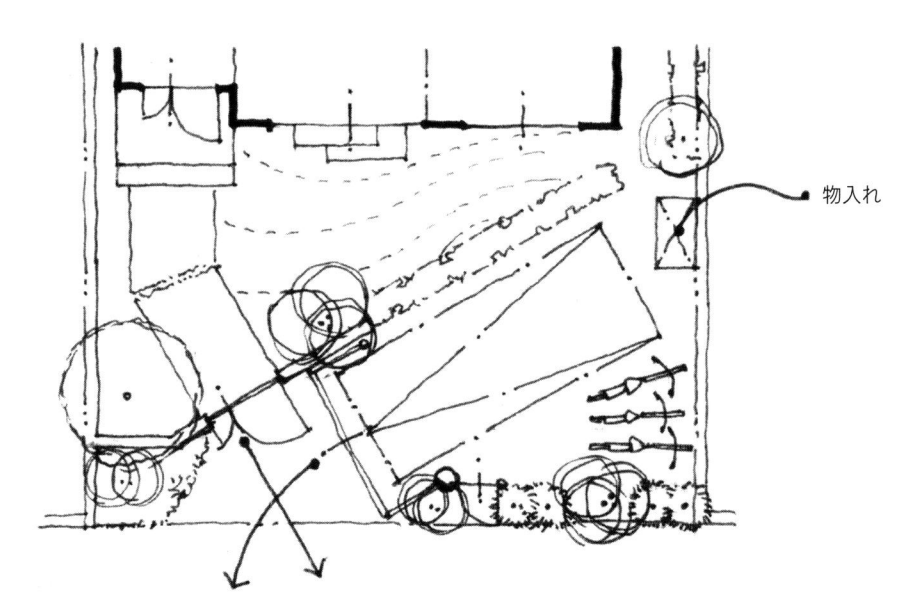

物入れ

斜めに駐車スペースを配置することで、駐輪や道路際の植栽スペースと車用具の収納場所も確保できる

図25　車用具の収納スペース

5.5 駐輪スペースの計画

駐輪スペースはあまり検討されないことが多いのですが、四人家族なら4台ともデザインも色もバラバラなのが普通。どんなに整理して並べてみてもきれいには見えないので、できるだけメインのアプローチからの視線をはずれた位置に設けたいものです。

ⓐ 自転車の寸法と必要なスペース

一般的な自転車の寸法はL1700 × W650 × H1100mm程度。よく駐車スペースの車と平行に自転車を駐輪させた設計図を見ますが、奥の自転車を道路まで出すのは困難であり、実用的な設計とはいえません。結局は道路際に駐輪することになり、乱雑に見えてしまうのです（図26）。

ⓑ 配置例とポイント

どう整理しても乱雑に見えてしまうのが駐輪スペースなので、道路やアプローチから見えにくい位置を考えます。図27のように、門と駐輪場の動線を分離したり、壁の裏側に駐輪スペースをとることや出窓下の利用などが考えられます。

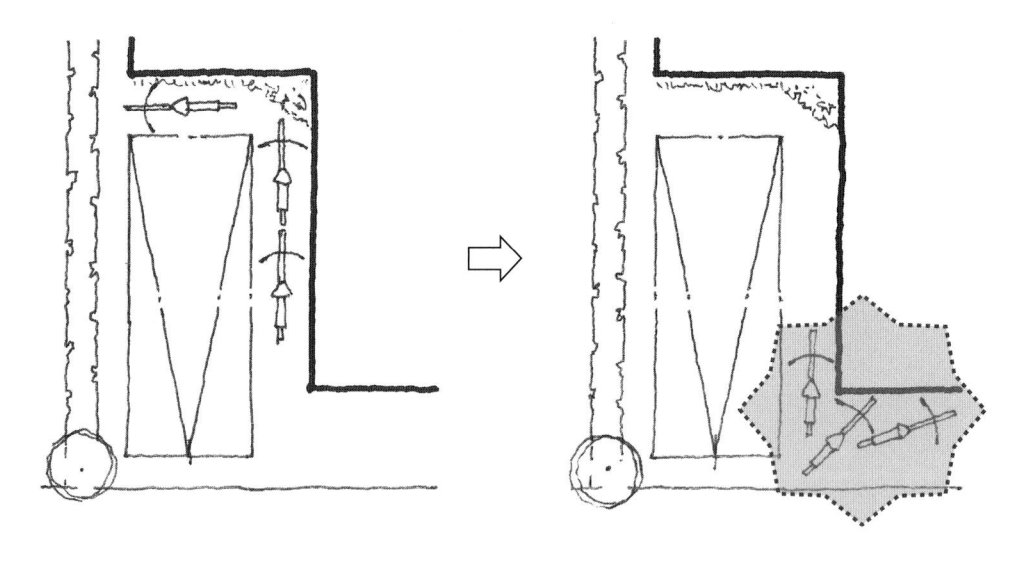

作図上は自転車が描けても実際には出し入れが困難で、結局右の図のように乱雑になってしまう

図26 駐輪スペースは使い勝手を考える

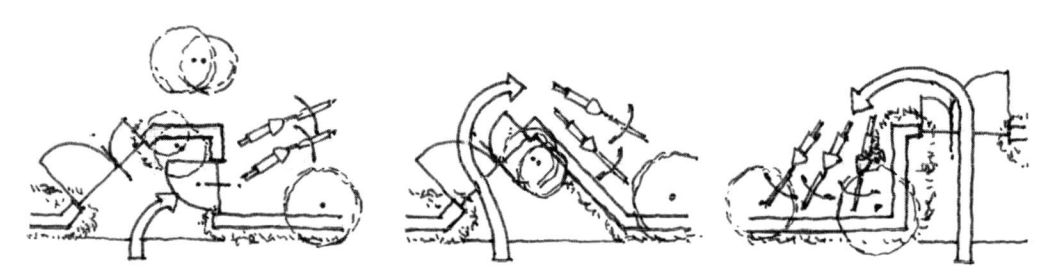

門と動線を分離する　　　　　　　　　門を入った見返りに設ける（アプローチからの視線にも注意）

オープンの場合もイタズラを避けるため壁の裏側に…

出窓下の空間も利用できる。自転車のハンドル高さは 1m 程度であり、腰窓の住宅内から『●』部分はほとんど見えない

図 27　駐輪スペースを目立たせないポイント

5.6 ユニバーサルデザイン

　日本が高齢社会に入ったことからバリアフリーやユニバーサルデザインが関心を集めています。エクステリアにとってバリアフリー（＝障害をなくす）は困難な部分も多いのですが、ユニバーサルデザイン（＝変化に追随する）は可能です。特に個人住宅の場合は住む人が納得することが大原則であり、車イス用のスロープも公共建築物のように法律に定められた勾配にする必要はありません。駐輪スペースのような限られたスペースを将来どのように利用するかを提案するのもエクステリアデザイナーの使命なのです（図28）。

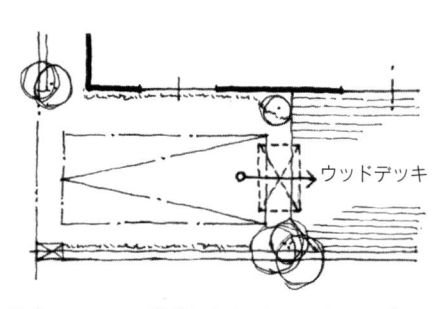

駐車スペースに隣接したウッドデッキはワゴン車後部荷台の高さと近くなり、車イスでの乗降を楽にする

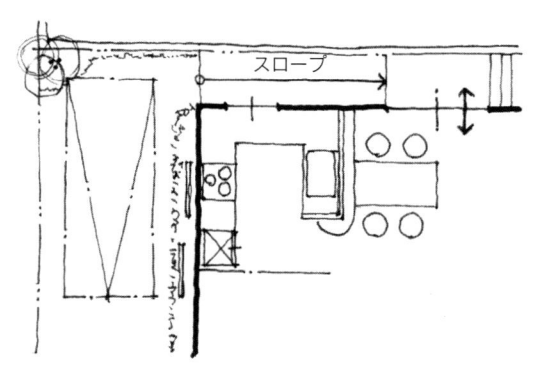

狭い敷地でも隣地境界沿いであればスロープを設けられる

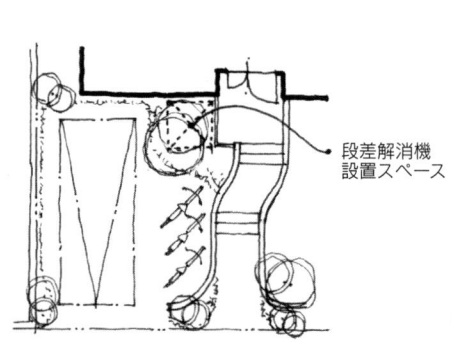

駐車スペース奥に設けた植込みが将来段差解消機の設置スペースとなる

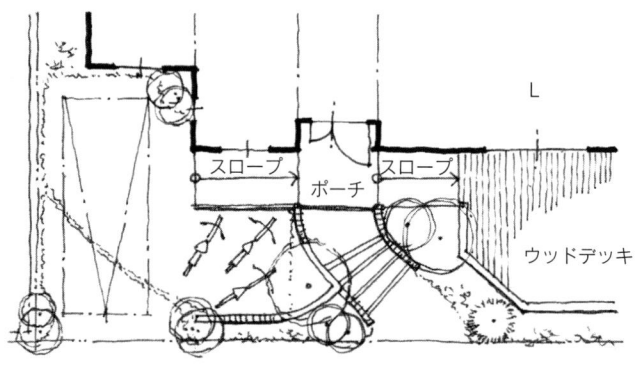

建物と平行に二段階に分けてスロープを設けると車イスだけでなく買い物カートも楽に運べる

図28　車イスに配慮した駐車スペースまわりの計画

5.7 その他のポイントとアイデア

　ここまで述べてきた通り、駐車スペースには多くの機能が求められます。雨水排水や道路上の標識などとの関係も必要機能のなかに含まれます。また、駐車スペースは道路に面し、敷地の一番よい場所を占めるのが一般的です。それだけにファサードデザインに与える影響も大きく、単に機能を満足させれば十分とはいえません。

ⓐ 外部の要因によるデザインポイント

①水勾配

　駐車スペースの水勾配は 1/100（5m で 5cm）程度が一般的ですが、仕上げ材によっては 1/50 程度とすることもあります。特に半地下車庫などの場合には、急勾配で建物側に水勾配をとらざるをえないことがあり、建築設備上の排水を検討する必要があります（図29）。

②道路上の標識

　角地の場合は道路上に進入禁止などの標識がある場合もあり、建物ファサードにデザイン的な影響を与えることが多いので門扉や植込みの位置に気をつけましょう（図30）。

③道路からの視線

　空車時を含めて道路からの視線を止めるデザインを考える必要があります。植栽やトレリスなどが効果的です（図31）。

④屋根付きカーポート

　カーポートに屋根がある場合、素材や建物との勾配をそろえると一体的に見え、外部から見たとき気になりません（図32）。

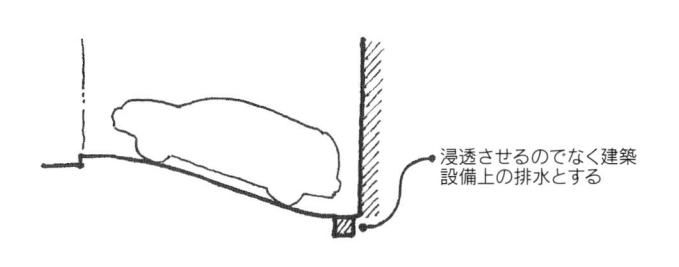

図29　水勾配と排水の位置　　　図30　進入禁止の道路標識（門横の植込み前）

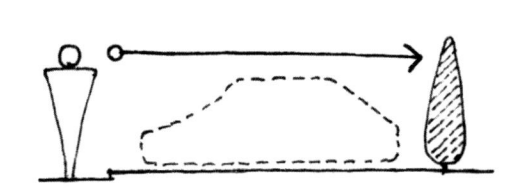

図31　外部からの視線を植栽でさえぎる

図32　屋根付きカーポートと建物下屋との配置が一体的なデザインを演出する

❺防犯ポイント

　路地状敷地に駐車した車や道路際に置いた自転車はイタズラされやすくなります。人感センサー連動の照明や自転車用チェーンロックを付けることで「犯意」をそぐことができます（図33）。

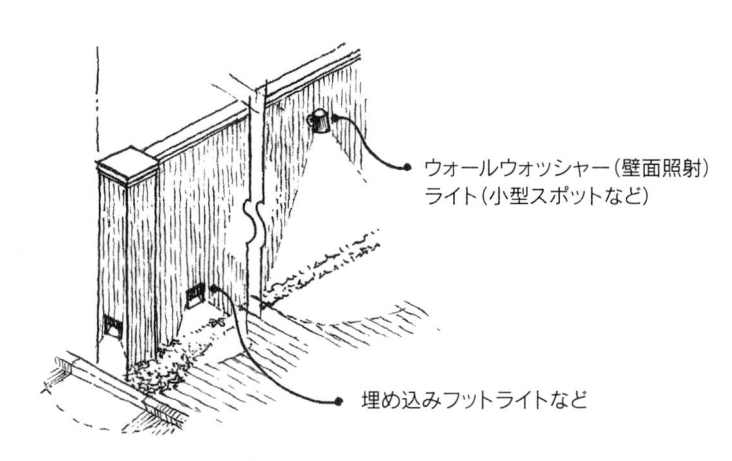

ウォールウォッシャー（壁面照射）ライト（小型スポットなど）

埋め込みフットライトなど

路地状敷地の場合はアプローチの照明ともなり、深夜には人感センサーと連動させれば経済的

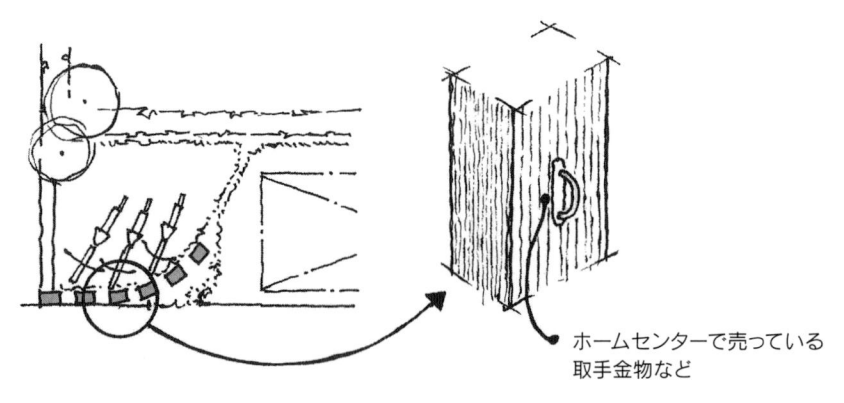

ホームセンターで売っている取手金物など

駐輪目隠しの枕木にチェーンロック用の取手金物などを付ける

図33　駐車スペースの防犯ポイント

❸ ゆとりのためのアイデア

少しでも植栽スペースを確保することで、ゆとりのある潤いの感じられる駐車スペースとなります（図34〜36）。

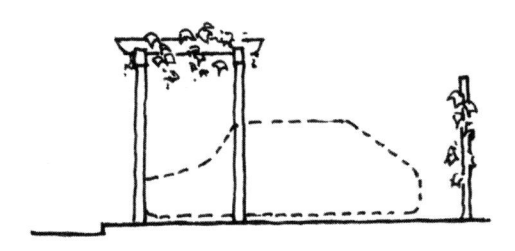

パーゴラやトレリスで緑量を増やし、実のなるツル性植物で果実の味を楽しむ

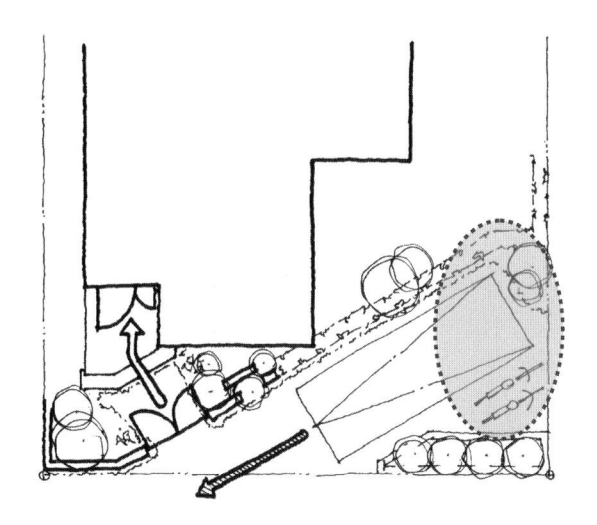

図34　緑量を増やす

道路に対し角度をつけた駐車スペースは、狭い前面道路でも入出庫が楽で三角形のスペースは駐輪や植栽、収納スペースなどに有効に使える

図35　斜め駐車でスペースをつくる

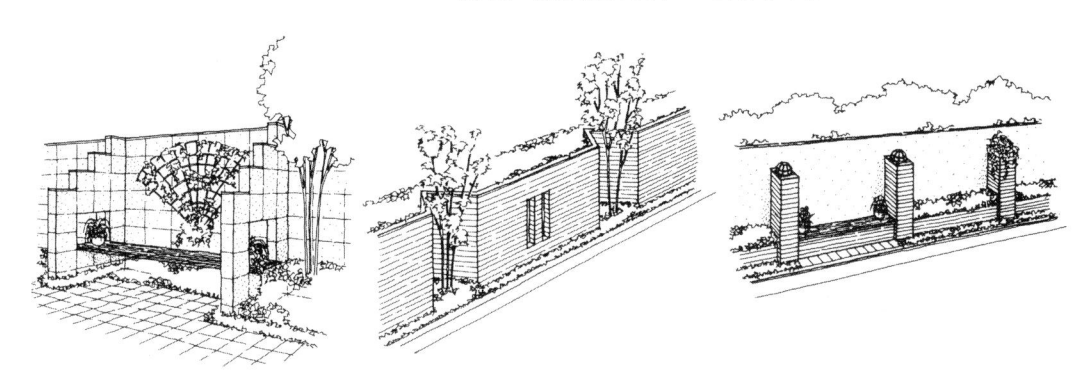

邪魔者扱いされる控え壁も工夫次第でアクセントとなる

図36　コンクリートブロックの控え壁をデザインに取り込む

ⓓ 立体的にイメージする

　人の視線は「平面図」と異なり「立体的」に判断します。立体的にイメージすることでデザインの幅も広がります(図37)。

乱杭状に立てた枕木の影が落ちたかのように
立面と平面がつながるデザイン

床の自然石乱貼りがデザインウォールに
つながり、床と壁を一体に感じさせる

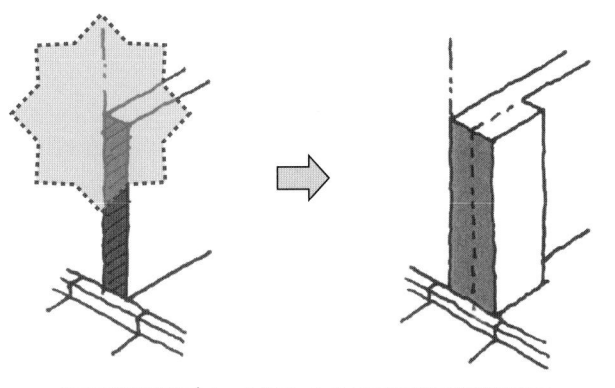

隣地境界部のブロックやフェンスの道路際は鋭角的かつ
貧弱に見えてしまうので、柱型などでデザイン化したい
(図例はコンクリートブロックを二重にしている)

写真はRCの塀をわざわざ折り曲げて、正面からは鋭角的に見えないようにしている

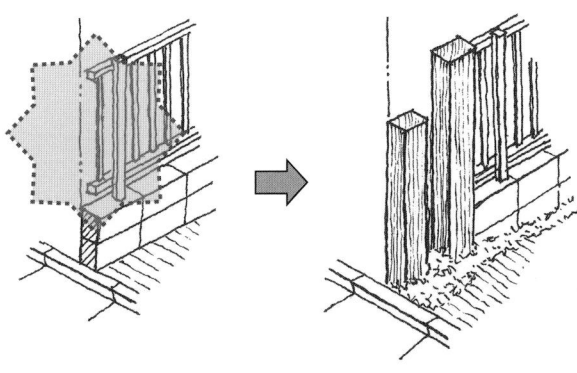

気になる隣地境界のフェンス端部を枕木などでカバーする

図37　デザインを立体的に考えるポイント

事例 1　いろいろな床版のデザイン

歩いている人は「目先 3m 程度に視線を置き、見ている範囲は床面がほとんど」なのが一般的です。つまり視界に入っているのは床面ということになるのです。

駐車スペースは道路に面しており道行く人たちから見られる位置関係にあります。空車時の床版デザインは、その住宅ファサードのデザインイメージに大きく影響します。

こうしたことから、駐車スペースの床版は空車時を意識してデザインします。車を実寸（点線や破線）で描くことにより、デザインに利用可能な範囲もわかることになります。

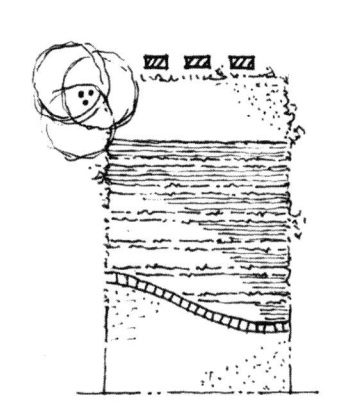

ナチュラル
（枕木＋地被＋ピンコロ）

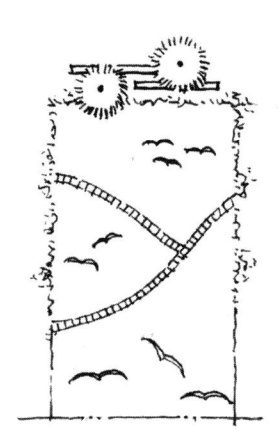

波間のカモメ
（タイル＋モザイクタイル）

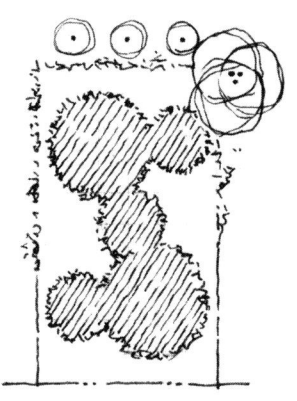

ミッキーマウス
（地被＋洗い出し）

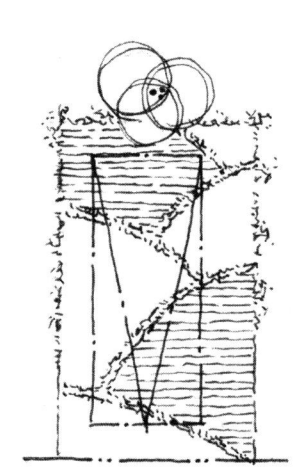

山の連なり
（地被＋ペーブメント）

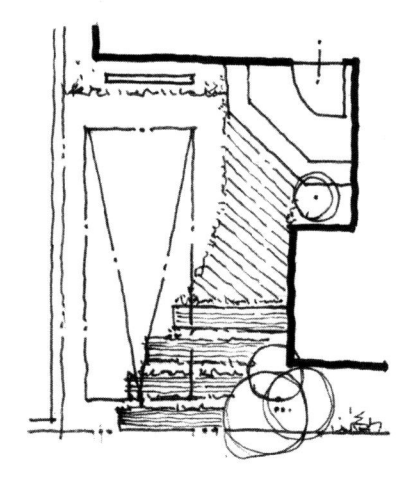

アプローチとの共用
（枕木＋ペーブメント＋地被）

事例2　多目的に利用する

道路に面した一番よい場所を占有するのが駐車スペースですが、空車時の多目的利用を考えると色々な可能性が広がります。乗り降りにあまり関係のないスペースを利用したり、一時的に車を路上駐車してパーティー・スペースや日曜大工スペースとするなど、いろいろな提案のできるスペースでもあります。

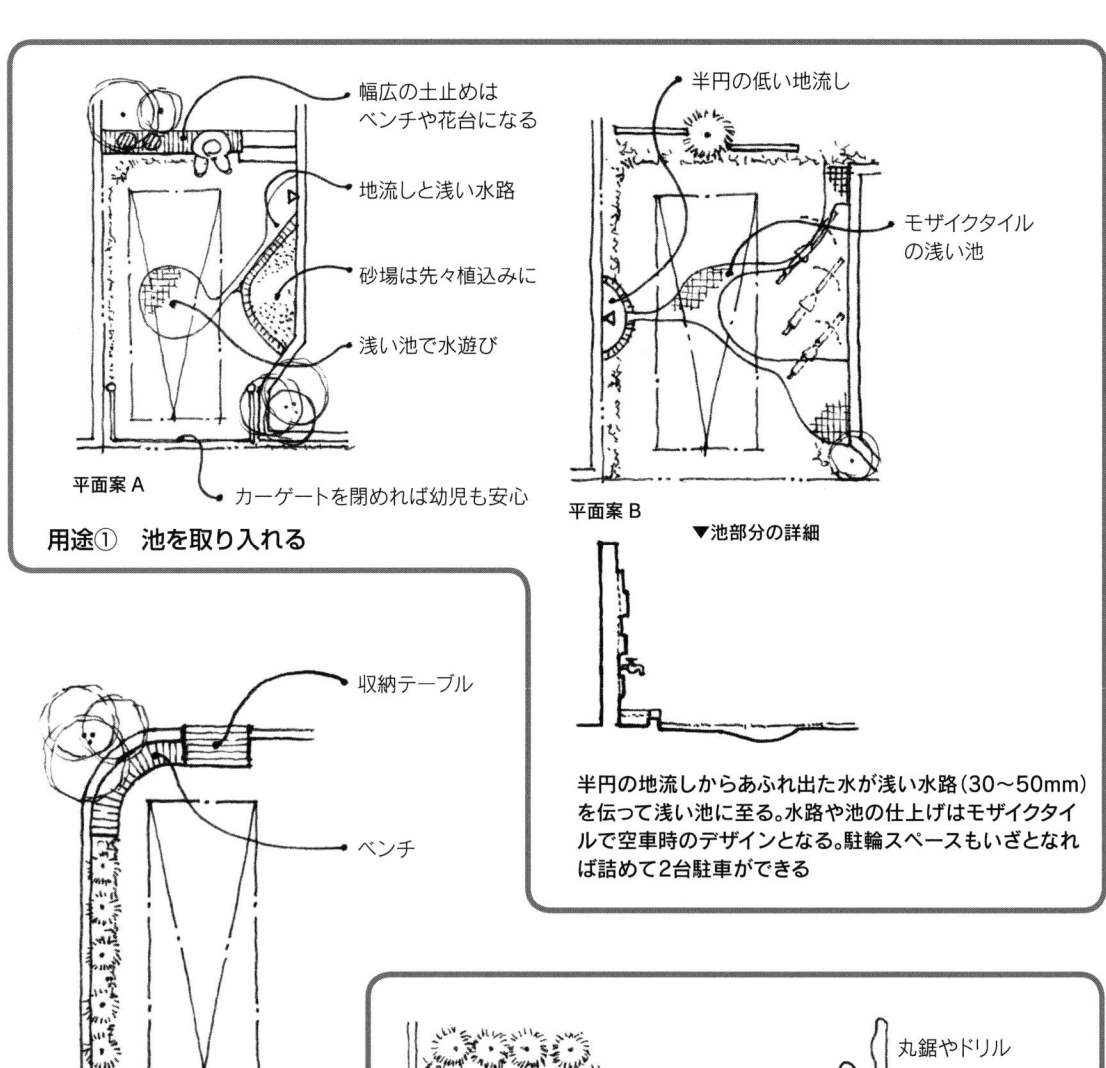

- 幅広の土止めはベンチや花台になる
- 地流しと浅い水路
- 砂場は先々植込みに
- 浅い池で水遊び
- カーゲートを閉めれば幼児も安心

平面案A

用途①　池を取り入れる

- 半円の低い地流し
- モザイクタイルの浅い池

平面案B

▼池部分の詳細

半円の地流しからあふれ出た水が浅い水路（30～50mm）を伝って浅い池に至る。水路や池の仕上げはモザイクタイルで空車時のデザインとなる。駐輪スペースもいざとなれば詰めて2台駐車ができる

- 収納テーブル
- ベンチ

用途②　コミュニケーションをうながす

奥のベンチと収納テーブルで井戸端会議。車を出せばバーベキューもできる。花台にもなるベンチが空車時のポイント

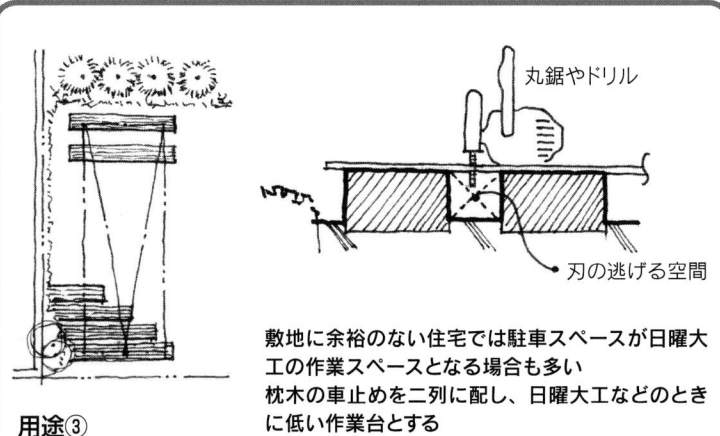

- 丸鋸やドリル
- 刃の逃げる空間

用途③　日曜大工に活用

敷地に余裕のない住宅では駐車スペースが日曜大工の作業スペースとなる場合も多い
枕木の車止めを二列に配し、日曜大工などのときに低い作業台とする
枕木の間が丸鋸やドリルの刃の逃げる空間となる

6章

主庭のデザイン

大徳寺弧篷庵「布泉の手水鉢」（小堀遠州作・京都市北区）

6.1 主庭の考え方

ⓐ 主庭は快適な屋外生活の場

かつて庭園をもつことが成功の証であった時代もあり、高価なマツの仕立て物や大きな庭石・灯籠などを据えたりしたものです。また、雑木の庭のように武蔵野の面影を庭園に求めたこともありました。しかし、現代は家をもつことが狭いながらも庭をもつことにつながり、ガーデニングブームに象徴されるように庭は一般庶民の手が届くものになっています。このように庭は家と同様に生活の場、趣味を実践する場としての役割を強くもつようになりました。ガーデニングが美しい花を眺めることよりも、自分自身の手で育て、花を咲かせる喜びを味わうことを目的とするように、庭は、屋外でなければできない、新しい生活スタイルを実践する場になってきています。ウッドテラスに人気があるのも同様の理由からと思われます。家の中から外に出て、自然の光、風に当たりながらお茶を飲んだりおしゃべりをする。エアコンの効いた人工的な環境でない、自然とふれ合いながら生活する場が強く求められています。

ⓑ 主庭は建物との調和が大切

主庭は通常、建物の南側、リビングルームや和室に面した場所に設けられます。計画を進めるにあたり、最初に建物と主庭の関係がどのようになっているかをチェックします。建物が和風か洋風か、庭に面した居室が和室か洋室か、主庭への出入口はどこか、窓の位置や高さ、居室と主庭の高低差、庇の出などが問題となります。これらの事項は使いやすい庭づくりのために、また建物に調和した美しい庭をつくるためにとても大切です。

また、たとえば庭園にウッドテラスを設ける場合、ただテラスの図面を描くだけでなく、そこでどのような活動が展開できるのか、住み手の立場で提案することが大切です。バーベキューパーティーをするならば、緑陰あるいは日除けはどうするのか、野外炉の風除けはどうか、テーブルはリラックスできる環境につくられているのか、何人が集まれるのか、テーブルからの眺めはどうか、ガーデンシンクなどの水場は必要ないか、料理や取り皿などはどこに置くのかなど具体的なシーンを思い浮かべて計画することが大切です。

ⓒ 計画の条件を読む

主庭の計画では住宅と同じように、まず住む人のライフスタイルや敷地形状などの条件を分析・整理します。

図1はこの章で主庭計画の例として用いるキープランです。

場所は都内の住宅地の一角にあり、施主は都心で病院を経営しています。子供はすでに独立しており、新築された建物は夫婦と夫の母親が同居する二世代住宅となっています。敷地は東西方向約30m、奥行き約7mという細長い形状で、庭に面して5つの部屋が並んでいます。リビングルーム1、和室1が夫婦の部屋であり、リビングルーム2、和室2・3は母親の部屋になっています。なお、外周は三方向道路に囲まれていますが、地盤高は道路よりも2mほど高く、敷地の中央部に外周道路に下りる階段があります。

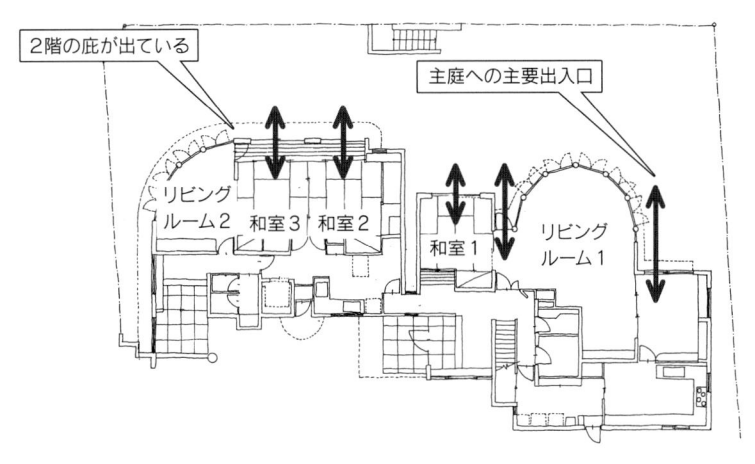

図1 建物と主庭の関係（キープラン）

　庭づくりへの要望は、夫婦が友人を呼んでパーティーができるようなテラスの庭と和室前に落ち着いた和風庭園があること、そして母親は草花を植えて楽しめる和風庭園がほしいとのことでした。

ⓓ テーマを決める
　テーマは、主庭の空間形態を決める大切なものです。大きく、テラスの庭や菜園の庭など実用本位のものと、自然模写などの観賞本位のものに分けられます。どちらの場合でも使いやすく美しい庭でなければなりません。主庭はそこで生活する人のための舞台であり、舞台の基本は空間です。したがってどのような空間をつくるかとテーマは密接に関係しています。

　このプランでは奥行きのない細長い主庭の中に、夫婦が生活する和室前に観賞本位の和風庭園、洋室前にパーティーを開けるテラス主体の洋風庭園、母親の生活する和室・洋室前にはガーデニングを楽しめる和風庭園というように形態、機能の異なるものが同居することになります。計画では横に並ぶ空間相互の「景色・機能の一体化・連続化」を図るため、テーマを「和モダンの庭」としました。具体的にはテラスの四角形を基本形として和洋庭園の主要施設の形を統一し、母親が希望する庭は、和洋折衷のデザインとしてあります。

ⓔ 空間をつくる
　空間にはウォールやトレリス、生垣などで囲い込まれた部屋のように閉鎖されたものと、四つ目垣の仕切りや樹木の下などで感じられる漠然とした領域のようなものがあります。主庭は通常、このような大小あるいは質の異なる空間が複合したものになります。空間同士をどのように区切り、つなげるかはデザイン上重要な問題であり、このような作業は地割・動線計画という全体計画の中で煮詰めておきます（図2）。

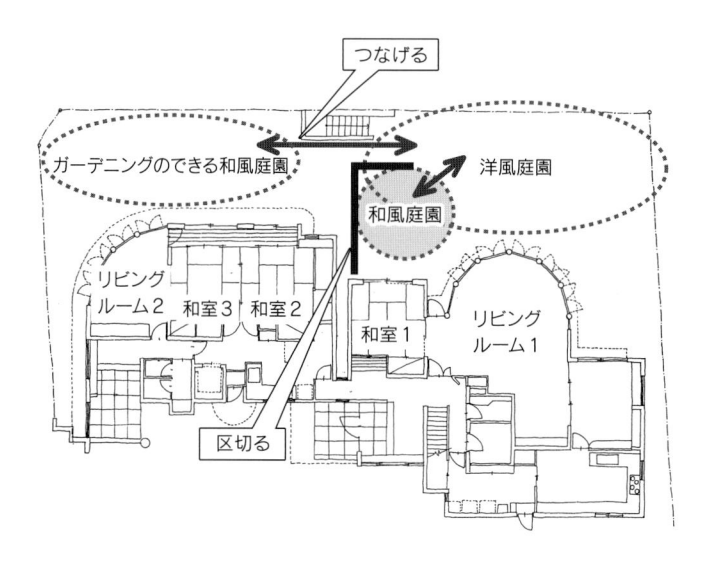

図2　空間同士の区切りとつながり

❶ 景色（主景と背景）をつくる

　空間づくりでは美しい景色をつくることも大切です。景色は主景・フォーカルポイントと呼ばれる見せ場になるものと、主景を周辺から際立たせ、浮かび上がらせる背景から構成されます。建物内から眺める庭の景色づくりでは、正面に見える隣地の建物や物置などを遮蔽する必要が往々にして出てきます。これらの目隠しは同時に主庭を美しく見せる背景づくりでもあるわけです。このように美しい主庭づくりは背景づくりからスタートするということをよく理解しておく必要があります（図3）。

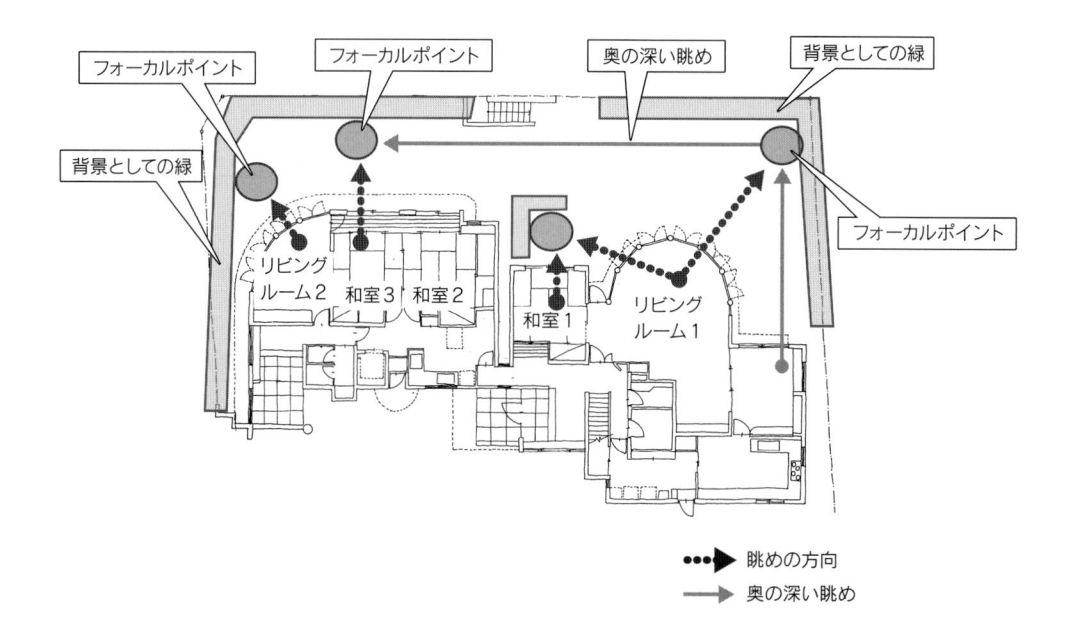

図3　美しい主庭をつくるためのフォーカルポイントと背景づくり

❺ 造形技法を応用する

　眺めて美しい庭をつくるには、持ち込むさまざまな施設や植物に関連性（部分同士、全体の中での位置付けなど）をもたせ、全体としてのまとまりをつくるようにします。このような作業には造形の知識が必要になります。「造形の要素」と呼ばれる線や形の特性、「造形美の原則」と呼ばれるハーモニーやバランス、リズムの問題などデザイン技法についても習熟しておきたいものです（図4）。美しい庭には絵画でいう構図が明確につくられています。構図とはバランス構成の問題ですので、バランスのとり方をよく勉強しておくことが大切です。

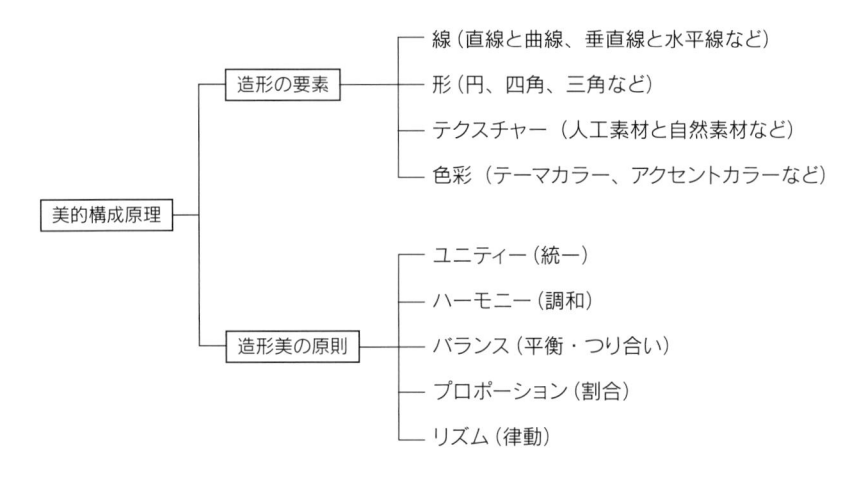

美的構成原理
- 造形の要素
  - 線（直線と曲線、垂直線と水平線など）
  - 形（円、四角、三角など）
  - テクスチャー（人工素材と自然素材など）
  - 色彩（テーマカラー、アクセントカラーなど）
- 造形美の原則
  - ユニティー（統一）
  - ハーモニー（調和）
  - バランス（平衡・つり合い）
  - プロポーション（割合）
  - リズム（律動）

図4　造形の美的構成原理

❻ 主庭のデザインポイント

　以上の内容を整理すると図5のようなフローで表すことができます。主庭のデザインではどのような場合でもこれらのポイントについて十分に検討することが必要です。

主庭のデザイン → 計画の条件を読む（施主の要望／敷地の形状など／主庭と建物の関係）→ テーマを決める → 空間をつくる（空間をつなぐ／空間を区切る）→ 景色をつくる → 背景をつくる／主景をつくる → 造形技法を応用する

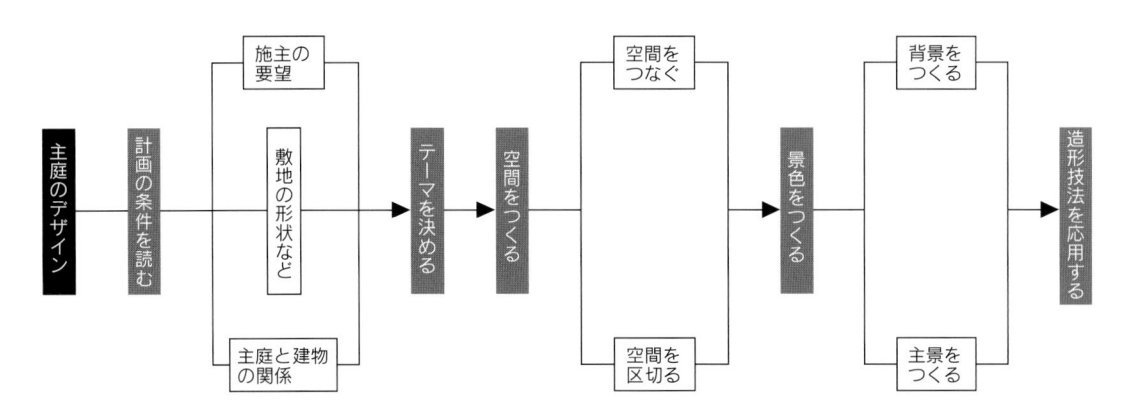

図5　主庭のデザインポイント

6.2 空間をつなぐ(動線・視線の計画)

ⓐ ゾーニング・動線計画・景色づくりのトータルプランニング

　主庭はその目的、使い方などにより、いくつかのゾーン(空間)に分かれます。これらのゾーンをひとつにまとめるには、ゾーニングと動線計画だけでなく、景色づくりも合わせて検討します(図6、7)。ゾーンをつなぐものは園路などの動線だけでなく、視線による景色もあります。人間の目線よりも低い仕切り壁は2つのゾーンをひとつにして見せることができます。また、このプランでは一体化を図るため主庭の核となる洋風庭園テラスの四角形を基本形とし、和風庭園の水鉢、敷石などに四角のデザインを取り込むなど、庭の主要施設の形を統一してあります。また、母親の部屋に面した庭園の延べ段周囲に草花を植栽し、バードバスに切り石を使用するなど和洋折衷とすることにより、和風と洋風のデザイン統一を図っています。

　動線は歩くルートだけでなく視線を誘導するルートでもあり、いくつかのゾーンを視覚的に連続化していくことを意味します。このように動線計画とは視点の位置、視線方向、視線の向いている時間などをコントロールする計画でもあるということを頭に入れたトータルプランニングが必要です。

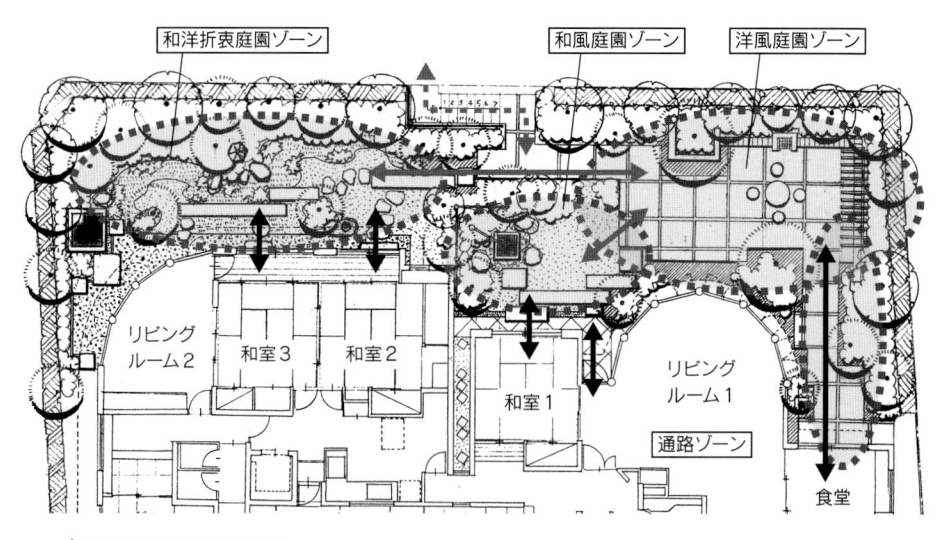

図6　ゾーニング・動線計画

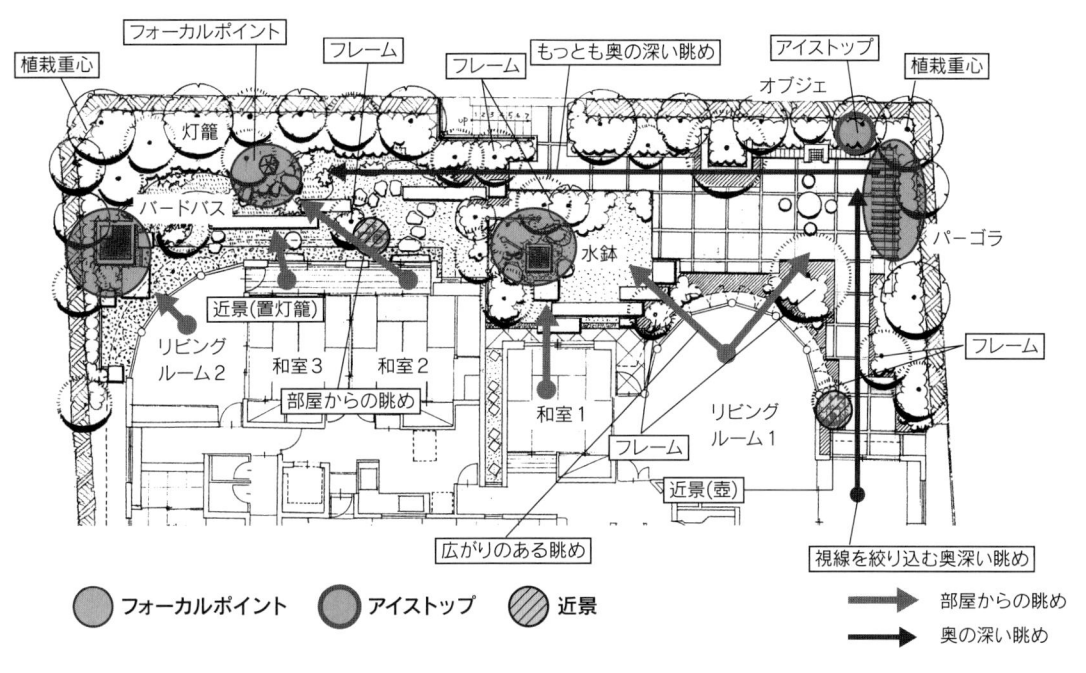

図7 景色づくりの計画
横(東西)方向の動線・景色のつながりを重視し、ビスタ(通景線)の先に灯籠などのアイストップを配置している。居室からの眺めを奥行き深く、印象的に見せるため、それぞれの庭にはフォーカルポイントを配置し、さらに近景、フレーム手法などを取り入れている

ⓑ 居室から主庭へのスムーズな動線計画

①和風での取り合い

　和風建築では床下の通気性を確保するため、床(畳敷き)と庭の高低差が700mm近くあります。したがって、縁側と庭との昇降を容易にするため、床よりも250～300mm低く沓脱石を配置するのが一般的です。

　庇の真下には落ちてきた雨水を受け、排水するための、雨落ち溝と呼ばれる側溝を設けます。雨樋は軒先の美しさを損なうという理由から省略することがあります。雨樋を取り付ける場合でも、建物の足元まわりを美しく見せるため側溝を設けることがあります。側溝と建物の間の雨のかからない場所を犬走りと呼び、地盤面よりも100～200mmほど高くし、昔はたたき仕上げ、現在は砂利の洗い出しや石貼りなどとします。庇という建築物の下ですが、ここは軒内と呼ばれ昔から建物と庭を接続する重要な接点として庭師が扱ってきた場所です。狭い庭ではこの軒内が庭の重要な見せ場になることがあります。

　縁側がない場合には、和室と庭との接続としてヌレエンを設けます(図8)。

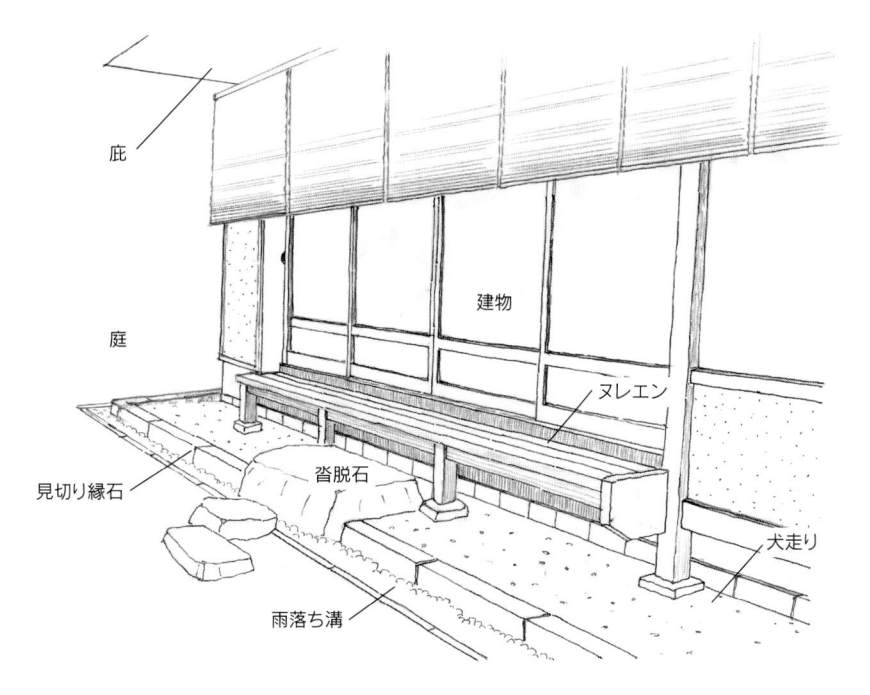

図8 和風住宅の軒内

②洋風での取り合い

　洋室の床と庭の高低差は和室ほどではありませんが、400〜500mm程度はあります。和室の場合と同様に昇降を容易にするとともに建物近くに雨水が近寄らないようテラスを設けるのが一般的です（図9）。テラスは地盤面よりも100〜200mm程度高くします。テラスや犬走りは建物を雨水から保護するだけでなく、見た目にも建物に安定感を与え美しく見せます。また、住宅と庭をスムーズにつなぐ動線処理の場としての役目ももっています。

　最近は屋外生活の場としてテラスを広くすることが多いのですが、その場合にはテラスを建物の一部と考え庭とのつながりが不自然にならないよう工夫します（図10）。また、室内から庭を眺めるとテラスが目の前に広がり庭の見える範囲が狭くなるので、テラスの位置、向き、広さ、形などは十分に検討します。

6.2 空間をつなぐ（動線・視線の計画） 107

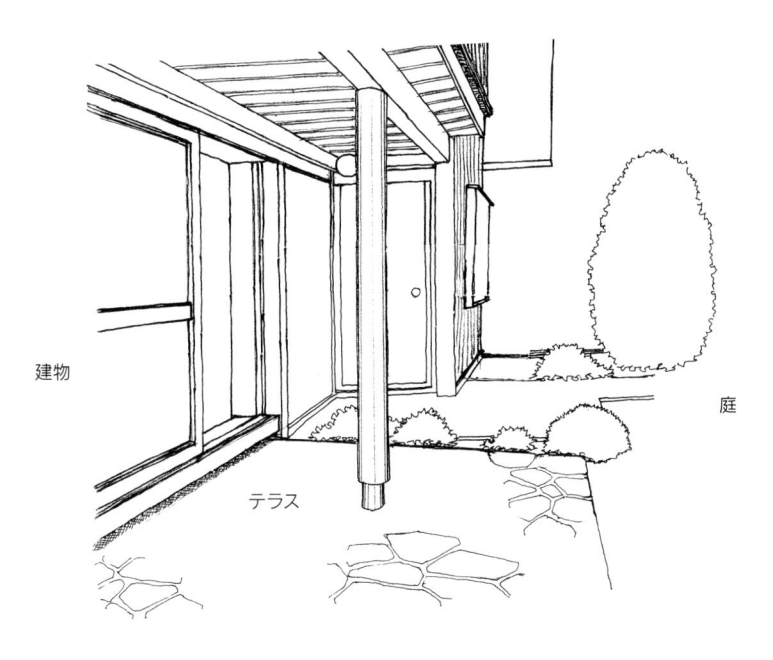

図9 テラス

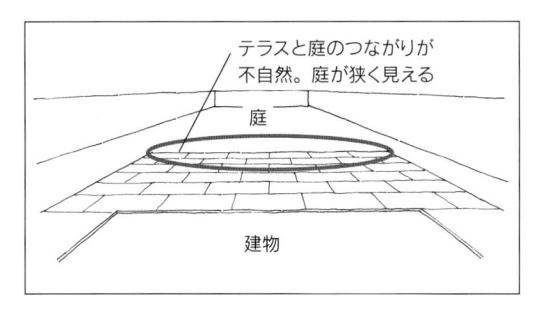

建物と庭のつながりと同様にテラスと庭との一体化に配慮する。テラスの直線で庭を分断するのは好ましくない

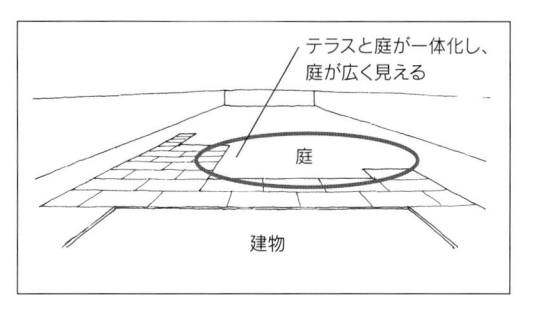

庭への視線方向のテラスは幅を狭くし、テラスの線が庭と絡み合うようにすると両者の一体化が図れる

図10 テラスと庭のつながり

❸ 建物と主庭との接点空間づくり

①和風での取り合い

軒内の領域感を高め、景色にまとまり感を与えるため、隣接する部屋や玄関などの間を仕切る装置として袖垣を設けることがあります。袖垣は頭上に突き出した庇や犬走りとともに、建物と庭の接点空間をつくります。室内という人工空間から庭という自然空間に直接出るのではなく、中間領域を経由することにより、スムーズに空間をつなぐことができ、建物と庭を自然な姿で一体化することができます。また、建物壁面に付属した袖垣は建物に安定感を与えるだけでなく、竹などの自然素材を使うことにより庭との連続性が強調されます（図11）。

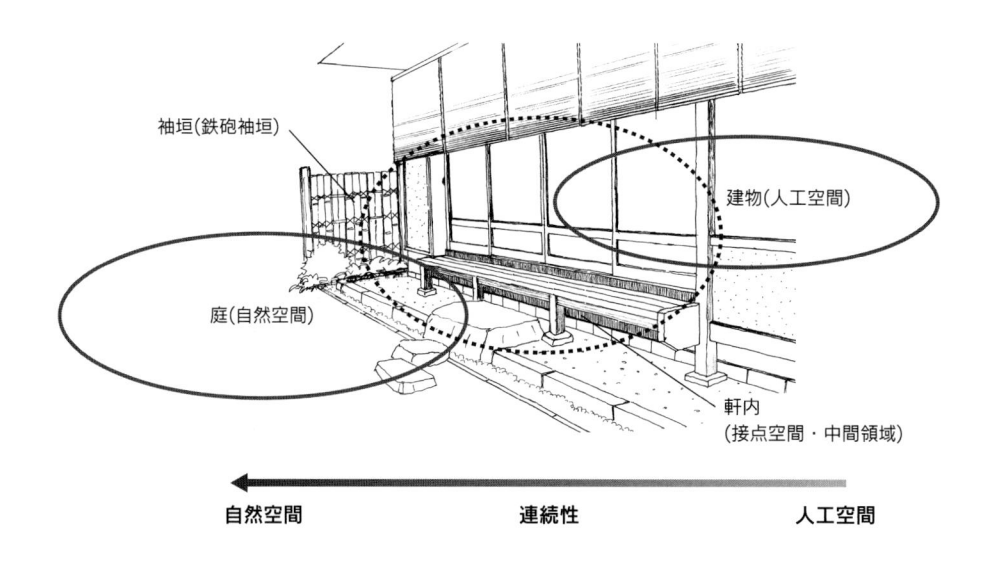

図11　袖垣を設置することにより軒内の領域感が高まる

②洋風での取り合い

テラスやウッドデッキの場合、建物壁面から突き出したラティス、ウォールなどの袖壁が庭との接点空間をつくります。袖壁は休息、食事などを行う場合にリラックス感、安心感を与えるほか、風除け、プライバシーの確保などの役割を果たします（図12）。

また、テラスの上部に設けたパーゴラ、オーニングや、木陰を提供する緑陰樹は、頭上を覆うことによりヒューマンスケールとしての接点空間を強調し、心を落ち着かせてくれます。強い日差しを和らげ、西日をさえぎるなどの装置は、快適な自然環境を楽しむために大切なものです。

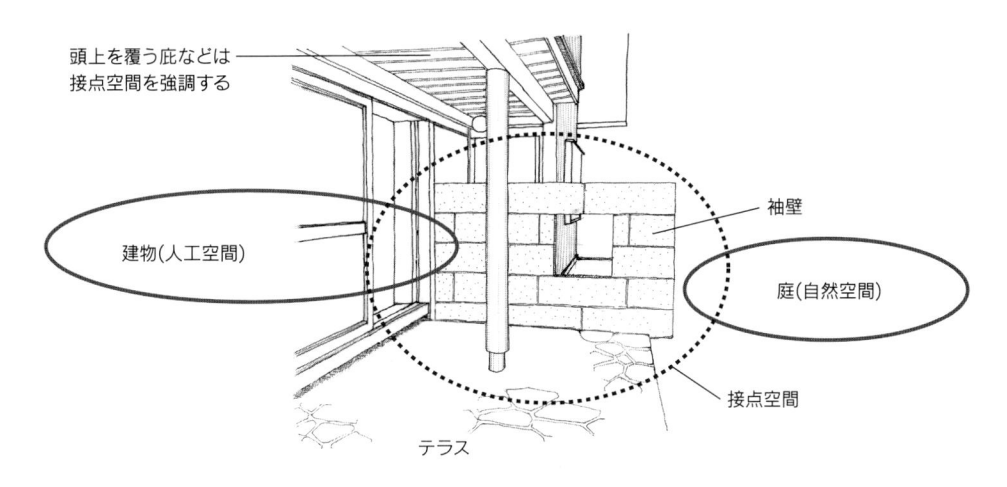

図12　袖壁がつくる接点空間（前川國男邸のテラス）

ⓓ 庭と庭をつなぐ（仕切りの重要性）

　主庭内をいくつかのゾーンに分ける場合、日本の伝統的な庭づくりでは室内のように壁で完全に見えなくなるように区切る（遮蔽）ことはあまりしません。遮蔽はサービスヤードなどのように、見せたくないゾーンを区切る場合に行います。屋外の空間づくりでは、じかに光や風が入ってくるような透けた仕切りが多く使用されます。

　竹垣、袖垣、トレリス、植栽、縁石、舗装の違いなどが仕切り材として利用されますが、これらを上手に利用すれば、空間が連続し、つながりが損なわれません（図13、14）。

　和風と洋風という異なるデザインの空間を接続する場合には、双方のデザインに共通する素材を選んで使用すると自然な感じにまとまります。双方が異質な素材の場合には、植物などの存在感が強くない、第三の素材としての「緑空間」を使用してつなぎ目をぼかすようにすると、双方の素材のよさが増幅されてうまくまとまります。

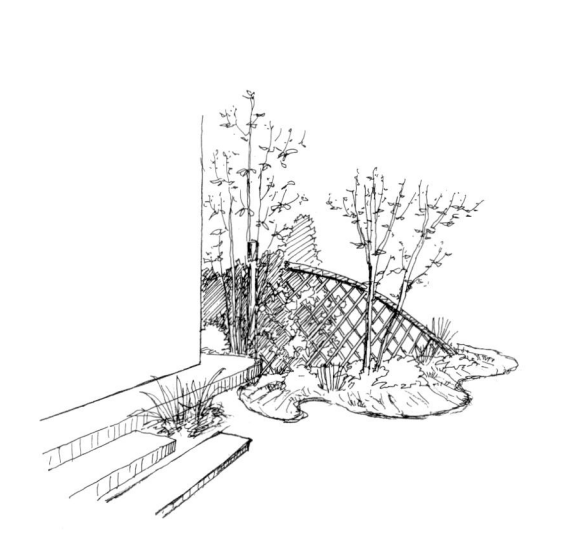

図13　光悦寺垣による仕切りの例 　　　図14　トレリスによる仕切りの例

❺ 視線計画（主庭の近景づくり）

①和風での取り合い

　室内から庭を眺めた場合、建物近くに配置した灯籠、手水鉢などの石造添景物（図15）、建物近くに植栽した樹木は近景となり、庭の景色に奥行き感を出します。特に石造添景物は半人工的なものであり建物によく調和すること、近くから眺めてこそ視線を引き付けそのよさが観賞できるということから、室内から庭を眺めた場合の視線近くのコーナーに置くと効果的です。

　建物近くに植栽する樹木は特に家付きの木と呼ばれます（図16）。建物と庭との一体化を図り、建物を奥床しく美しく見せる効果があります。カシワやアオギリなどの大きな葉をつける樹木は、特に奥行き感を強調します。また、ビューポイントとなる窓辺近くに植栽された樹木は、庭への視線を絞り込んだり、額縁のようなフレーム効果があるため、庭の景色を美しく見せてくれます。

図15　近景に配置した石造添景物　　　図16　建物近くに植栽した家付きの木

②洋風での取り合い

　洋風の建物近くに配置された睡蓮鉢やバードバス、彫刻などのオーナメントは灯籠などと同じ近景効果があります。また、人目を引く美しい容器に植えられた草花などのコンテナ植栽も同様です（図17、18）。テラスが広い場合、あるいはテラスだけしか設けられない狭い庭では、テラスの中に近景物となる花壇や池、植栽などを配置し、テラスを庭そのもののように扱うと奥行きのある景色をつくることができ、建物と庭とがうまく調和します。

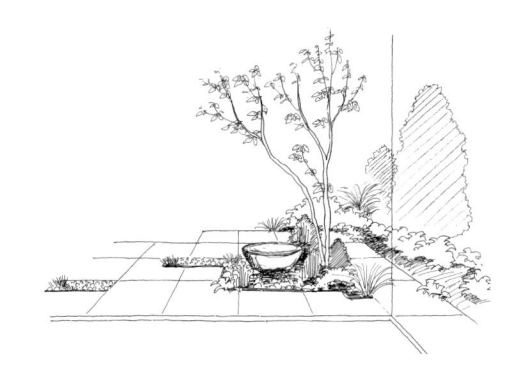

6.2 空間をつなぐ(動線・視線の計画) 111

図17 近景に壺を配置

図18 近景のバードバス

❻ フォーカルポイントをつくる

　フォーカルポイントとは、主庭全体にまとまりを感じさせる中心になるものをいいます。当然人の目を引き付けるような目立つものが選ばれ、噴水、花鉢、彫刻などのオーナメント、花木などの植物が利用されます。左右対称などの整形式の庭では軸線上に配置しますが、自然式の場合にはつり合い構成に配慮した場所に配置します。フォーカルポイントを庭の中心(重心)にすることもあります(図19、20)。このように視線を集中させて全体をまとめる大切なものなので、背景、近景、高低、左右といった庭全体の構図をもとに熟慮して配置します。

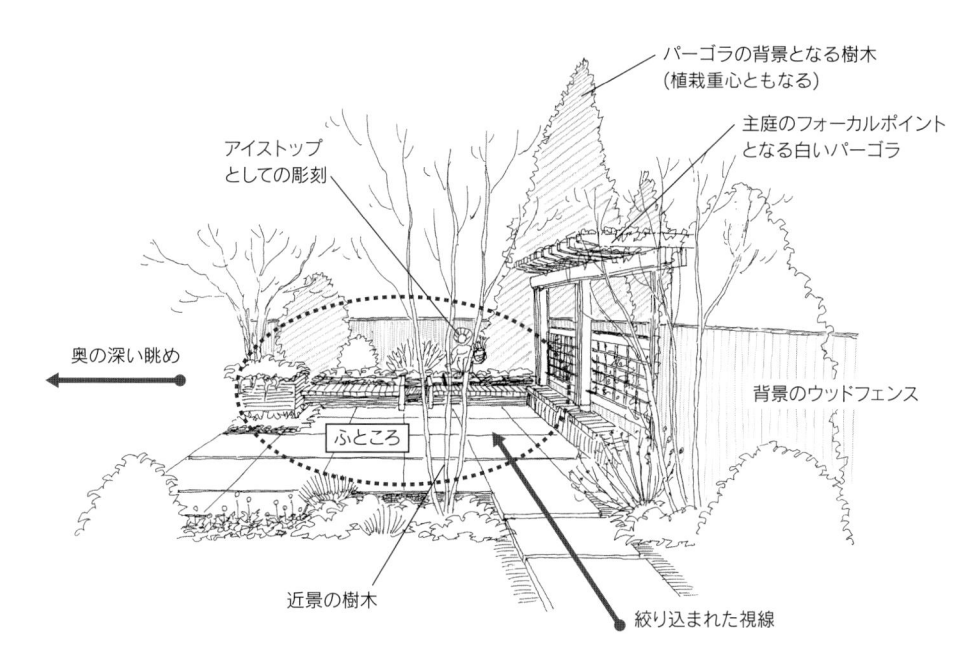

図19 パーゴラをフォーカルポイントにした主庭
　　　　(リビングルーム1から見た洋風庭園)

主庭のデザイン

フォーカルポイントとしての灯籠

花の美しいグラウンドカバー
近景でありフレームともなる落葉樹
近景としての置灯籠
飛石・延べ段を美しく浮かび上がらせる化粧砂利敷き

図20　灯籠をフォーカルポイントにした主庭（和室2・3からの眺め）

6.3 空間をつくる

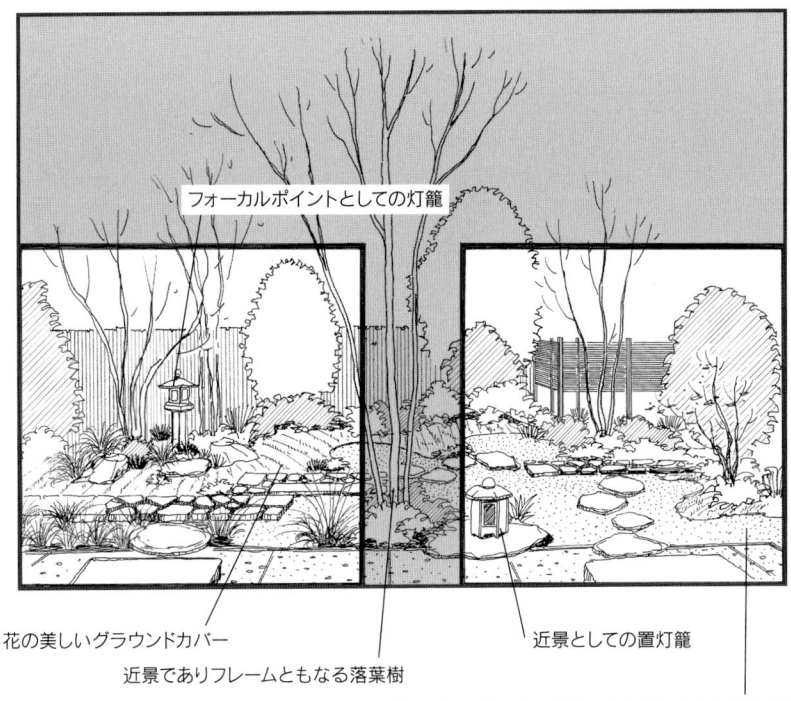

ⓐ「自然の形」をつくる

　地形は水、石、植物などのさまざまな自然素材を使用するときに、もっとも基本となる自然界の秩序をつくるものです。水が高いところから低いところへ流れるように、地形により樹木を植える位置や傾き、石の組み方、排水などの大筋が決まります。逆にいえば、地形のデザインとは、その上に構成される植栽、石組みなどが「自然の形」として必然性をもつように計画するものです。

　広い庭では景観に変化を出すため築山をつくったりしますが、狭い庭では地表面に表情が生まれる程度のわずかな起伏を大切にします。この起伏が陰の部分をつくり、景色に深みを与えます。庭園工事では必ず残土が発生します。この残土を利用して築山、起伏などの変化をつけることは、経済性を踏まえた庭づくりのコツです（図21、22）。

　コケや芝生は排水不良地を嫌います。また、樹木も根の周辺に雨水が溜まるような環境では根腐れを起こします。日本は雨の多い国ですから、屋外では平坦地をつくらず若干の勾配を設けることが必要です。

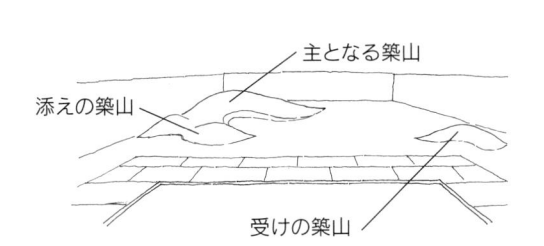

図21　地形をつくることにより自然らしさが生まれる

図22　地形に合わせて石や植栽の位置が決まる

❻「ふところ」をつくる

　私たちは傾いた樹幹や横に伸びた枝などを見て、その足元に領域を感じたりします。また、植栽で囲われた場所をつくるときに、眺め方向の一部を隠すように植栽すると、奥に領域があるように感じます。このような領域を「ふところ」といい、空間のひとつの形態と考えます(図23、24)。「ふところ」があると空間に深みが出ます。ひと目で隅々まで見渡すことができる庭よりも、一部が隠れて見えない場所がある庭のほうが広さや奥行き感が出ます。

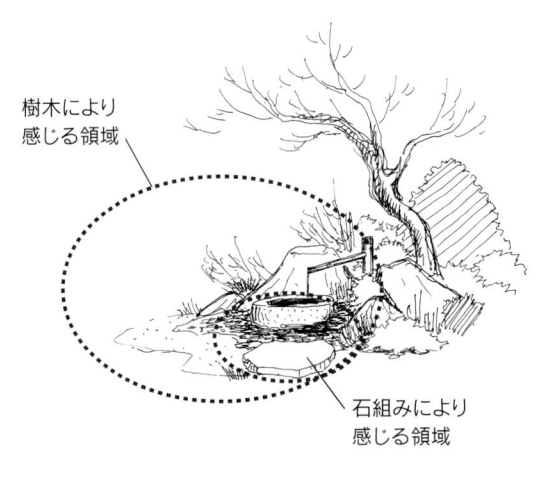

図23　つくばいのふところ

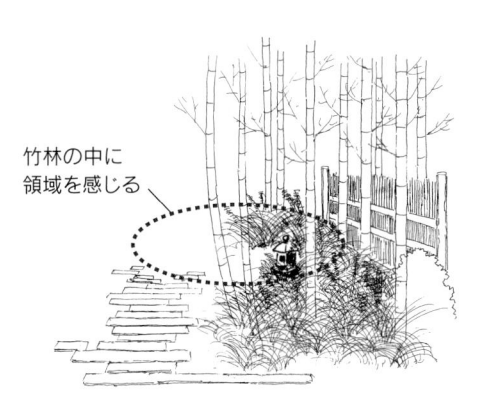

図24　竹林のふところ

❸ 余白をつくる

　庭に配置するベンチ、ガゼボなどの装置、あるいは独立樹でもそれを美しく見せるためには、その周辺に何もない空間（余白）が必要です。いい方を変えれば、何かモノを配置するとその周辺にはそのモノが強い影響力をもつ空間が生まれます。狭い場所にたくさんのモノを配置すれば、それらの周辺に生じた空間同士がぶつかり合い、かえってマイナス効果になります（図25）。主庭では目に見えるモノと同じぐらい何もない空間、「余白」をつくることが大切です。「余白」は眺める人の心をホッとさせ心を癒やしてくれます（図26）。

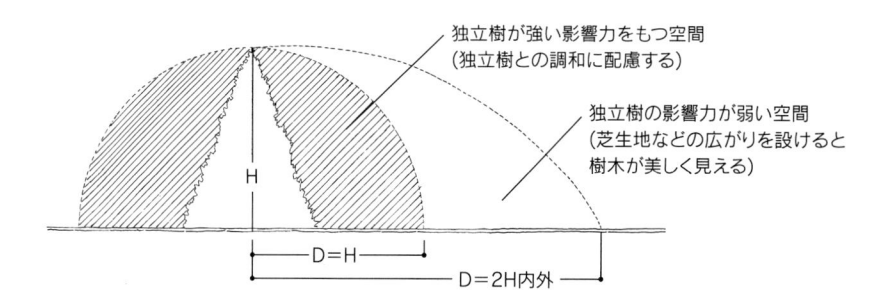

独立樹が強い影響力をもつ空間
（独立樹との調和に配慮する）

独立樹の影響力が弱い空間
（芝生地などの広がりを設けると樹木が美しく見える）

D＝H
D＝2H内外

図25　モノが周囲に与える影響力

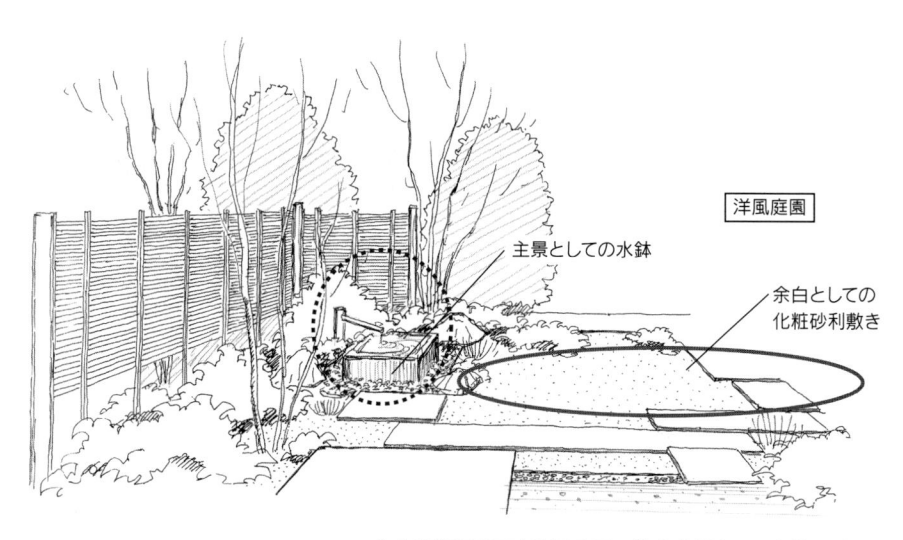

洋風庭園

主景としての水鉢

余白としての化粧砂利敷き

余白は洋風庭園と和風庭園の接点空間としても効果的である

図26　余白のある庭（和室1からの眺め）

6.4 背景をつくる

ⓐ 多層構成の植栽帯

　主庭の計画において忘れがちなものが背景づくりです。広い庭ならばともかく、南側に住宅が隣接している場合、部屋から見える主要な景色は隣の建物の北側になります。隣地の建物が境界に寄せて建てた2階建てのケースであれば、圧迫感を和らげるための植栽帯を検討しておく必要があります。常緑樹木を多層構成に植栽し目隠しを行う場合、最低3m以上の幅員が必要になります。隣接建物の位置、高さにより目隠し用の高木の位置が決定するので、それを基本に植栽計画を行いますが、その際、多層構成の植栽では常緑高木の脇に植栽する常緑中木の選定が大切です。日陰でもよく生育し、生長が遅く下枝が上がりにくいヤブツバキ、サザンカ、ヤツデ、ヒイラギモクセイなどが適しています（図27）。

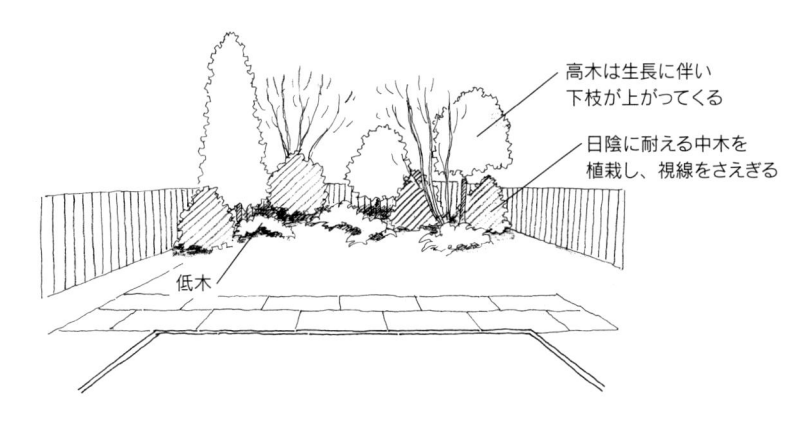

図27　多層植栽の構成で背景をつくる

ⓑ 高生垣の利用

　植栽帯を広く設けられない場合には高生垣が効果的です。昔から関東の屋敷林では建物の北・西側にシラカシの高生垣を設け冬の風除けとしてきました（図28）。また、海岸に近い場所では防風・防潮のためマテバシイ、スダジイ、モチノキなどを植えていました。高生垣は樹木を利用して自然気象をコントロールし、生活環境を整えてきた生活の知恵といえます。狭い庭ではもっと利用したいものです。

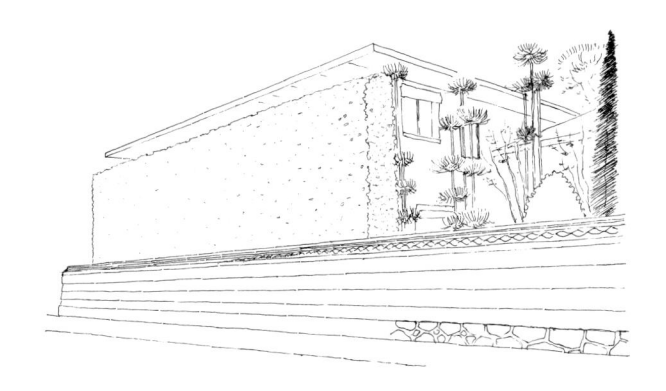

図28　西側道路沿いに設けた高生垣

❸ 塀の修景

狭い庭では敷地境界沿いの塀などの裏側が部屋から正面に見えることとなり、このような場合には塀の内側が主庭の背景になることを考慮し、和風ならば内側に竹垣で化粧するなどの工夫が必要になります（図29、30）。

図29　ウッドフェンスによる化粧　　　　　図30　建仁寺垣による化粧

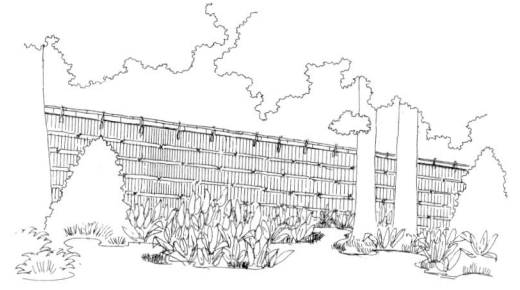

6.5　景色をつくる

❶ 高さをデザインする

目の高さよりも低いものは平面に近い姿で見えるため、右や左、手前や奥などの平面配置のデザインで処理できますが、目の高さよりも高いものは平面図で表現できません。高さの変化、高さの組み合わせなどは立体のデザインであり、立面図や透視図などを使用して検討します。植栽では低木が前者であり、高木が後者になります。平面デザインと同じように高さについて十分に練ることが美しい景色をつくるために大切です（図31）。

6.5 景色をつくる

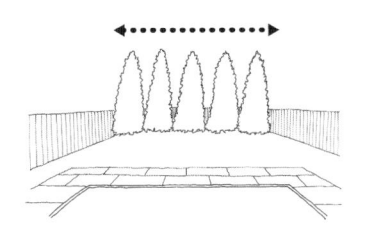

| 高さがそろうとスカイラインに水平線が生まれ人工的に見える | 漸増・漸減のスカイラインも人工的に見える | 一律にならないようスカイラインに変化をつけると自然に見える |

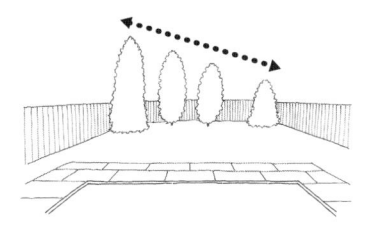

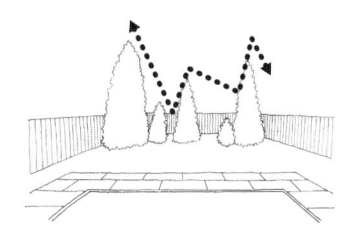

図 31　植栽の高さのデザイン

ⓑ 重点を設定する

　主庭の景色をつくる場合、左右対称にすることはほとんどありません。理由は左右が対立関係となり緊張感が生まれること、静的に固定化するため生き生きとした動きがなくなり日常的な生活の場としてふさわしくないからです。権威を誇示するような場合には逆に左右対称が用いられました。

　昔から庭に限らず日本人が好んで使用してきたつくり方はつり合いです。つり合いをとるためには、庭の左右のどちらかに主となる景色(主景)を配置し重点とします。中央に配置すると景色が2つに分断され、広がりや動きがなくなるため、通常行いません。主景の反対側に受けと呼ぶ副景を配置することが一般的ですが、必ず主景との関係(主従)がはっきりとわかるようにすることがつり合いづくりでは大切です。主景の反対側に何も置かず余白にすると、つり合いの美しさが一層強調されます(図32)。余白には水面、芝生地、砂利敷きなどが利用されます。

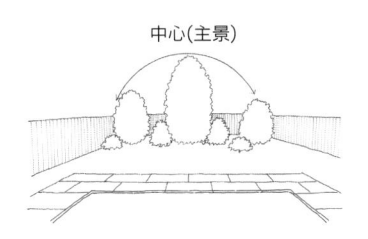

| 中高の配置は見る人に緊張感をもたらし、庭を狭く見せる | 主従のつり合いは見る人にリラックス感を与え、庭を広く見せる | 余白はつり合いの美しさを一層強調する |

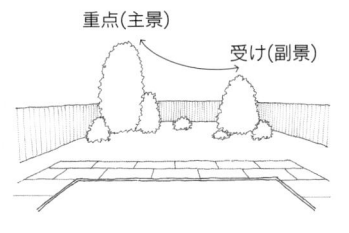

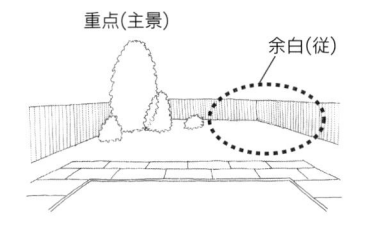

図 32　つり合いの計画

118　主庭のデザイン

事例 1　五感に働きかけるヒーリングガーデン

　人工的な施設に取り囲まれて生活している都会人が自然に対して強く求めているものは「癒やし（ヒーリング）」です。ヒーリングは普段使用しない五感を働かせることによって得られるといいます。土の匂い、木々の間を吹き抜けてくる爽やかな風、葉の間から差し込む美しい光、木の葉のざわめき、掛け樋から落ちる水音など、庭は特別にお金をかけなくても季節ごとに異なる光や風・音など、私たちの感覚に働きかけ、快い刺激を提供してくれます。このようなヒーリングガーデンは、見る人の心を自由に遊ばせてくれる、お仕着せがましくない庭にすることがコツです。人を驚かすような目への刺激が強い庭は住宅にはふさわしくありません。目に見えていても意識されないような自然を手本にした庭が効果的です。

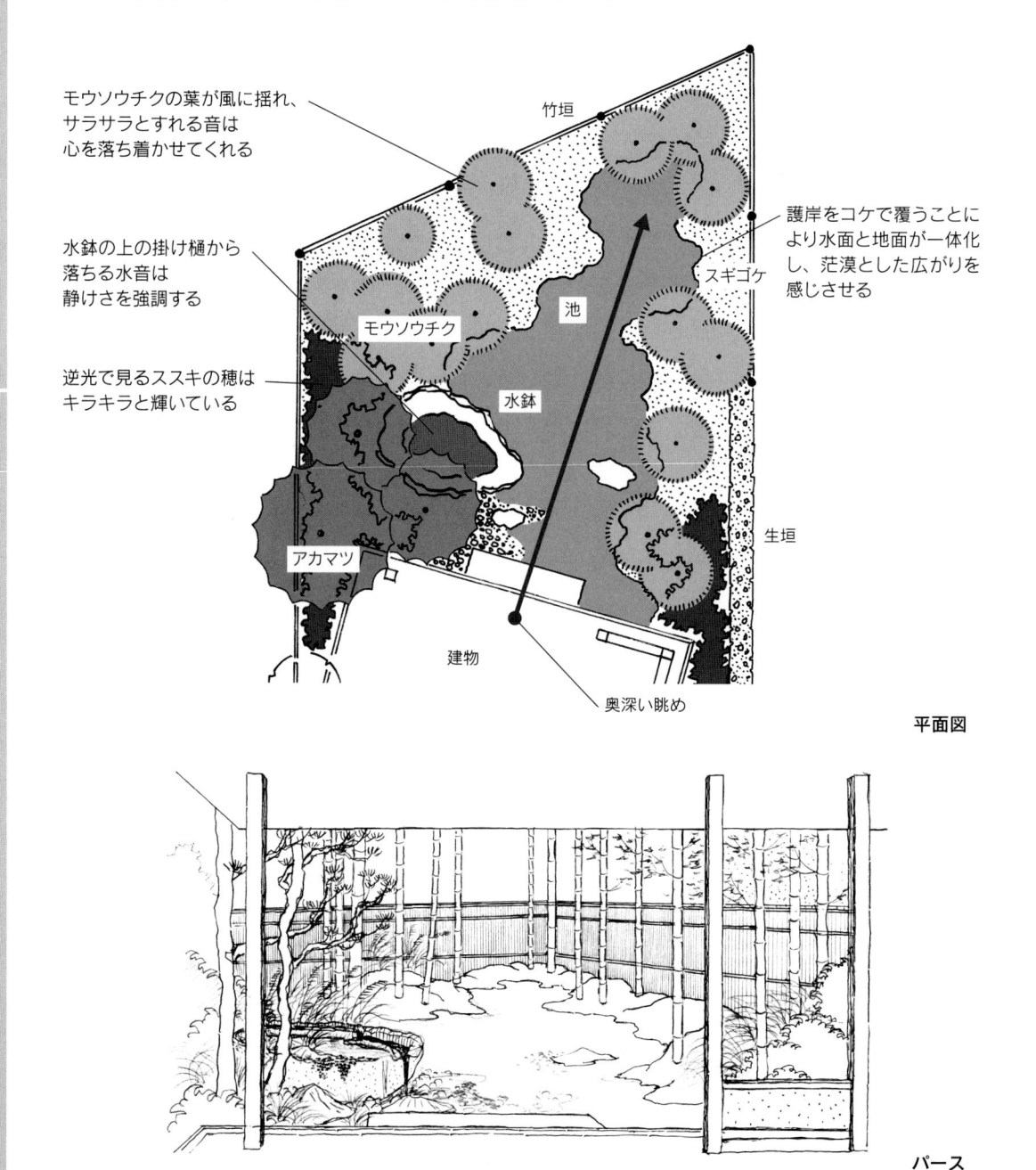

モウソウチクの葉が風に揺れ、
サラサラとすれる音は
心を落ち着かせてくれる

水鉢の上の掛け樋から
落ちる水音は
静けさを強調する

逆光で見るススキの穂は
キラキラと輝いている

竹垣

スギゴケ

護岸をコケで覆うことにより水面と地面が一体化し、茫漠とした広がりを感じさせる

モウソウチク
池
水鉢
アカマツ
生垣
建物
奥深い眺め

平面図

パース

事例2　環境に優しい庭

　これからの庭園に強く求められているものは環境への配慮です。建物の屋上や壁面を緑化することにより、冷暖房に使用するエネルギーの30％が節約でき、また都市のヒートアイランド現象の緩和にも役立つといわれていますが、同じことは庭にもいえます。駐車スペースやテラスの舗装、外周のウォールなどは、昼間太陽の熱エネルギーを蓄え、夜間に放出するという蓄熱作用があるため、少しでも緑化を行い蓄熱の弊害を少なくすることが求められます。パーゴラを架けたり緑陰樹や地被植物を植える、フェンスやブロック塀にはツタなどのツル性植物を絡ませるなどの工夫を行いたいものです。植物は温度が上がれば葉から水分を蒸散させ気化熱によって周囲の温度を下げてくれます。みんなが蓄熱に配慮した庭園づくりを行えば都市の環境もよくなり、地球環境への貢献にもつながっていきます。

　自治体によっては屋根に降った雨水を貯留したり、地下浸透させることに対して補助金を出し奨励しているところがあります。雨水は自然の資源であり植物にとってなくてはならないものです。草花を植えて楽しんでいる庭では夏に1日2～3回も水遣りすることがあります。この水をすべて水道水に頼ることは経費の問題だけでなく資源という面からも考え直したいものです。敷地内に降った雨水は敷地内で処理し、残った分だけを下水に放流するという考え方は、環境に優しい庭づくりにつながる大切なことです。

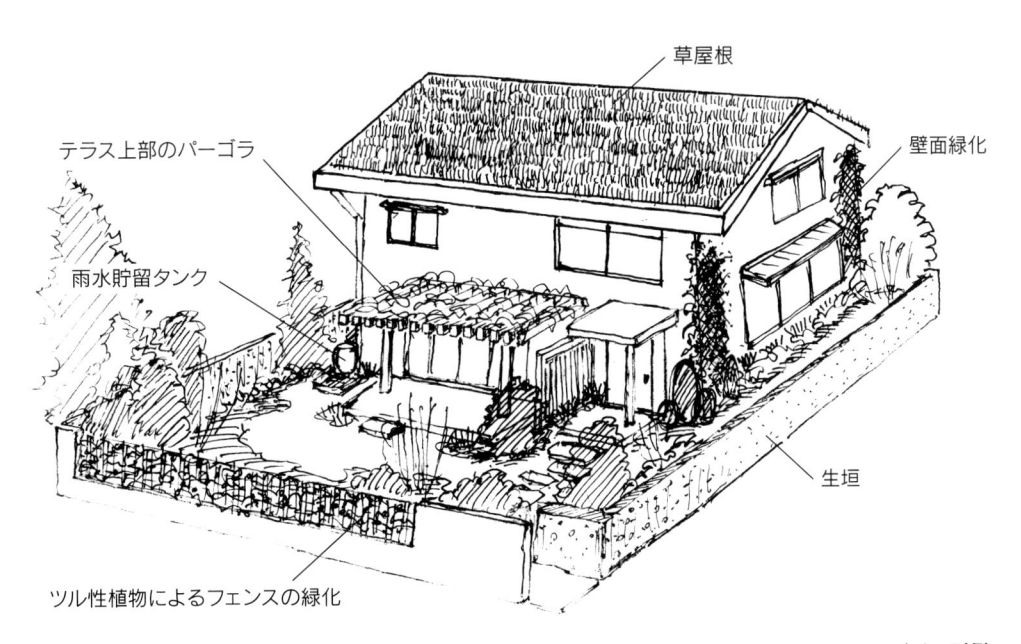

イメージ例

7章
側庭・バックヤードのデザイン

陣屋・小川家の側庭（京都市中京区）

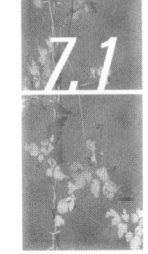

7.1 側庭・バックヤードの考え方

ⓐ 側庭・バックヤードの範囲

側庭・バックヤードとは敷地の中で、主庭と玄関エリアを除く両側スペースと、住宅建物の後ろ側「バックヤード」の、住宅壁面から敷地境界までの空間をいいます(図1)。

側庭・バックヤードは、動線、収納など機能性のみでなく快適性も追求しなければなりません。しかし、通常、住宅建物を北側ぎりぎりに寄せ、サイドもめいっぱい寄せることが多く、やっと通路がとれる程度のスペース、というケースがほとんどです。

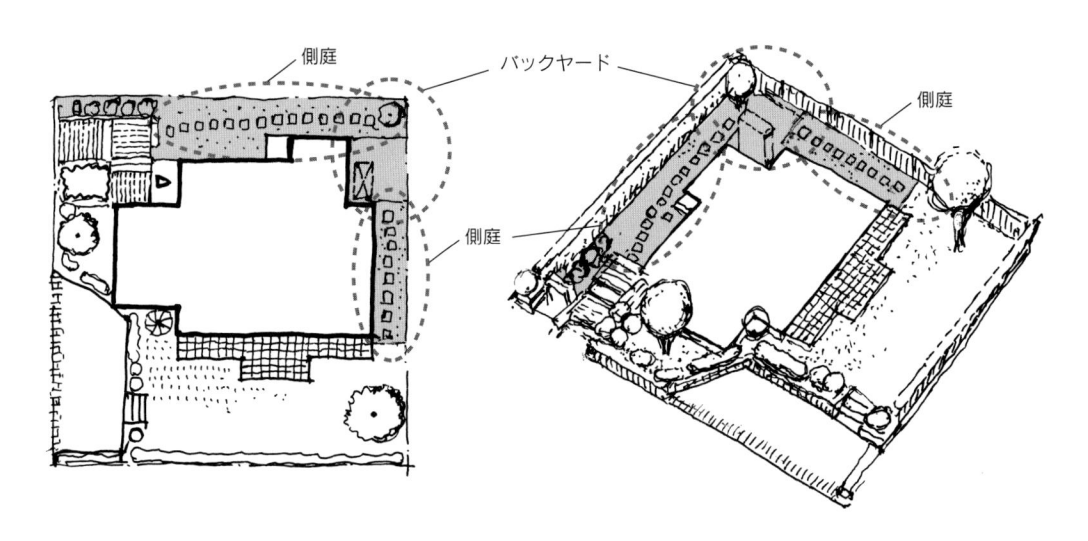

図1　側庭・バックヤードのある一般的な住宅

ⓑ 側庭・バックヤード計画のポイント

側庭・バックヤードは、通路以外に物置や収納庫を置くサービスヤードや、駐車スペース、駐輪スペースなど、主として生活のサービス空間としてのみ使われてきましたが、一歩進んで側庭・バックヤードを従来の「狭い、暗い、使えない」から「広い、明るい、使える」に変えるには、どうすればよいかが計画のポイントとなります。

それには、
①側庭の一方は1200mm以上の幅員を確保し多目的スペースの確保に努めます。
②「通路機能」より「庭機能」を優先させます(通行可は一方のみでもよい)。
③住宅建物の平面計画とのすり合わせを十分行います。
④囲障の塀・フェンスや生垣の高さ・デザインに留意しながら、住宅内外の空間の一体

性を確保します。
⑤京都などの町家の通り庭・路地のような伝統的手法も、きめの細かいデザインとしてとり入れます(図2)。

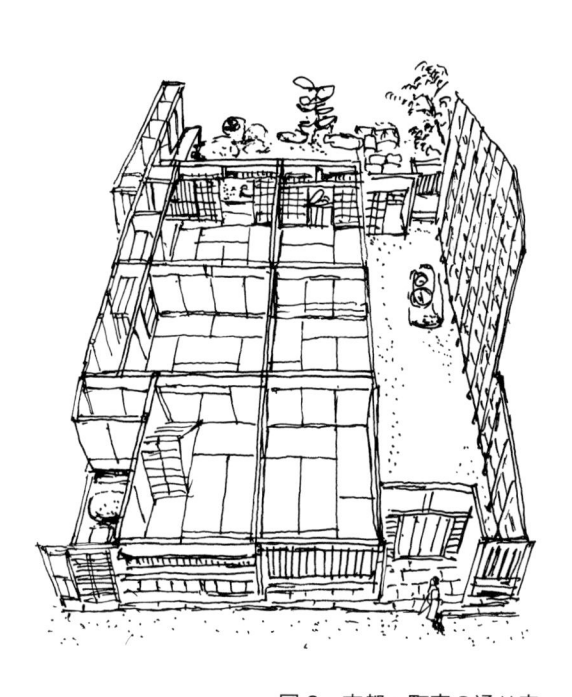

図2　京都・町家の通り庭

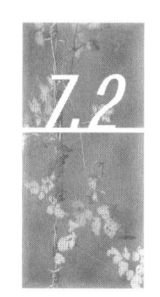

7.2　側庭・バックヤードにおける機能スペース

側庭・バックヤードにおける実用機能スペースとして下記のものがあげられます。
①物干し台
②物置、倉庫。主な収納物としては掃除用具、スポーツ用品(スキー用具、サーフボード、ローラースケート靴など)、園芸用品(スコップ、シャベル、鋏、鉢、ジョウロ、土など)、自動車の工具などがあげられます。
③作業台(日曜大工コーナーなど)
④流し台：予備の台所、日曜大工仕事の洗い場として
⑤バイク置場
⑥駐輪スペース(三輪車を含む)
⑦ゴミ収納庫

⑧ペットコーナー（犬小屋など）

建物の配置計画の際は、これらの機能スペースの取り合いを十分配慮しながら行う必要があります。またすでに建物配置が決まっているか、既設の建物に上記のものを設置する場合でも、立体的に塀にパーゴラを据え付けるなど、空間活用の工夫をします（図3）。

作業スペースのあるバックヤード

キッチンガーデンのあるバックヤード

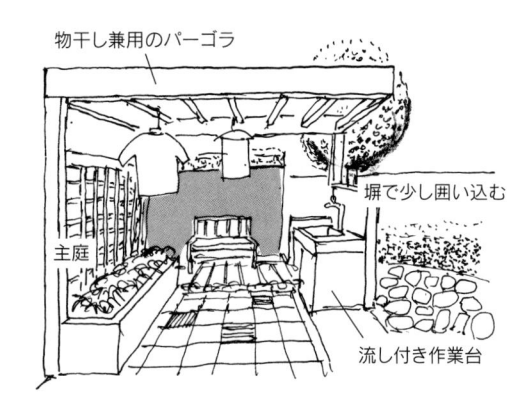

ペットコーナーのあるバックヤード

リビングのテラスに続くバックヤード
（リビング風にあしらう）

図3　側庭・バックヤード空間の機能

7.3 基本寸法と建物との取り合い

ⓐ 基本寸法

側庭寸法は、片側はぎりぎりの 900 mm でも、もう一方は内法 1200 mm 以上確保します。バックヤードは物置スペースとして 1.8 × 1.6 = 2.88 m² 程度は必要です。日曜大工の作業スペースは 3.3 m²(1 坪)以上が望ましい広さです。

ⓑ 側庭と住宅の取り合いの工夫(中間域)

軒、出窓、ヌレエン、縁側、土間空間などの伝統的な内外中間領域は、現代の生活のなかでも自然とふれ合い、生活にゆとりを与える空間として重要な役割をもっています。これらのスペースは積極的に確保したいものです。

1 階の和室の庭側にはできるだけ 900 mm 以上の縁側を設けるのが望ましく、また、ヌレエンは出幅を 600 mm 以上出すようにします。土縁は土間(ニワ)とともに古い民家に存在した空間形態で、半戸外空間として現代でも生かしたい有効なスペース処理方法です(図 4)。

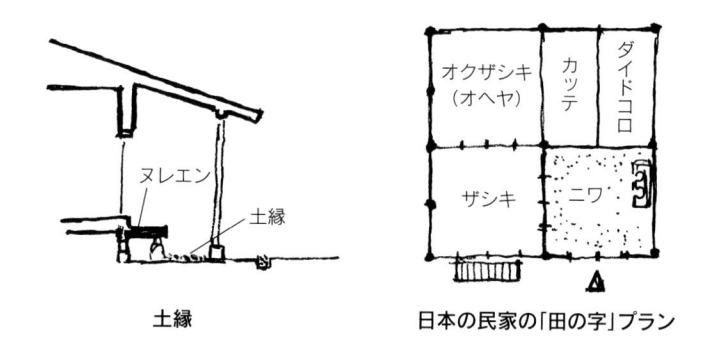

土縁 　　　　日本の民家の「田の字」プラン

図 4　伝統的民家の土縁と土間(ニワ)

ⓒ バルコニー、サンデッキ、テラス、花台

いずれも半戸外空間の創出のため、重要な役割をもっています。したがって、室内の、外部への延長としての快適性を保てる広さと安全性を保持する必要があります。1、2 階共、バルコニーの出幅は 900 mm 以上。サンデッキ、サンルームなどは、イスやテーブルを持ち出せる幅員が必要なため、出幅は 1200 mm 以上としたいものです(図 5)。

バルコニー　　　　　花台　　　　　　サンデッキ

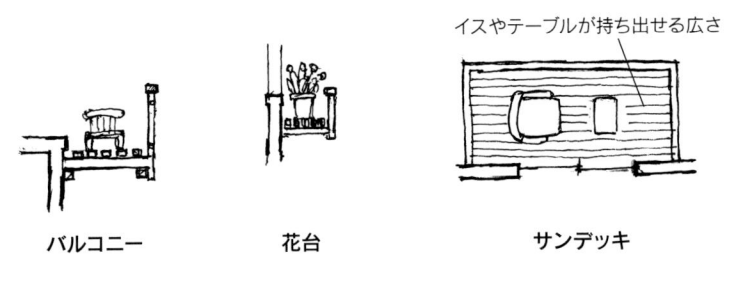

図5　バルコニー・花台・サンデッキなどの中間領域

7.4 これからの側庭・バックヤード

ⓐ「マイアウテリア」とは

「アウテリア」とは、英語でouteriorと書き、エクステリアexteriorと同義語です。「マイアウテリア」(my-outerior)とは、都市生活者が、「自分のライフスタイルに合った自分なりのスペース」を住宅まわりのアキ空間を工夫活用してつくった場所のことです(図6)。マイアウテリアにはたとえば「瞑想空間」「夫婦の対話空間」また「ミニパーティースペース」などがありますが、住み手の創意工夫で、ライフスタイルの変化にも合わせた柔軟な空間がつくれます。

マイアウテリアは、場所がない場合、戸建て住宅1階のダイニング・リビングに接続する外部や、マンションのバルコニーなどにもしつらえられます。この場合は採光、通風、緑化には特に留意します。

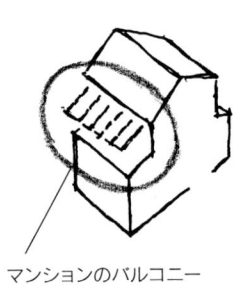

必ずしも南面の日当たりのよい場所ではなくむしろ近くに樹木のある西側や、眺望のよい北側の外部を活用する

図6　マイアウテリアのとれるスペース

マイアウテリアの規模はおおむね3段階に分けられます。

最小は約 $5m^2$(1.5坪)で、これはミニマムスペースです。中型は約 $10m^2$(3坪)でやや余裕のあるミディアムスペースです(図7)。これ以上になると不定形の敷地や主庭をも取り込んだ提案となります。

ミニマム型

ミディアム型

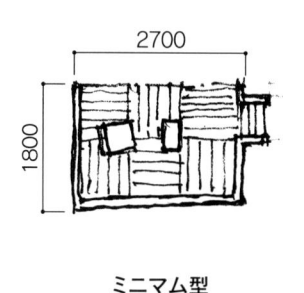

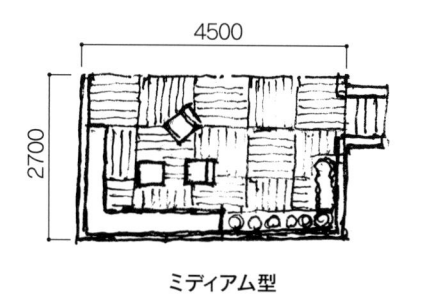

図7　マイアウテリアの寸法

❺「マイアウテリア」づくりの方法
①二方、三方を囲む

その広さにかかわらず、フェンスやトレリスにより二方もしくは三方を囲むことで空間に落ち着きを与えます。フェンスの場合は高さ $800 〜 900mm$、トレリスの場合は高さ $1800mm$ で、壁面として上部までふさぐ場合もあります。

②家具を置く

約 $5m^2$(1.5坪)以上のスペースであれば、バルコニー的しつらいをして、2個のイスとテーブルを置くだけで、家族団らんのスペースとして対話空間が生まれます(図8)。

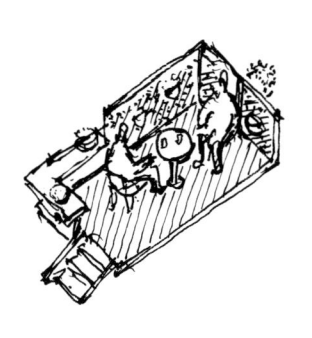

図8　マイアウテリアを団らん空間に

③周囲に花・観葉植物を置く、吊り下げる

床面(デッキ上)に観葉植物の鉢を置いたり、フェンス(もしくはトレリス)に花鉢を吊り下げることにより、内部のリビングルームやダイニングルームからも視覚的に楽しむことができます。二重の庭(デッキ庭と周囲の庭の生垣)をつくることにより、庭が広く見えます。また、室内のダイニング・リビングルームの延長的しつらいをすることで、室内空間もより広く見せることが可能です(図9)。

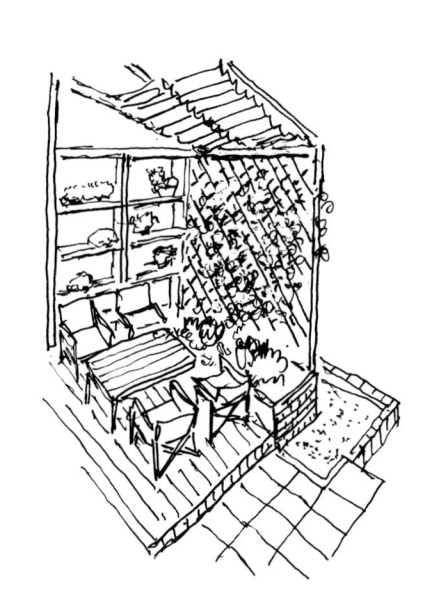

図9　庭と一体化し、室内の延長でもあるマイアウテリア

事例1　街並み配慮型のウッドデッキ付き側庭

住宅側庭部を大事にしながら街並みに配慮したデザインです。道路境界からセットバックしたラチスフェンス前に玉物植栽を列植し、景観木を効果的に配しています。内部の生活感をかもし出しながら、同時に街路に対してのコミュニティーをもたらす計画です。

玉物植栽

セットバックして
ラチスフェンスを設置

事例2　DIYワークショップコーナーを中心にした側庭・バックヤード

側庭・バックヤードの、DIY（日曜大工）のワークショップ空間としての活用を前面に押し出したデザインです。ログ材で三方の外周部分を囲み、収納庫、DIYスペース、休憩用あずまやなどを塀の内側に装備し、バーベキュー台やピザ釜も壁部にセットしています。家族で「創作」を楽しめるエクステリアといえます。余った空間を主体に、計画を組み立てたプランです。

ベンチ

バーベキュー台
（ピザ釜付き）

DIYスペース
と収納庫

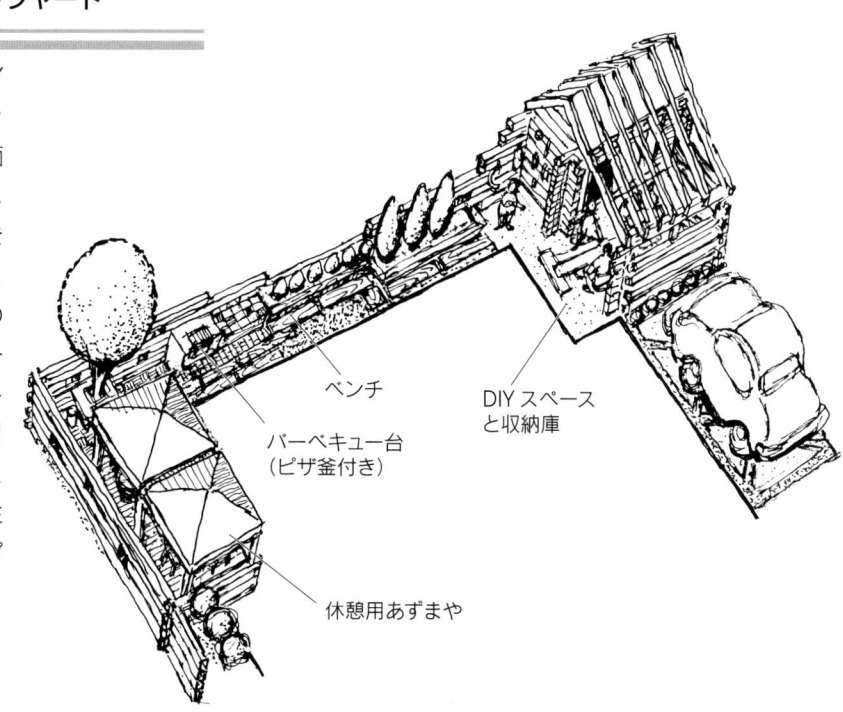

休憩用あずまや

事例3　不定形コーナー側庭を「マイアウテリア」に

不定形の鋭角コーナーをもつ側庭を、有効に空間活用したデザインです。ポイントは、ウッドデッキテラスを、半端に残った外まわり空間に敷き詰めたことで、端部は生垣や玉物植栽などの緑でふさぎ、デッキ中央には穴をあけシンボルツリーを植えています。デッキ上にベンチ、テーブルとバーベキュー台をセッティングし、対話スペースを設けるとともに、「マイアウテリア」を導入しています。

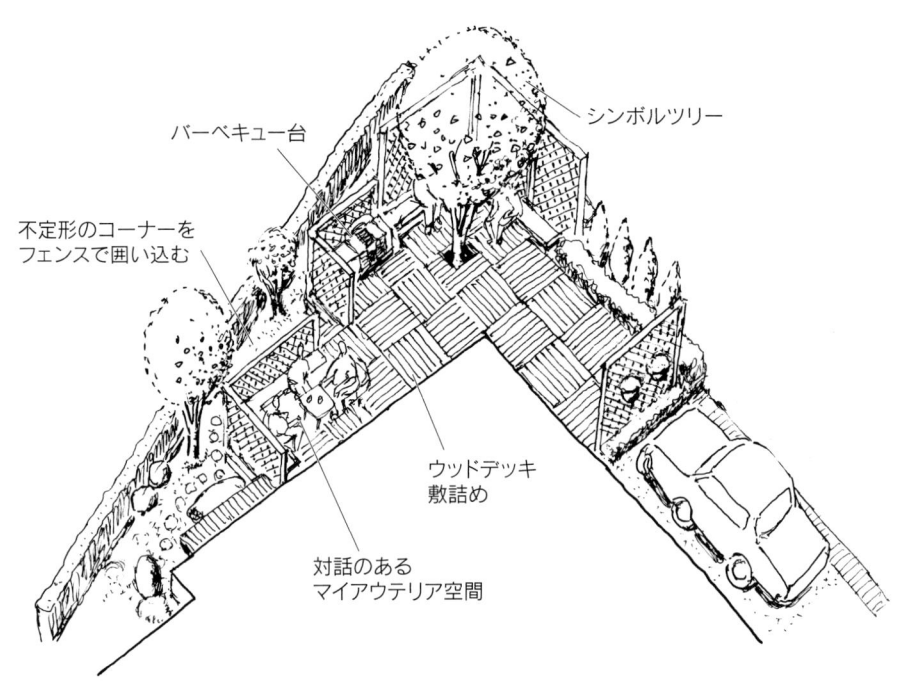

- バーベキュー台
- シンボルツリー
- 不定形のコーナーをフェンスで囲い込む
- ウッドデッキ敷詰め
- 対話のあるマイアウテリア空間

8章

囲障のデザイン

台杉と生垣を交互に囲障にした例（京都市右京区）

8.1 囲障の役割・機能

囲障とは、隣地または道路の境界沿いに設置する塀やフェンス、生垣などをいいます。通常その役割は、敷地と隣地・道路を区別する、また、防犯やプライバシーを守ることが主と考えられています。しかし、実際の囲障の役割・機能はもっと多種多様なものがあります。設計者がそのひとつひとつを理解しバランスを大切にしてデザインすることで安全で快適な暮らし、美しい住環境や街並みを創造することができます。

囲障の役割・機能は図1のように、「守る」「つくる」という2つの側面があり、そのそれぞれを5つの要素に分類することができます。

守る

①領域を明示する
- 財産、所有を明確にする
- 近隣との良好な関係をつくる

②自然環境から守る
- 光・風・外気などから暮らしや住人を守る

③防犯
- 人の侵入を阻む（物理的、心理的に）

④プライバシーを守る
- 外部からの視線（道路、隣家）をさえぎる
- 生活の音・声をさえぎる

⑤周辺のマイナス条件から守る
- 音（街の騒音、人の声）から暮らしを守る
- 排ガス、土ほこり
- 車両による振動や危険

つくる

①隣家から見た街並み・環境
- 隣家から見てどう見えるかを考える
- ロケーション、日照を考える

②住まいの中から見た街並み・環境
- 微気候による環境
- 主庭の背景をつくる
- 見せたくないものを隠す
- ロケーションを生かす

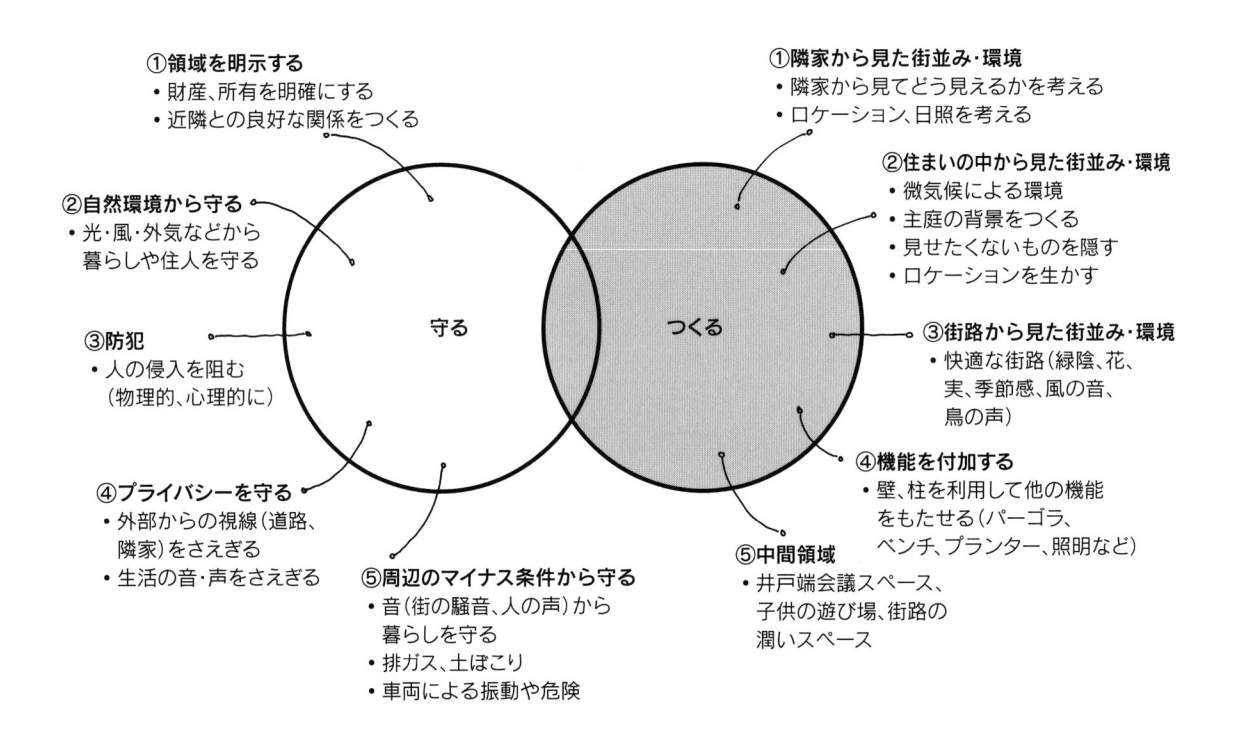

③街路から見た街並み・環境
- 快適な街路（緑陰、花、実、季節感、風の音、鳥の声）

④機能を付加する
- 壁、柱を利用して他の機能をもたせる（パーゴラ、ベンチ、プランター、照明など）

⑤中間領域
- 井戸端会議スペース、子供の遊び場、街路の潤いスペース

図1　囲障の役割・機能

ⓐ 守る

①**領域を明示する**

　敷地境界沿いに囲障を設けることによって、隣地や道行く人に対して、住人の敷地領域を明示します。これにより将来にわたり自己の土地・財産や、隣家・地域の住人との無用なトラブルを避け、よい関係を守ることができます(図2)。

②**自然環境から守る**

　囲障の樹木は西日や夏の強い日差しなどの光や温度、また冬の北風や土ぼこりなどの外部環境から快適な暮らしを守ります(図3)。

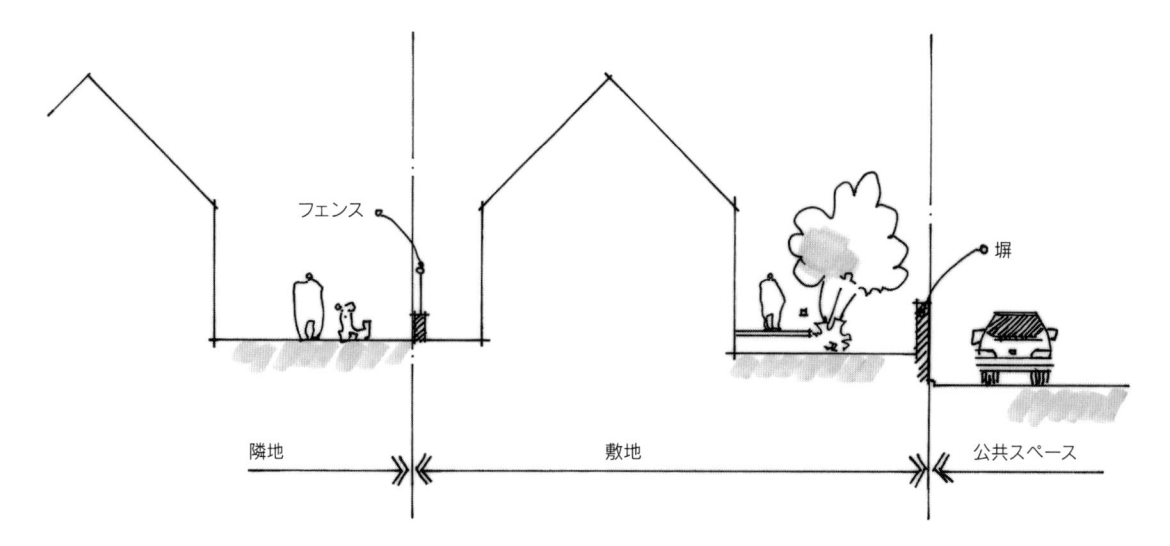

境界沿いに塀、フェンス、生垣を設けることで敷地境界を明示する

図2　領域の明示

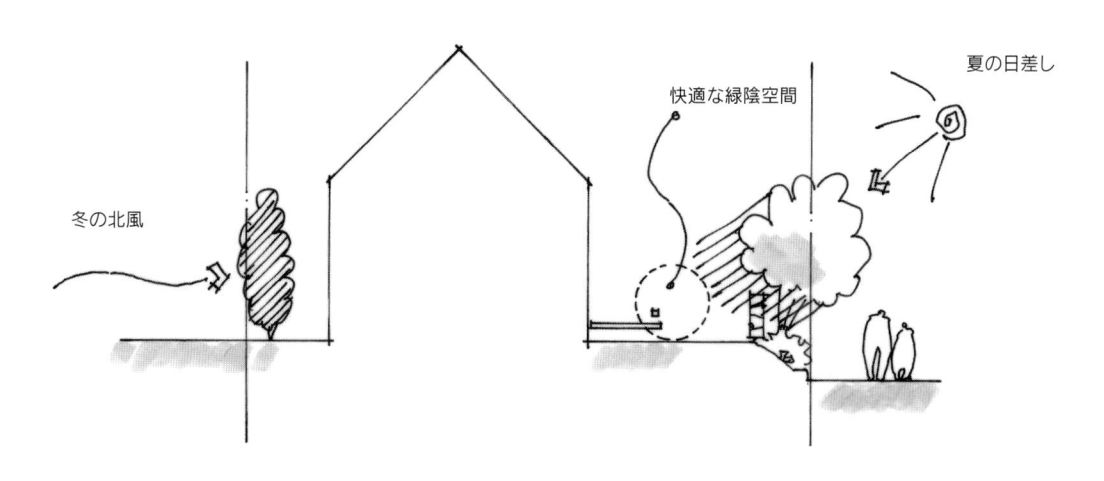

図3　日射、風などの自然環境から快適な暮らしを守る

③防犯

塀や生垣を設けることで、物理的・心理的に侵入しにくくなります。従来は高い塀が防犯に効果的だと考えられていましたが、いったん侵入してしまえば外部から中がまったく見えなくなるため逆効果であるともいえます。フェンスや生垣の植栽などのように透過性があり、乗り越えにくいもののほうがよいと最近では考えられるようになっています(図4、5)。

④プライバシーを守る

居室や庭を囲って街路や隣家からの視線をさえぎることにより、プライバシーは保たれます。ただし、塀で完全に遮蔽してしまうと、通風や日照に影響が出るので、注意してデザインしなければなりません。そのため、設計時には隣家や前面道路からなど、外部からの視線をさえぎる部分が何ヵ所必要かをよく調査・打ち合わせし、デザインするよう注意します(図6、7)。

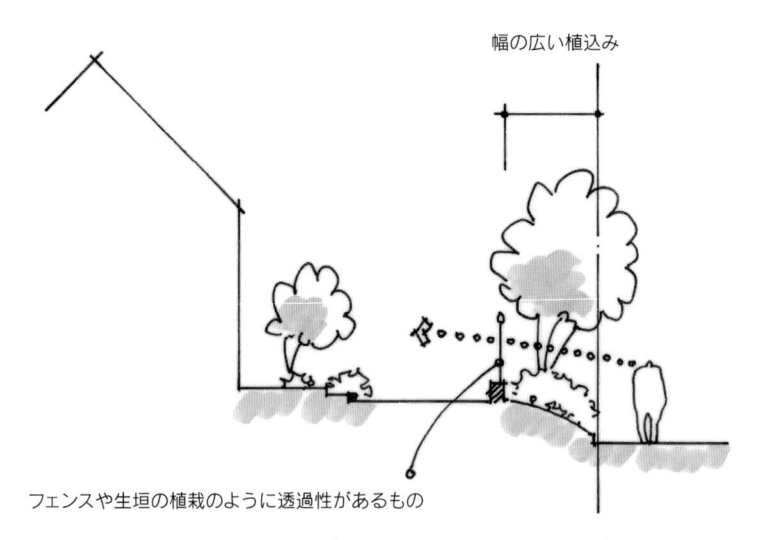

視線がある程度抜け、幅の広い囲障が防犯に効果的

図4　防犯および視線をさえぎる

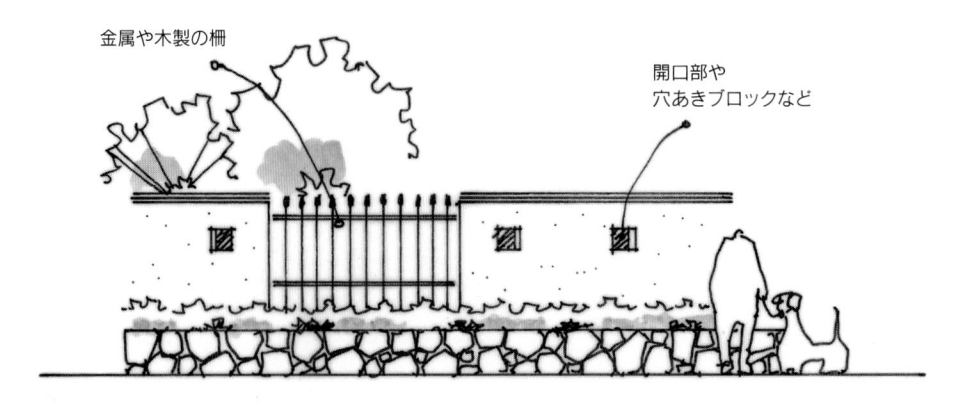

図5　高い塀をつくる場合はところどころあける

⑤周辺のマイナス条件から守る

　住まいの周辺にはさまざまな弊害があります。たとえば、前面道路の車の騒音や排気ガス、街の騒音、街路灯の光、土ぼこり、ペットの鳴き声、激しい交通量などです。このようなマイナス条件は、図面(建築図)では判断がつかないため現地調査や施主のヒヤリングを行うことが必要です。そのうえで適切なデザインをすることによって、マイナス条件を軽減することが可能となります。

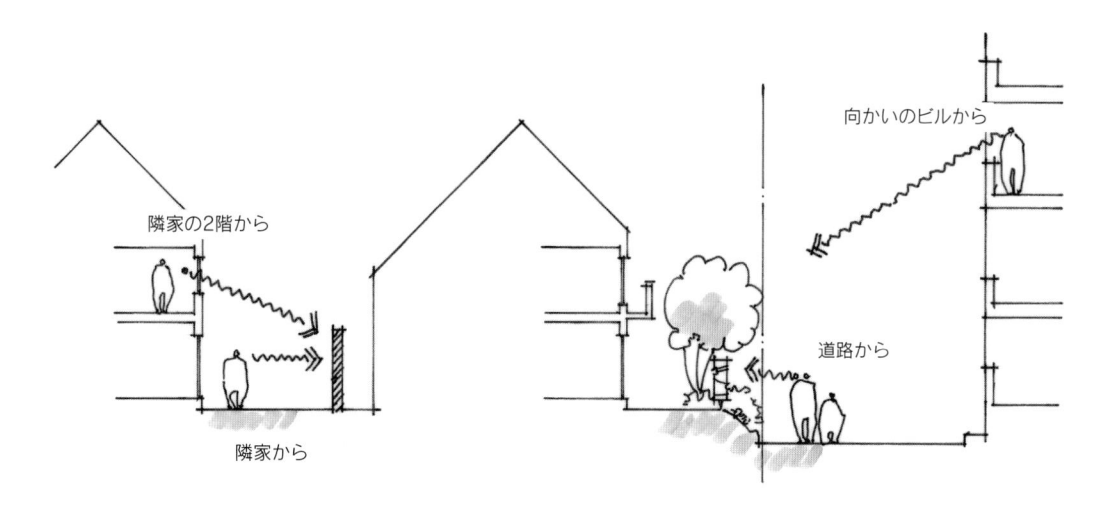

図6　まわりからの視線をチェック

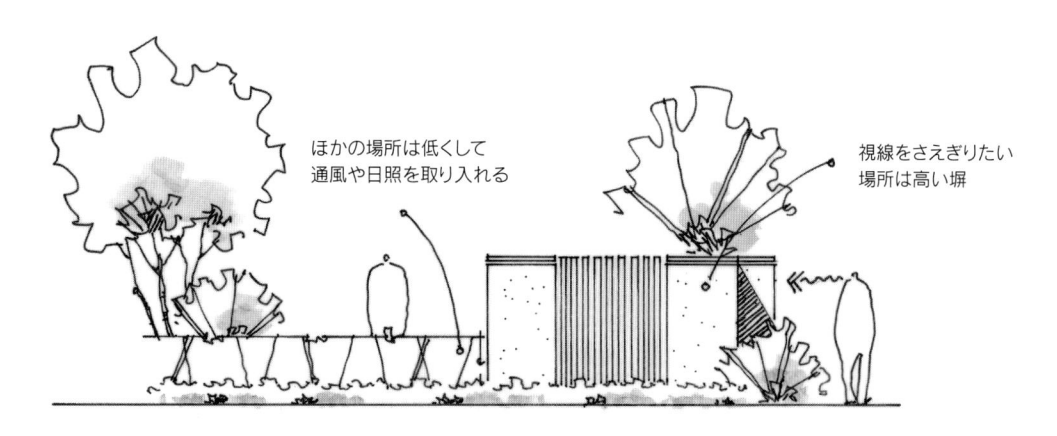

図7　部位により適した高さや素材を使い分ける

ⓑ つくる

①隣家から見た街並み・環境

　囲障は隣地沿いに設けられるため、隣家から直接目につく部分です。隣家にとっては街並みの一部でもあります。また、通風や日照にも影響を与えます。したがって、隣地境界沿いの囲障はつねに隣家からどう見えるのか、悪影響を与えないかを考慮してデザインしなければなりません（図8）。

②住まいの中から見た街並み・環境

　囲障は住まいの中から見た街並みや環境にも大きな影響を与えます。たとえば、居間から隣家の勝手口や路地や居室が見えたり、道路の電柱やゴミ置場などが見えるような場合、適切な方法で隠すことで景観は大きく変わります（図9）。囲障は風除けや風の流れ、日照の調整など住まいの微気候をつくります。

　また、囲障＝庭の背景でもあるため、道路側からの景色だけでなく、庭側からの修景も考慮してデザインしなければなりません（図10）。

③街路から見た街並み・環境

　道路沿い、特にフロントの囲障は、街並みと街路環境をつくります。そのため建物のデザインと合わせるだけでなく、街並みや街路の雰囲気・デザインを考慮しなければなりません。

　さらに、囲障を積極的に緑化することで、緑陰、花、実、紅葉などの季節感や風の音、鳥の声などを感じさせる快適な街路をつくることができます（図11、12）。

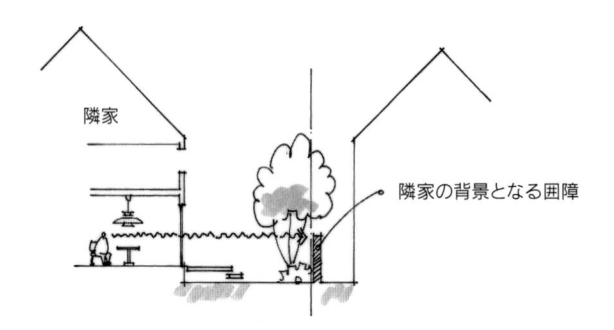

図8　通風や日照だけでなく街並みにも配慮する

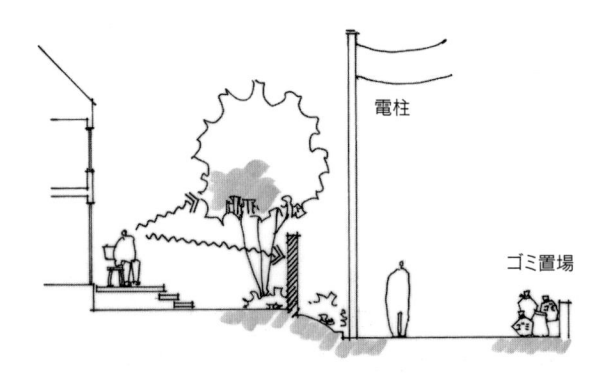

図9　庭の景色として好ましくないものは隠す

庭の修景と合わないブロック塀

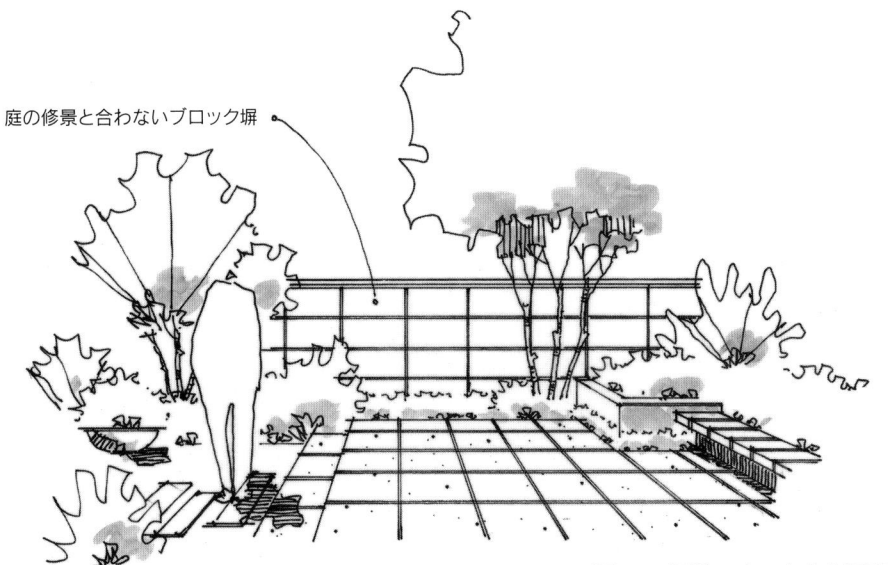

図10　囲障は庭の大事な要素

草花による緑化
街路樹的な高木
生垣による緑化

図11　囲障を緑化することで快適な街路空間をつくる

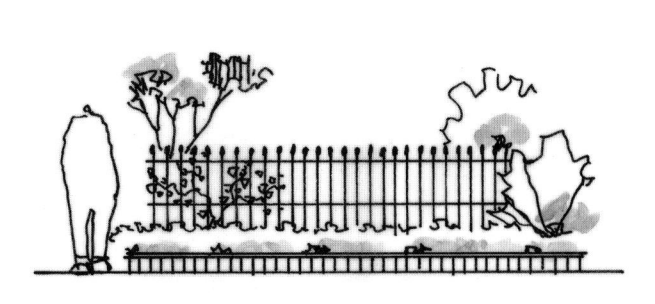

図12　植込みの中にフェンスを設置する

④機能を付加する

　囲障の構造を利用し、パーゴラやプランターなどの、生活に潤いを与え便利にする機能を付加することができます。たとえば塀の内側にパーゴラ、ベンチ、収納棚、照明などの施設を付加することで庭の一角にアウトリビングが生まれます。また、道路側にハンギングプランター、ベンチ、照明などを設置することで中間領域が生まれ、豊かな街路空間をつくることができます（図13）。

⑤中間領域

　囲障を道路からセットバックすることで、道路との間に小さな空間が生まれます。それが中間領域です。そこに、樹木を植栽し緑陰空間をつくったり、ベンチを設置して住民同士のコミュニティーを誘発することで良好な環境、美しい街並みが生まれます（図14、15）。

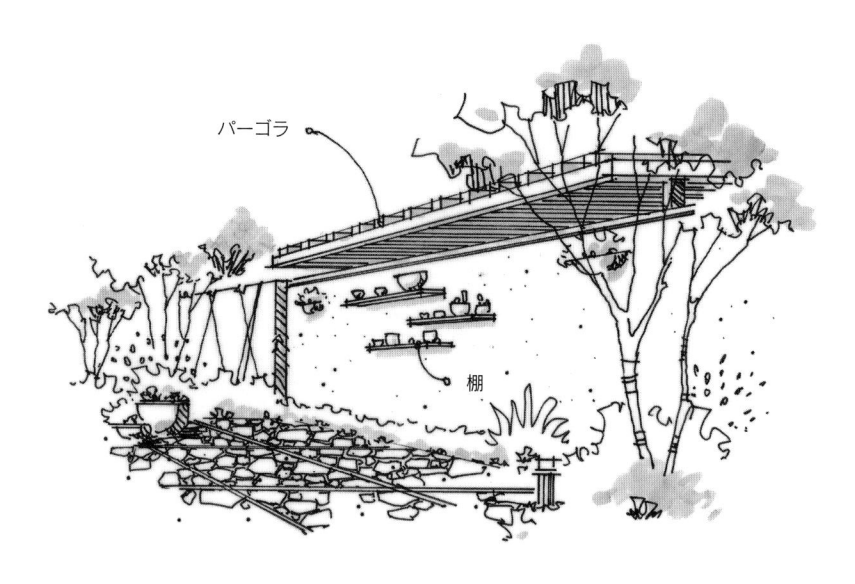

塀の構造を利用しパーゴラや棚を設ける

図13　機能を付加する

図14　道路側にベンチや照明を設置し中間領域をつくる

8.2 囲障の基本寸法 139

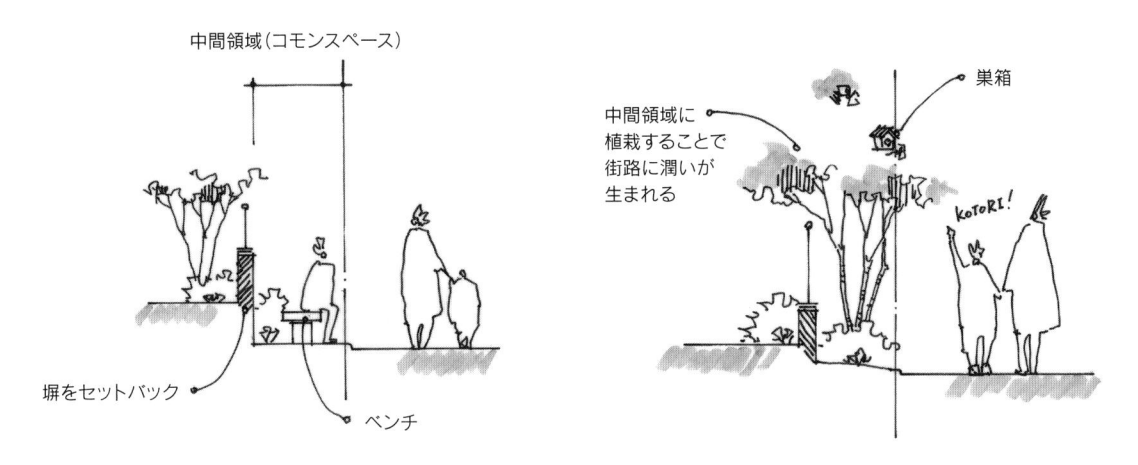

中間領域(コモンスペース)

塀をセットバック

ベンチ

中間領域に植栽することで街路に潤いが生まれる

巣箱

KOTORI!

囲障をセットバックし中間領域をつくる

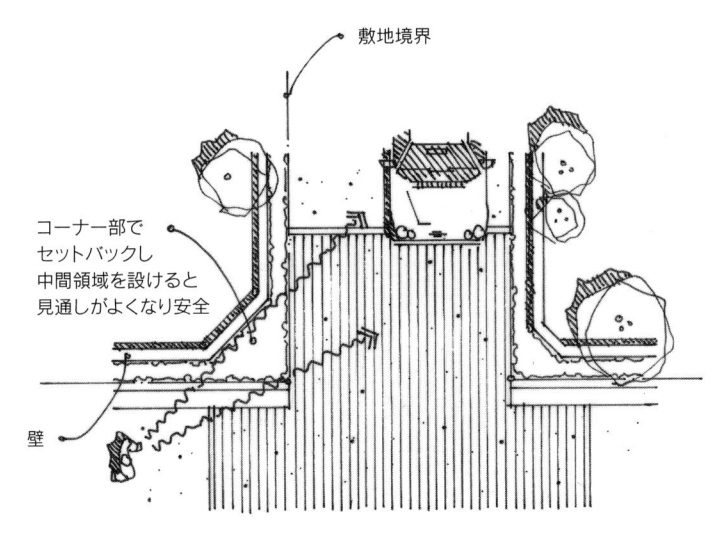

敷地境界

コーナー部でセットバックし中間領域を設けると見通しがよくなり安全

壁

安全な街路空間をつくる

図15　中間領域をつくる

8.2 囲障の基本寸法

ⓐ 役割による寸法の違い

　基本寸法といっても、機能や役割によって適する寸法はまったく異なってきます。敷地内を通行人の視線から保護するためには人の目の高さ以上を確保する必要がありますし、防犯上乗り越えられない高さにするには相当の高さが必要になります。また、開放的なエクステリアの場合は、視線は通っても乗り越えられない寸法が必要となります(図16)。

❺ 一般的な高さ寸法

　道路からの視線、乗り越えにくさを考えるとH = 1200〜1500 mmが標準的な寸法といえます。この高さであれば道路からの視線を完全ではなくともさえぎることができますし、街路に対する圧迫感も少ないでしょう。さらに、位置を道路から300 mmくらいセットバックし、緑化することで良好な道路空間となり、乗り越えにくくなるという効果も出ます（図17）。

❻ プライバシーを重視した寸法

　視線を完全にさえぎるにはH = 1500 mm以上の高さが必要ですし、位置も道路に近いほうがより効果的です。しかし、この高さと位置は道路景観を考えるとあまり好ましくありません。敷地側も日照、通風が悪くなるなどの弊害も出てきます。よって高い囲障は必要な場所に限定する、積極的に緑化して圧迫感を減らす、生垣にするなどの工夫が必要です（図18）。

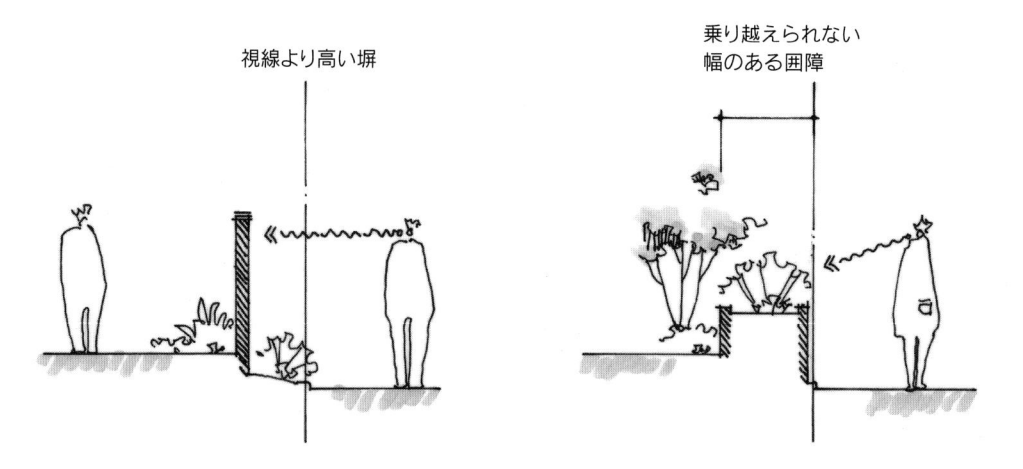

図16　役割により寸法は異なる

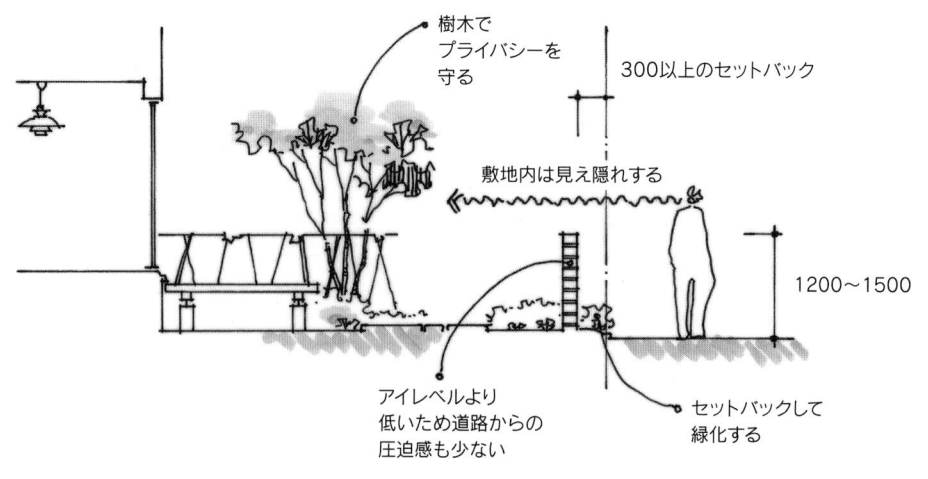

図17　一般的な囲障の寸法

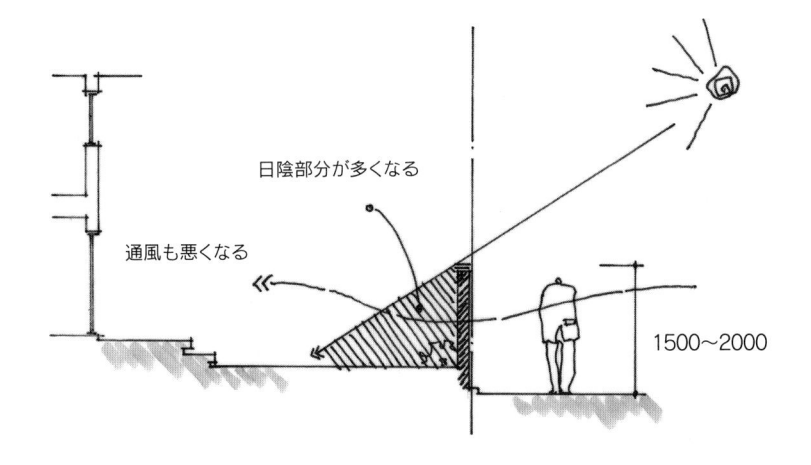

8.2 囲障の基本寸法　141

日陰部分が多くなる

通風も悪くなる

1500〜2000

高い囲障は視線はさえぎるが弊害も出る

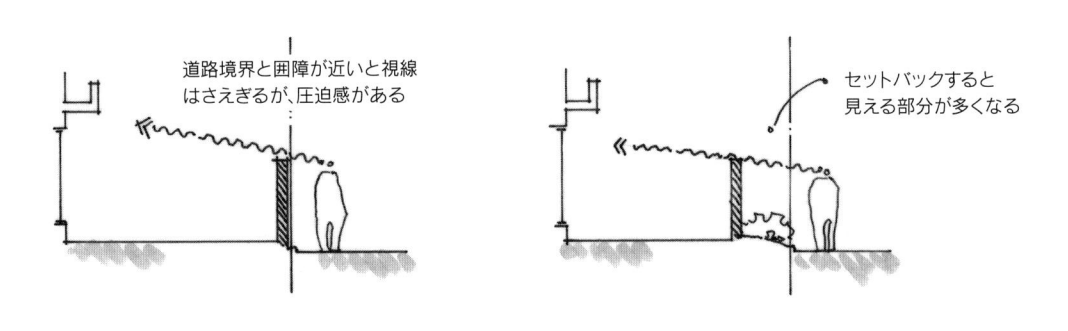

道路境界と囲障が近いと視線はさえぎるが、圧迫感がある

セットバックすると見える部分が多くなる

道路境界に近いと効果的だが…

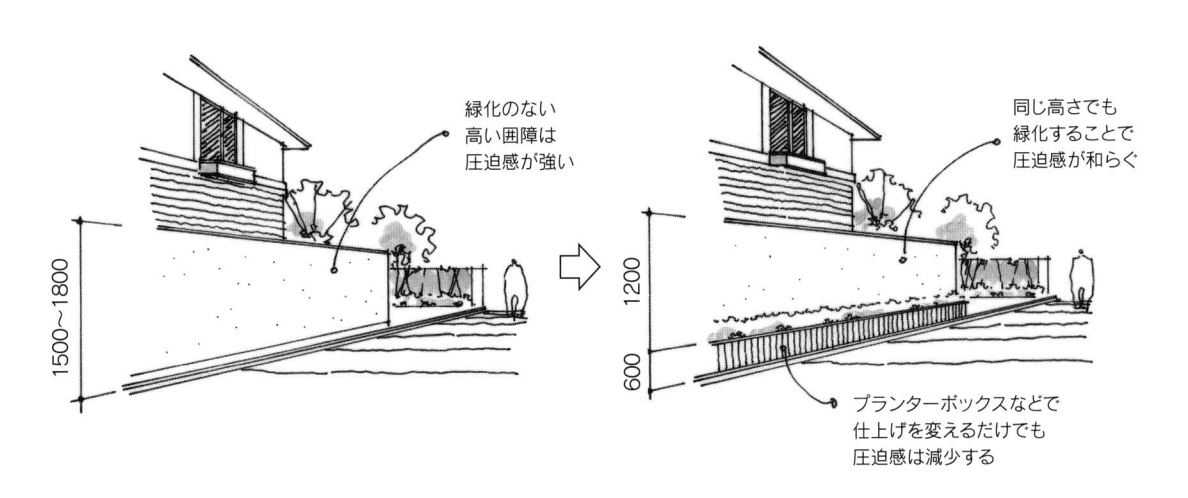

緑化のない高い囲障は圧迫感が強い

1500〜1800

同じ高さでも緑化することで圧迫感が和らぐ

1200

600

プランターボックスなどで仕上げを変えるだけでも圧迫感は減少する

高い囲障は必ず緑化する

図18　プライバシーを守る工夫

ⓓ 開放的な寸法

オープンタイプのエクステリアや北入りのプランのように、住宅の道路側に大きな開口部がないなど視線をあまり気にしなくてもよい場合はH＝500〜1000mmが適当です。また、植栽で幅を広くすると乗り越えにくくなりますし、要所に高木を植栽することである程度プライバシーも確保できます(図19)。

ⓔ 敷地と道路の高低差を考慮した寸法

敷地と道路に高低差がある場合の囲障の寸法を考えるときは、必ず道路との高低差を考慮し、道路からの高さを基準に考えます。また高低差があると囲障は高くなりがちなので積極的に緑化をします(図20)。

また、敷地が高く転落の恐れがある場合は、転落防止のためH＝1100mm以上の囲障を設けます。フェンスを設置する場合は足がかりにならないデザインにします(図21)。

ⓕ 民々境界の寸法

民々境界といっても東西間と南北間では状況が違います。東西間は隣棟間隔が狭く、日照・通風もよくありません。標準的な寸法はH＝1000mm程度が適当です。乗り越えるのが困難で、日照・通風にも影響を与えない高さです。ただし勝手口、大きな開口部、ペットスペース、エアコン室外機などお互いの生活に影響する部分は、囲障を高くしたり、生

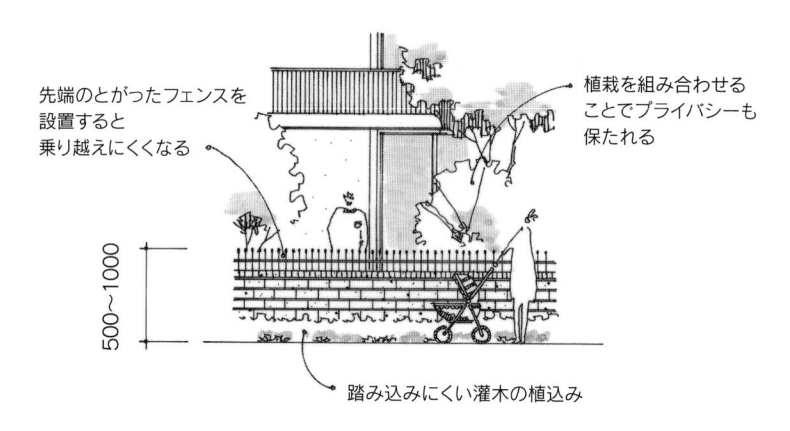

図19　開放的なエクステリアの場合の囲障の寸法

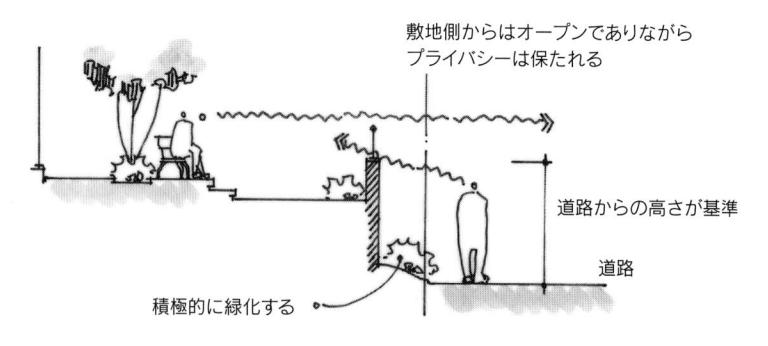

図20　高低差がある場合の寸法

垣などで視線をさえぎる必要があります(図22)。

　南北間に民々境界がある場合は隣棟間が広く、囲障は南側の家にとっては庭の背景となり、北側の家にとっては裏となります。この場合、北側の路地や開口を隠すため標準的な寸法はH = 1500 mm程度が適当となります。また、庭のイメージを壊さないようデザインにも配慮しなければなりません(図23)。

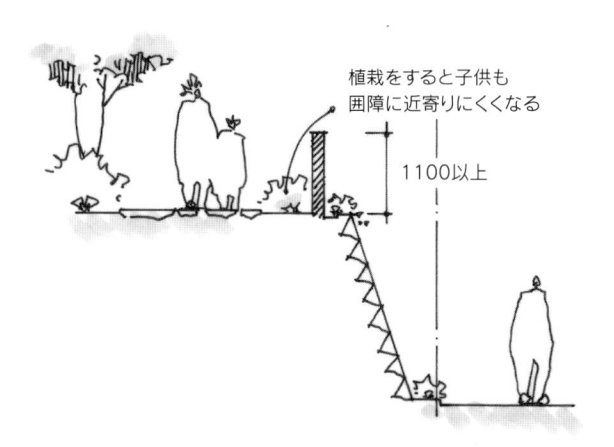

図21　転落防止のための囲障

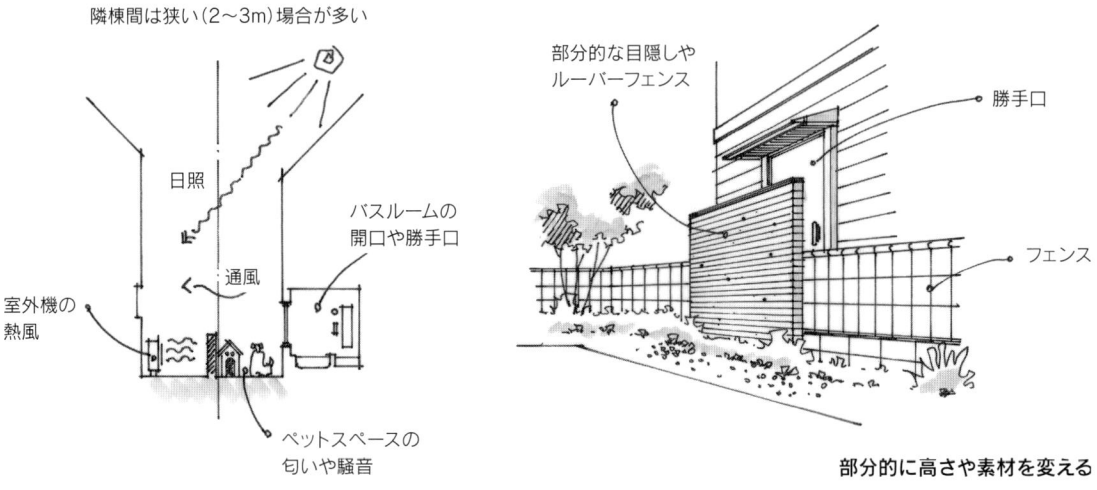

図22　東西間の民々境界

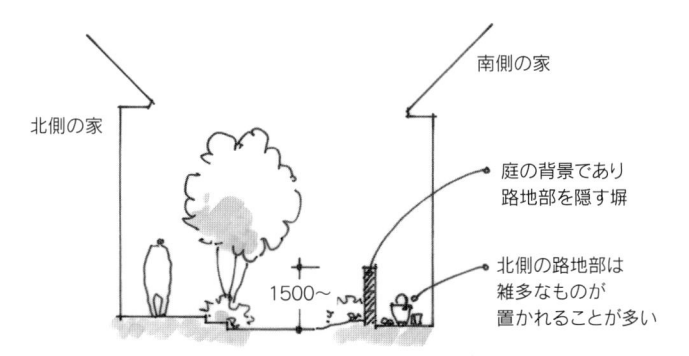

図23　南北間の民々境界

8.3 囲障の素材

ⓐ 塀の素材

　塀のデザインで素材は重要な要素です。その種類は多く、使用する素材、色、組み合わせによってイメージ、機能が決まってしまいます。よって、各素材の特徴、相性をよく理解し設計することが大切です。

①コンクリートブロック

　主に塀の構造体として用います。通常は、仕上げとして左官、タイル、吹き付け仕上げを施します。比較的安価で、施工性もよいので多く用いられます。ただし、基礎や配筋など施工面の注意が必要です。

②化粧コンクリートブロック

　表面を石材やレンガ風に化粧したブロックで、仕上げをする必要がないので施工が非常にしやすいのが特徴です。また、さまざまな質感や色、穴あきや緑化ができるブロックなどもあり、デザイン的にも使いやすい素材です。

③コンクリート

　コンクリートブロックと同様に、構造体として上から仕上げを施すことも可能ですが、打ち放し仕上げやはつり仕上げのように、コンクリートの質感を生かしたデザインが一般的です。曲面や曲線などの形状が可能で、目地や型枠の素材を考慮することで非常に自由度の高いデザインとなります。また木材や金属材との相性もよく、組み合わせる材料のイメージを生かしたデザインが可能となります。ただし、型枠、セパレートの割り付け、コンクリートの打設など施工時の注意が必要です。

④レンガ

　質感が非常によく、やわらかいイメージの塀となります。輸入品も多く色、質感共に選択の幅も広がっています。穴あきなど積み方のパターンによっても多様なデザインが可能です。ただし、レンガ単体で高い塀をつくるのは構造的に法律上規制があるので、コンクリートブロックやコンクリート塀の仕上げ材として用いなければなりません。

⑤タイル

　仕上げ材として用います。形状は正方形、ボーダー、二丁掛け、小口、モザイクが主で、質はせっき質、磁器質があり、それぞれ施釉、無釉があります。多種多様のデザインがあり、かなり広いイメージに対応が可能です。施工上はタイル割り付けや、コーナー、天端の処理に注意が必要です。

⑥左官材

　特殊なものとして土壁や漆喰塗りがありますが、一般にはセメントモルタル塗りが多く用いられます。着色剤や化粧骨材を混入したり、コテやくしで模様をつけることでデザインの多様性もあり、人気のある仕上げ材です。ただし、雨だれやほこりなど汚れが目立ちやすいので、定期的なメンテナンスの必要があります。

⑦吹き付け

　アクリルリシン、吹き付けタイルなど合成樹脂系の材料が主です。エアガンで吹き付けるため、施工時間も短く、仕上げが均一となります。吹き付け後にローラー、コテにより模様をつけるとデザイン性を高めることもできます。汚れに気をつけなくてはならないのは⑥の左官材と同様です。

⑧木材

　構造体としても仕上げ材としても使えます。ナチュラルなイメージで植栽との相性がよく、非常に美しくなります。種類はスギ、マツ、ヒノキなどの国産材のほか、ダグラスファー(米マツ)、サザンイエローパイン、レッドウッドなどの北米・北欧材、イペ、ジャラ、セランガンバトゥ、ウリンなどの南洋材があります。特に南洋材は緻密でかたく重く、メンテナンスが容易なので多く使われています。いずれの種類も腐朽したり、虫害にあうので、定期的なメンテナンスは必要です。

⑨石材

　従来の大谷石塀のようにそれ自体を積み上げて塀にすることは強度的な問題があり、少なくなっています。現在、石材は仕上げ材として使われるのが一般的です。種類は花崗岩がもっとも多く、ほかに砂岩、石灰岩、石英岩、安山岩、大理石などが主なものです。仕上げや形状も人工的に切ってタイル状にし、磨き、バーナー、たたきで仕上げたものや、自然の割肌感を生かしたものがあります。石は、塀の素材のなかでは一番高価になりますが、経年変化が美しいので多く用いられています。アクセントとして部分使いするなどデザイン上工夫して取り入れたい素材です。

⑩エコ素材

　大きく分けて壁面緑化材と再生材があります。壁面緑化材はコンクリート製のブロック式、金属や樹脂製の植栽基盤パネル式、プランター＋補助材(メッシュ、ワイヤーなど)式などシステム化された製品があり、再生材は各種廃材を利用したブロック、タイルなどがあります。

⑪その他

　最近ではメンテナンス上の理由から少なくなった竹垣(建仁寺垣、御簾垣、四つ目垣など)、木材に代わる木樹脂材、枕木があります。部分的に使うと効果的なガラスブロックなどもよく使われている素材です。また、アルミパンチングメタルやスチールの有孔折板などの金属材もモダンでシャープなイメージをつくる素材として利用されています。

❺ フェンスの素材

①金属材

　フェンスとしてもっとも一般的な素材です。種類はアルミ型材、アルミ鋳物、スチールメッシュ、ステンレス、ロートアイアン(鍛鉄)が主なものです。製品としてメーカーから多種多様なデザイン、コストのものが出ており選択の幅がとても広くなっています。またオリジナルのデザインで製作することも比較的容易な素材です。メンテナンスもほとんど必要なく、耐久性も高いため非常によく利用されています。

②木材

木の種類は塀の素材と同様です。自然素材、やわらかで温かみのあるイメージと加工性のよさから近年利用が多くなっています。通常は縦横格子、斜め格子のトレリスにツル性植物を絡ませる手法が多いのですが、最近では100mm角程度の角材を並べる列柱デザインも多く見られるようになってきました。

8.4 囲障の緑化と生垣

囲障は道路景観に大きな影響を与えています。しかし、それ単体では無味乾燥な景観となるため緑化が必要となります。緑化することにより季節感が生まれ、塀の圧迫感を和らげてくれます。また、フェンスなどの透過性のある材料を緑化することで目隠し効果を高めることも可能となりますし、連続する単調な景観のアクセントともなります。囲障は必ず緑化するという意識でデザインすることが重要です。

表1に囲障の主な緑化手法と、適する植物を示します。以下ひとつひとつ見ていきます。

❶ 天端からの緑化

上部をプランターとし、枝垂れる植物で緑化します。ただし、乾燥しやすいため、乾燥に強い植物や、自動灌水装置などの設置を考慮する必要があります(図24)。

表1 囲障の緑化の手法と適する樹種

緑化手法		適する樹種
天端からの緑化		ローズマリー、ヘデラ類、ビンカマジョール、ジュニペルス類
足元からの緑化		
	地被、灌木類	セイヨウイワナンテン、ツツジ類、ビヨウヤナギ、アベリア
	ツル性(吸着性)	イタビカヅラ、ヘデラ類、ツルアジサイ、ナツヅタ
	ツル性(巻き、絡み性)	クレマチス類、ツキヌキニンドウ、カロライナジャスミン、モッコウバラ
	壁面＋樹木(エスパリア)	ナワシログミ、ピラカンサ、フェイジョア、オウバイ
エンドの緑化		キンメツゲ、ゲッケイジュ、サザンカ、トキワマンサク
中間の緑化		キンモクセイ、ゲッケイジュ、オリーブ、フェイジョア
生垣		
	一般的なタイプ	ヒイラギモクセイ、カナメモチ、トキワマンサク、イヌツゲ
	オープンタイプ	ボックスウッド、ハマヒサカキ、ドウダンツツジ、キンメツゲ
	高垣	シラカシ、アラカシ、イチイ、イヌマキ

❺ 足元からの緑化

①地被、灌木類を用いる

道路境界からセットバックすることで植栽帯を設け足元を緑化します（図25）。植栽帯の幅は100～600 mmが適当で、敷地状況や、植えたい植物によって決定するとよいでしょう。植栽帯の幅の狭いときは植物が乾燥しやすいため選定に注意が必要ですが、300 mm以上とれれば大抵の植物は植え込み可能です。

②ツル性植物（吸着性）を用いる

足元に吸着性のツル性植物を植え込むことで、壁面全面を緑化することができます（図26）。この方法は一番安価でありながら緑被率が高く、植栽帯の幅も100 mm程度の最小限で植栽可能なので、狭小敷地における緑化にも適しています。

天端にプランターを設置　　　　**天端に簡易プランターを設置**

図24　天端からの緑化

地面に直接植え込み　　　　**足元にプランターを設置**

図25　足元からの緑化

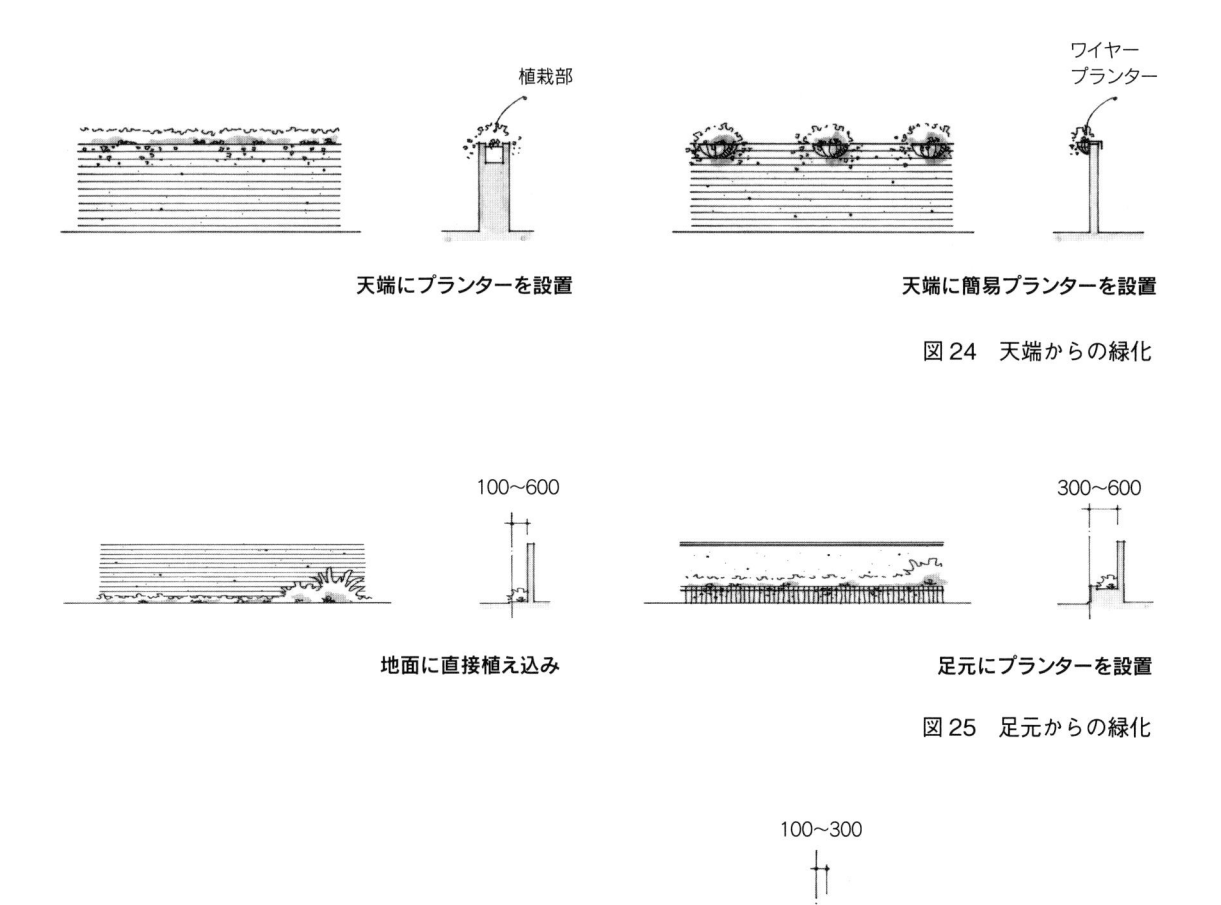

図26　壁面全体を緑化

③ツル性植物（巻き付き、絡み付き性）を用いる

フェンスや壁に補助材（ステンレスメッシュ、ワイヤーなど）を設置し、植物の枝やツルを誘引し緑化します。巻き付き性のある植物は非常に種類が多く、また花や実が美しいものも多いので、積極的に利用したい方法です（図27）。

④壁面＋樹木（エスパリア）

果樹などの樹木の枝を壁面に誘引し、壁に張り付けるようにして樹木の姿に仕立てる緑化手法です。ツル性以外の多種の植物の利用が可能となり、狭いスペースで造形的な緑化を楽しむことができます（図28）。また、樹木の姿だけでなく、星やハートなどかわいらしいデザインなども可能です。

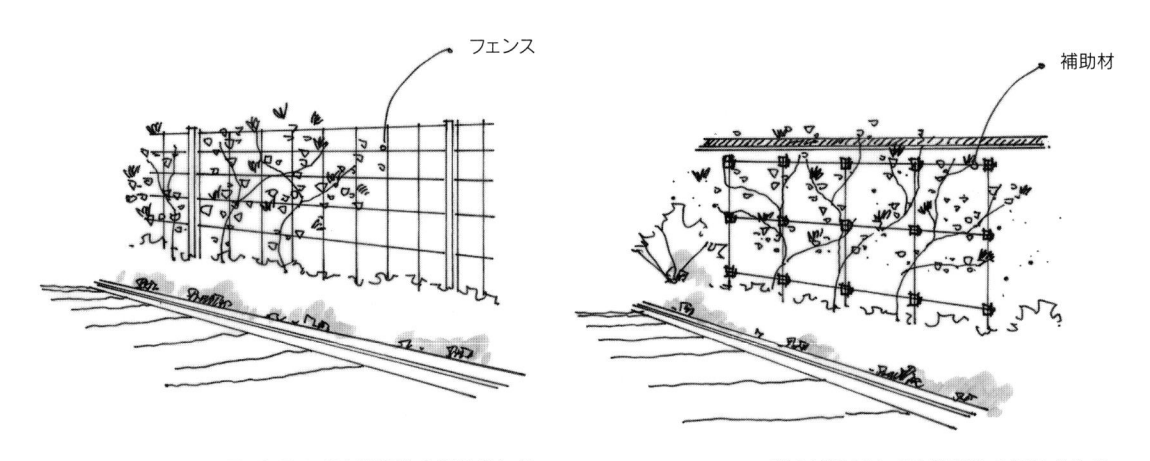

フェンス＋ツル性植物の組み合わせ　　壁＋補助材＋ツル性植物の組み合わせ

図27　ツル性植物を用いる

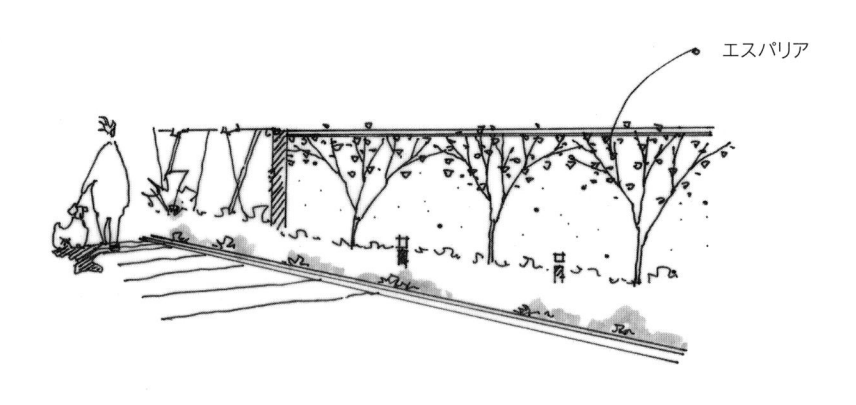

図28　造形的にも面白いエスパリア

c エンドの緑化

塀やフェンスのエンドを緑化することで、囲障のイメージを和らげたり、強調したりします。また、仕様や高さが変わる部分のつながりをなめらかにします。樹種は常緑中木で刈り込みがきく種類が適しています（図29）。

d 中間の緑化

長く続く塀やフェンスは、それだけでは単調になりがちです。途中にプランターや生垣をはさむことで景観に変化を与えます（図30）。

e 特殊緑化材

資材メーカーから販売している各種緑化材を利用し、壁面全体もしくは一部を緑化します。コストは若干高めですが、被覆の速度も早く給水設備を備えているものでは枯れにくいという利点もあります。また、近ごろは緑化ブロック、緑化ウォール、苔タイルなどのさまざまなイメージ、植栽の種類が出ており選択の幅も広がっています。

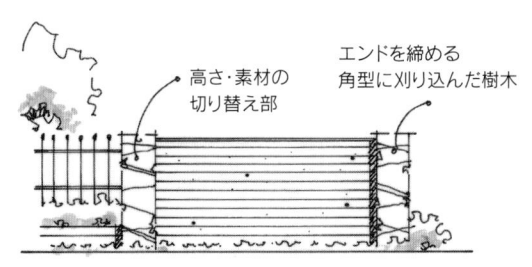

連続する部位との取り合い　　塀を和らげる、強調する

図29　エンドの緑化

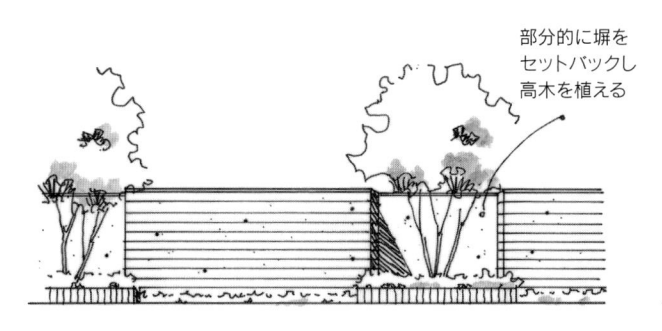

プランターを用いたりセットバックして変化をつける　　リズミカルに生垣をはさむ

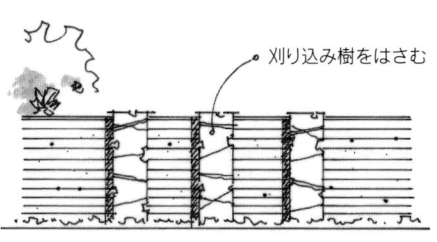

図30　中間の緑化

❻ 生垣

生垣にはさまざまな高さや形状によるタイプがあり、それぞれに役割や機能が異なります。また、適する樹種も異なります。

①一般的なタイプの生垣

一般的なタイプの生垣は視線の高さを基準に設定することで、明るく開放的にも閉鎖的なイメージにもなります。足元に灌木、地被類を植栽する二段生垣にしたり、混垣とすることで季節感あふれる生垣となります（図31）。

②オープンタイプの生垣

オープンタイプのエクステリアに向いている生垣です。意識的な仕切りで、視線は通しますが、幅をもたせることで立ち入りにくくなります。通常2～3列幅で植え込みます。また、刈り込みの形状も角型だけでなく、丸型にしたり自然な形で仕立てることができます（図32）。

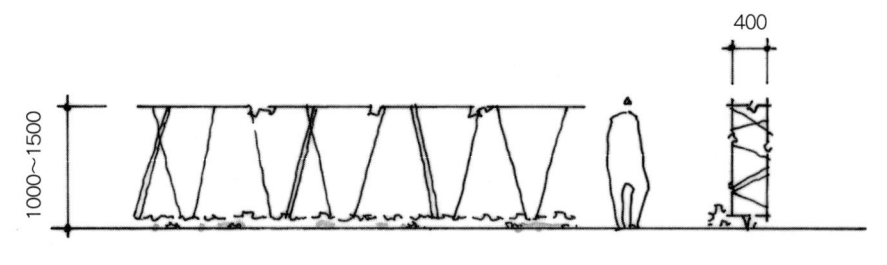

図31　一般的な生垣

図32　オープンタイプの生垣

③高垣

　主に防風や防塵のための生垣で、スペースも広く必要で管理も大変なため、一般の住宅ではあまり利用しません。しかし、隣家の2階からの視線が気になるケースや、前面道路の交通量が多い場合の排ガス対策としては有効な囲障となります（図33）。

④低・中・高木の混植による生垣

　オープンタイプのエクステリアにもっとも適した生垣です。配植により風や光をほどよく通しながら、プライバシーを守ります。また、植栽の種類が多く入れられるので花や実、紅葉する植物を配して庭や街路に季節感を与えます（図34）。

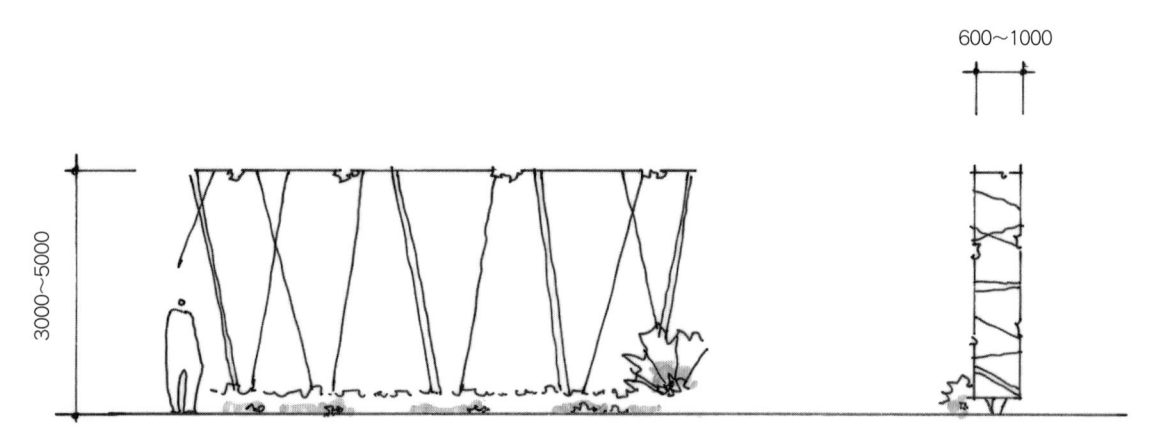

図33　高垣

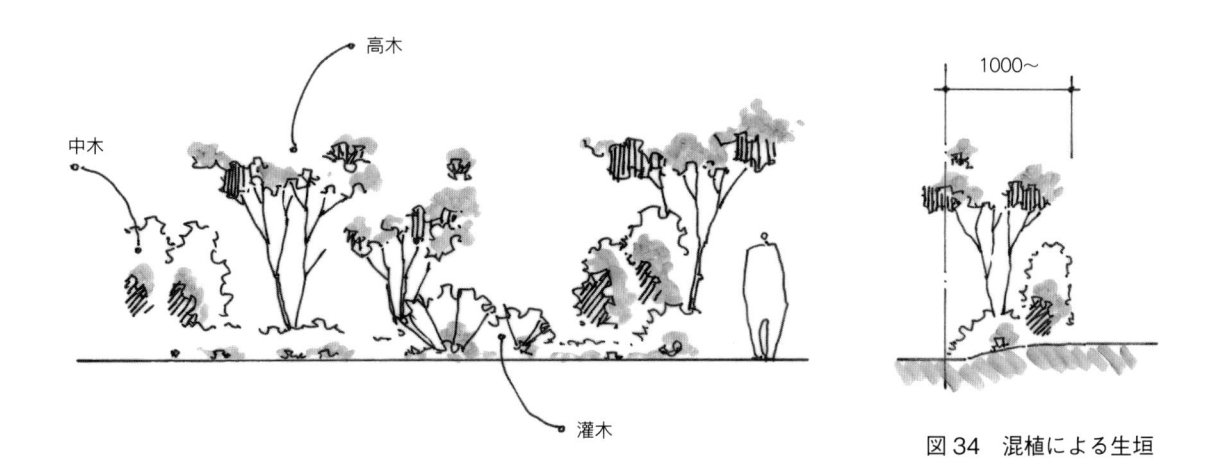

図34　混植による生垣

事例 1　開放感とプライバシーを両立する囲障

オープンなエクステリアでもリビングやテラスなどの前部分はプライバシーを守るプランです。
開放的なエントランスからつながるエリアは10cm角程度の木材の列柱と植栽でやわらかく仕切ります。テラスの前は窓をあけ、高さを変えた2枚の高い（1600～2000mm）ウォールを設置し、外側はベンチやスツールを置き、中間領域として子供たち、近隣の住民とのコミュニティースペースにします。また、内側は照明や棚を設置し、部屋の壁のように使います。上部のパーゴラにはブドウやパッションフルーツなどのツル性の果樹を絡ませ、景観に楽しさを与えます。

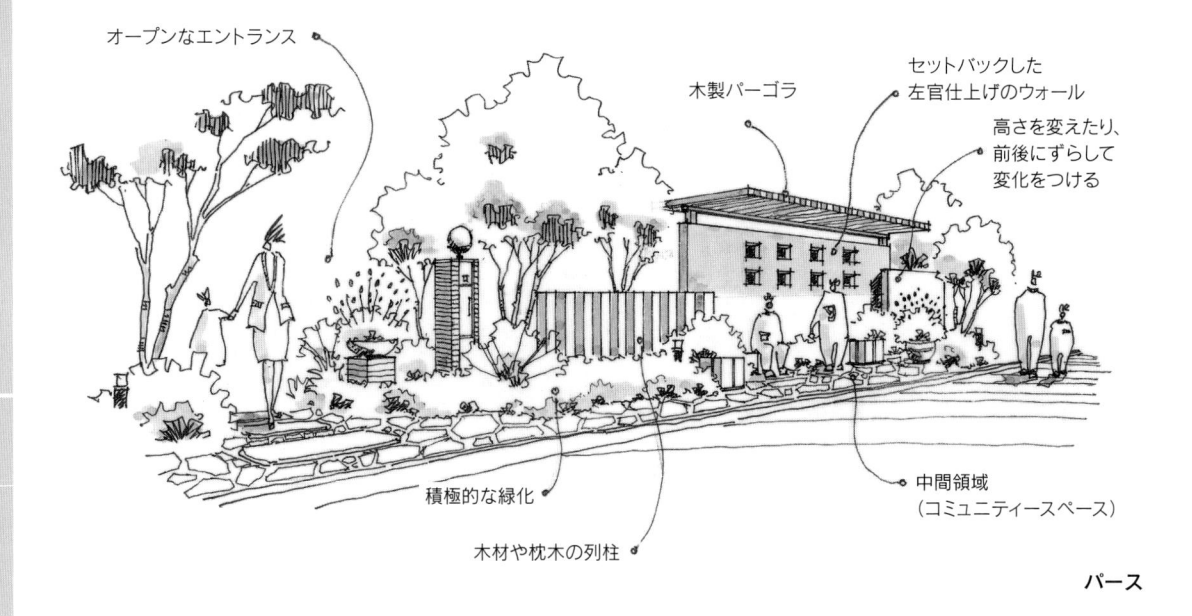

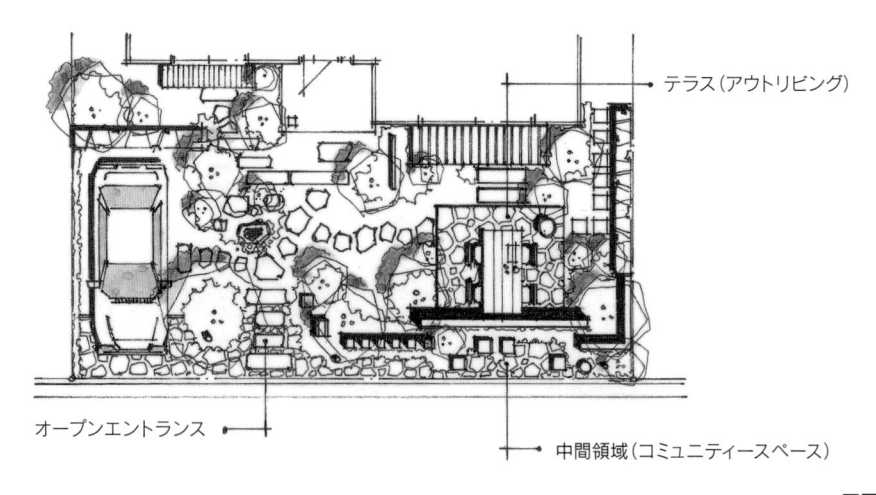

パース

平面図

事例2　圧迫感を和らげる素材・デザインの工夫

高いウォール（1500mm）は街路や庭に圧迫感や日照・通風面の悪影響を与えるので、それを和らげるデザイン上の工夫が必要です。Aは上部に木製ルーバーを設け、上下で素材を切り替えています。Bはアイレベルに窓をあけ、花を飾り圧迫感を和らげています。Cは途中にスリットを設けています。

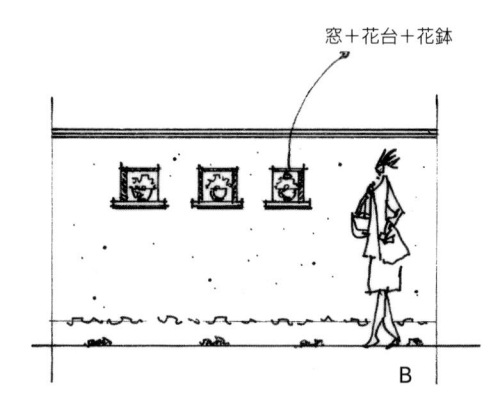

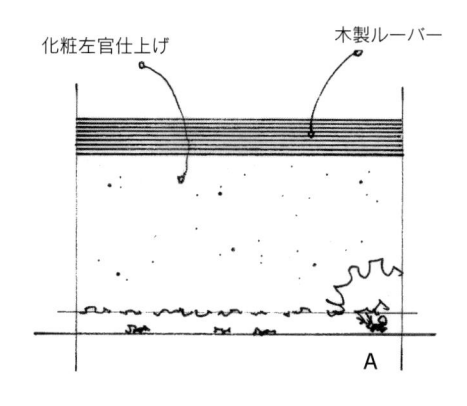

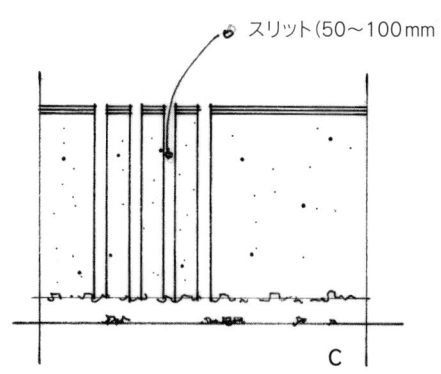

事例3　素材と高低差による工夫

一般的な高さ（1000〜1500mm）の囲障ですが、素材（左官仕上げ、自然石、木製ルーバー）、高さ、長さ、前後位置に変化をもたせ植栽を配することで、変化に富んだ楽しげなデザインとなります。また機能的にも、庭の部位に合わせて設計することで非常に効果的なプランとなります。

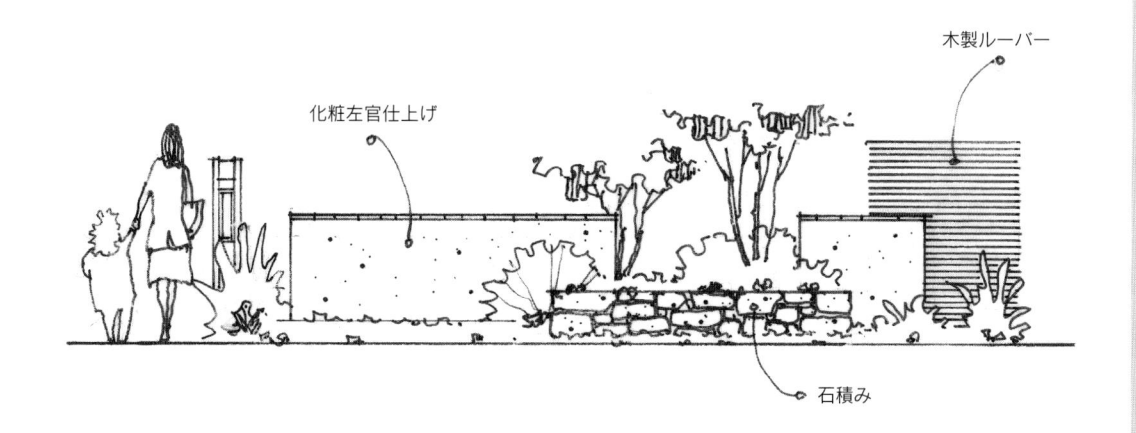

9章

照明のデザイン

銀閣寺の向月台（京都市左京区）

9.1 エクステリア照明の役割

　エクステリアの設計・ガーデンデザインにおいては、明るい昼間のデザインだけに注目しがちですが、住宅地における防犯ニーズの高まりや、住まいの地域全体としての街並み景観の美しさが問われるようになってきたことから、夜間におけるデザインが注目されるようになってきました。また、四季を通してみると1日の半分は夜です。せっかくの庭や、わが家の顔としてのフロントデザインも、夜間の演出がおろそかでは、よいデザインとはいえないのではないでしょうか。この章ではエクステリアにおける照明デザインを考えてみます。

ⓐ 夜間の安全性の確保

　夜間の帰宅時や移動の際につまずいたりしないよう、段差や障害物が認識できる明かりが必要です（図1）。特に現代は少子高齢社会で、2015年には4人に1人が高齢者という超高齢社会を控えています。夜間の移動には十分な注意が必要です。

　つまずきの原因となる段差は、階段だけでなく、門まわりや道路から玄関までのアプローチも小さな段差が生まれやすいので、足元の安全を確保する明かりを設置します。

ⓑ 夜間の雰囲気を演出する

　昼間見て美しい庭は、夜間も楽しみたいものです。暗闇の中で照らし出された植栽やタイルはそのテクスチャーや陰影によって、幻想的な夜の庭をつくり出すことができます。

　自宅の明かりだけでなく、隣近所との調和のとれた明かりのつながりがあると、街全体の夜の景観を演出するにとどまらず、街区の安全性も向上させることができます。

ⓒ ナイトライフを楽しむ

　エクステリアは昼の表情と夜の表情はまったく異なります。せっかくの素敵な庭は、夜も楽しまなければ意味がありません。また、眺めるだけのエクステリアではもったいないでしょう。特に春先から秋にかけては、外で涼みながら、ビールを飲んだり、バーベキューを楽しんだり積極的に夜の庭を楽しめると、生活の楽しみも倍増します（図2）。

図1　転倒やつまずきを防ぐ明かりが必要

図2　ナイトライフを楽しむ

❹ 防犯性を高める

　犯罪の多くは夜発生します。夜間の明かりがあることで、犯罪が減少したという例は各地で見られます。住人には「不審者や泥棒が心配」「防犯用の明かりがほしい」というニーズがあります。実際、空き巣や泥棒などによる刑務所の受刑者へのアンケートでは、「街灯などの照明があると人目につきやすいから入りにくい」という結果が出ています。不審者が隠れやすい「暗がり」をつくらないように、明かりを配置することが重要です（図3、4）。

　また、赤外線で人を検知して点灯するセンサー付き照明器具を活用することで、防犯効果はより高まると同時に省エネも実現できます（図5）。

　赤外線センサーにはこのほかにも、さまざまな動作をするものがあります。

　たとえば、赤外線センサーに自動点滅器とタイマーを組み合わせ、夕方暗くなったら、少し暗めに省エネモードで点灯し、指定した時間帯にいったん消えて防犯モードに切り替わるものもあるので、用途や状況に合わせて選択するとよいでしょう。

図3　不審者が警戒する明かり

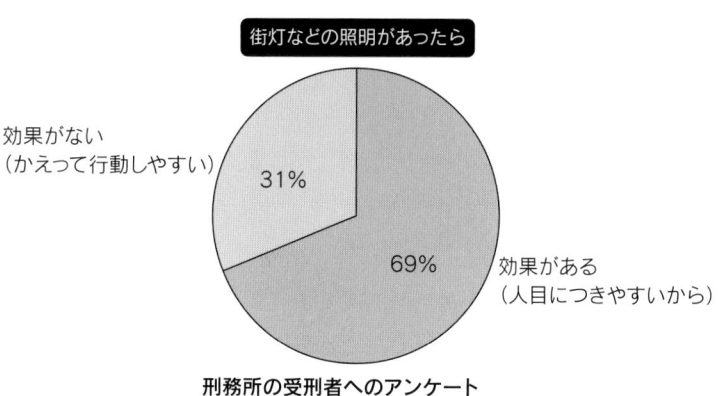

図4　明かりによる犯罪防止効果

刑務所の受刑者へのアンケート
(財)都市防犯研究センター
JUSRIレポート別冊No.4より

街灯などの照明があったら
効果がない（かえって行動しやすい）31％
効果がある（人目につきやすいから）69％

暗くても人がいないと消灯

荷物で両手がふさがっていてもパッと点灯

人がいなくなると消灯

不審者が近づくとパッと点灯

いなくなると自動的に消灯

図5　赤外線センサー付き照明

9.2 ゾーン別照明デザインのポイント

エクステリアにおいて、照明計画が必要なゾーンは、主に門まわり、アプローチ、駐車スペース、主庭、サービスヤード（側庭・バックヤード）があげられます（図6）。

ⓐ 門まわり

門まわりの照明デザインのポイントは、主に以下の3つがあげられます。

①門まわり全体を明るくする

まず来訪者の識別と夜間移動時の安全を確保します。具体的には門まわりの出入口の段差や、玄関までのアプローチを明るくします。塀の有無や高さ、植栽の状況などによって明かりを選択します。白熱灯なら40〜60W、蛍光灯なら10〜15Wを使用するとよいでしょう（図7）。

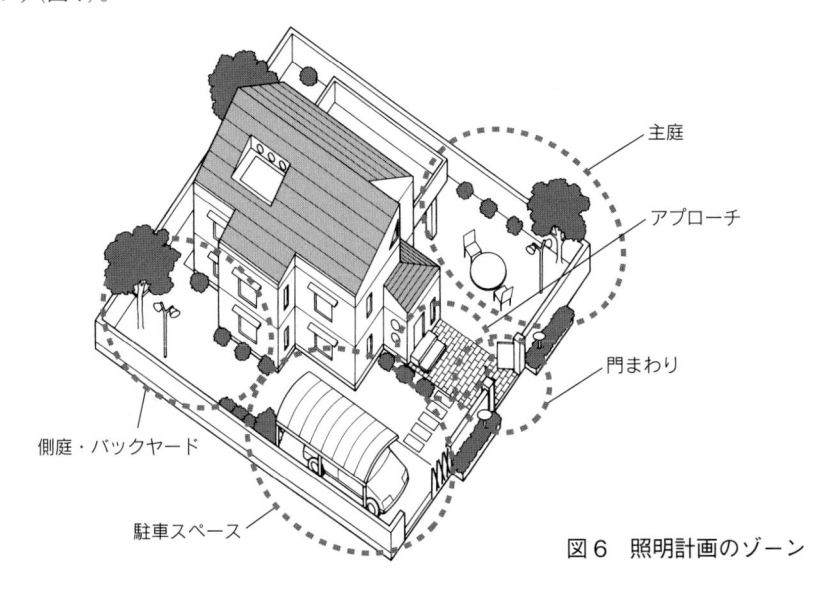

図6　照明計画のゾーン

①玄関ポーチ
高い位置からドアまわりや空間全体を照らす
②アプローチ
低い位置から足元や植栽を効率よく照らす。暗がりをつくらないようにし、帰宅する家族や来客を落ち着いた表情で迎える
③門まわり
目線の高さからグレアを抑えながら、表札や足元、前面道路を照らす。住宅のプライベート空間の境界、段差をわかりやすくする

図7　門まわりの照明計画

②家のシンボルとしての雰囲気を醸し出す

　帰宅時の安心感や夜の景観に配慮します。この際は、防犯も考えて、自動点滅器などにより、朝まで点灯させる必要があります。経済性を考慮するなら蛍光灯タイプがよいでしょう。門柱または門塀上に取り付けるのが一般的ですが、オープンタイプのエクステリアの場合は、塀の前にポールタイプやスポットライトなどを利用します。

③表札やインターホンなどを明るく照らす

　まぶしさがないことと、表札・ポスト投入口とのデザインバランスに注意します。門柱や塀の上に取り付けた門柱灯では明かりが届かないため、専用の明かりを取り付けます。白熱灯なら10～25W、蛍光灯なら6～15W、表札専用の明かりならLEDタイプでもよいでしょう（図8～10）。

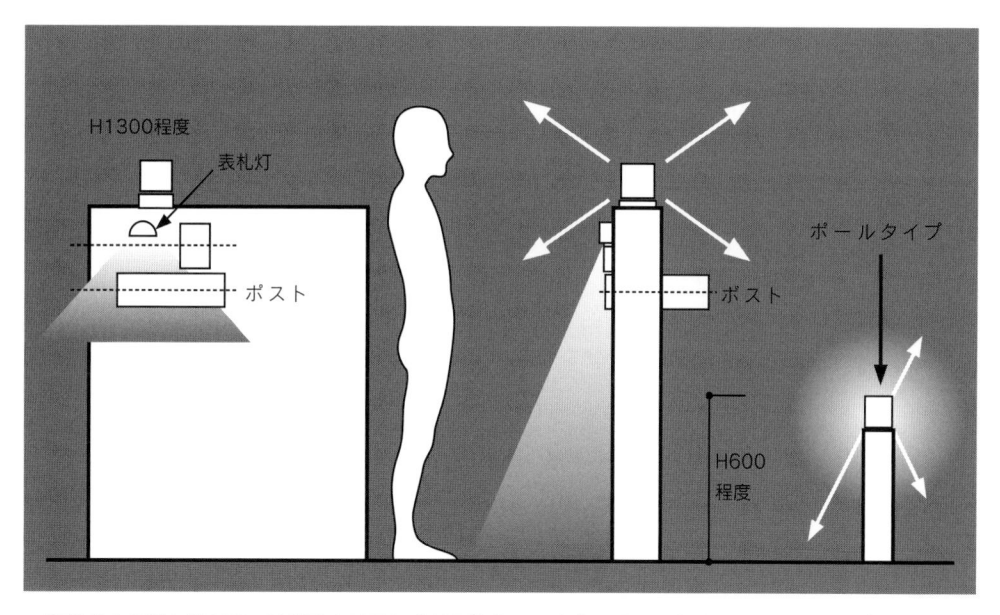

門袖の上の明かりだけでは表札や足元に光は届かない。表札や足元の段差のための明かりが必要である
図8　門袖高さ1300mm以上の場合の照明手法

図9　門袖の上に明かりを設置した場合の照らされる範囲

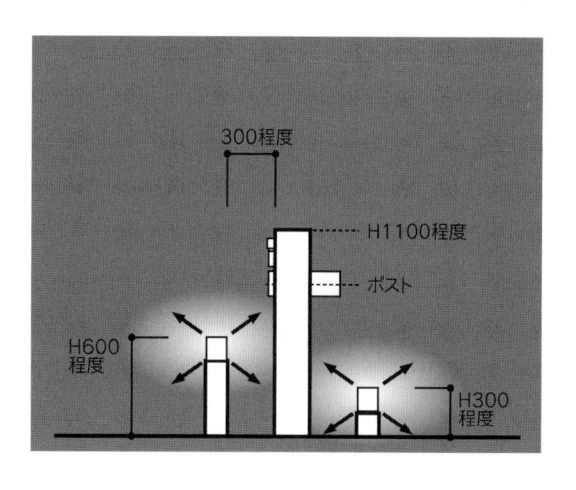

図10　門袖が低い場合の照明手法

❺ アプローチ・外階段

アプローチ・外階段の照明デザインのポイントは、主に以下の3つがあげられます。

①玄関までの足元を明るくする

夜間の安全な歩行を確保し、訪れた人に安心感を与えます。

②玄関まで誘導する

明かりの連続性をもたせたり、アイポイントとして人を玄関まで誘導します。

直線的で長めのアプローチの場合は同列配置することにより、誘導効果が高まります。和風の庭によく見られるように、短い距離で屈曲を多くとったアプローチでは、千鳥配置で変化をつけるほうが効果的です。

ポールタイプであれば高さ600～1000mmのものを使用し、蛍光灯なら10～15W、白熱灯なら40～60Wタイプで5～6mピッチで設置します。300～400mmの高さが低いものは、3～4mピッチに、LEDや白熱灯の10Wでは2～3mピッチを目安とします。壁面や地面に埋め込むタイプなら狭いアプローチでも歩行の妨げになりにくいでしょう（図11）。

また、アプローチの奥にシンボルツリーなどがあるときは、ライトアップにより、奥を明るくしてサバンナ効果（誘導効果）を狙うのも効果的です。

③外階段は足元をしっかりと照らし、安心して歩けるようにする

階段の場合は、識別力の低下に配慮します（図12）。塀などにフットライトを埋め込む場合は、踏面から300～400mmの高さで、最上段と最下段の位置に配置します。10段を超える場合は中央にも設置します。

白熱灯なら5～10W、蛍光灯なら6～9W、最近ではコンパクトなタイプのLEDフットライト（1～2W）が主流になりつつあります。

経済性を考えて、赤外線（熱線）センサーで人が通るときだけ点灯させてもよいのですが、防犯・景観を考えると、深夜までは点灯させたいものです。

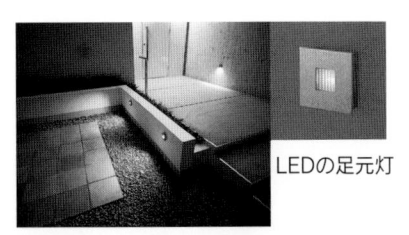

LEDの足元灯

埋め込みタイプの明かりは2～3mごとに配置する

蛍光灯の足元灯

蛍光灯の明かりは光が壁に反射して空間演出にも有効

図11　壁からアプローチを照らすライティングテクニック

メリハリのある照明で注意を喚起する

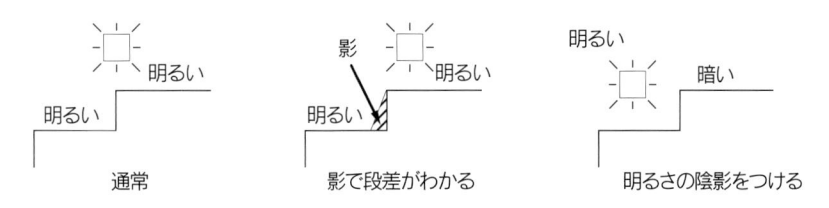

図12　識別力の低下に配慮

ⓒ 駐車スペース

駐車スペースの照明デザインのポイントは、主に以下の２つがあげられます。

①十分な明るさの確保

人の乗り降り、荷物の積み下ろし、車の出入りの際の明かりを確保します。白熱灯なら40～60Ｗ、蛍光灯なら10～15Ｗが必要です。

②防犯性の確保

大切な車を守るため、また防犯のために、侵入者が隠れにくいよう暗がりをつくらないようにします。できれば車の対角線上に２灯で照らします。赤外線（熱線）センサーの利用が効果的です。

ⓓ 主庭

主庭の照明デザインのポイントは、主に以下の３つがあげられます。

①夜の景観を楽しむ

夜の明かりは昼の自然光とはひと味違うので、光と影のバランスのよい表情をつくり出すことが大切です。小さな明かりを複数設置することで、陰影や明かりのリズムをつくるとよいでしょう。自動点滅器とタイマー機能を組み合わせて、夕方から深夜まではつけておきたいものです。

②樹木・植物へのライティング

樹木へのライティングの代表的なものに、樹木に直接光を当てて表情を豊かにするライトアップと、後ろの塀や建物に光を当てて、その面に見えるシルエットを楽しむシルエットライティングがあります（図13、14）。使用するワット数や光源の種類は、樹木の高さや、枝の横方向への張り出し具合などによって異なりますが、おおむね、３ｍ以上の樹木であれば白熱灯75～100Ｗ、２～３ｍ程度の樹木であれば40～50Ｗ程度が適しています。

経済性の観点から、蛍光灯のスポットライトを使用する場合は、光が遠くまで届きにくいという問題がありますが、25Ｗあれば２～３ｍの樹木を照らすことができます。また、蛍光灯の場合は、白熱電球に近い色合いの電球色と、緑を生き生きと見せる昼白色という光の色を選択できます。

図13 樹木の背景を照らすシルエットライティング

	中高木（3〜5m以上）		低木		地被類	花木
	樹形の美しい樹木	株立ちで葉が密集しない樹木	コニファー類	群生が美しい低木		
	ハナミズキ、ヤマモモ、コブシ、ナンテン、マツ	シャラ、ヒメシャラ、エゴノキ、クロモジ、オリーブ、タケ	コニファー類、コノデカシワ、など	サツキ、ツツジ、玉つげ、レッドロビン、ベニカナメモチ	芝生、龍のひげ	桜、梅、紅葉
ライトアップ	大きさにより2灯使用	真下から照射	下からなめるように	下方配光	拡散光（上）面をなめるように（下）	葉裏を照射
シルエットライティング	広く均一に	広く均一に	広く均一に	広く均一に		広く均一に

図14 樹木へのライティング手法

③アクティブにナイトライフを楽しむ

　眺めるだけでなく、夜間バーベキューやゴルフの練習、家族で花火や庭の手入れなどを楽しむためには、広範囲に明るくする必要があります。

　移動可能なスタンドタイプや、スポットライト、ハイポールタイプなどが適しています。ガーデンテーブルへの明かりは、テーブルの上に置く明かりなどのほかに、虫の飛来に配慮して、離れたところから照らすスポットライトなども設置するとよいでしょう（図15）。

❺ サービスヤードの照明デザイン

　側庭・バックヤードなど、サービスヤードの照明デザインのポイントは、主に以下の2つがあげられます。

①安心・便利な明かりを確保する

　夜間のゴミ出し、物入れからの出し入れなどのための明かりが必要です。白熱灯なら40～60W、蛍光灯なら10～15Wが必要です。

②防犯の明かりを確保する

　不審者の隠れ場所となる暗がりをつくらないように明かりを設置するか、赤外線（熱線）センサーなどを設置して、防犯面を考慮します。

図15　照明でナイトライフを演出する

9.3 点滅制御

エクステリアの照明計画は主屋の住宅の照明・配線計画とは同時に行われないケースが多いため、さまざまな方法で点滅制御を行わなければなりません。

具体的にはゾーン別に用途や目的に合わせて点滅制御の方法を変えることが重要であるとともに、演出性や利便性・経済性に加えて、防犯をも考慮し検討する必要があります。

各ゾーンの点滅制御の行い方としては、以下のようにまとめられます。

①門まわり：街並み景観および防犯のため夕方から朝まで点灯
②アプローチ：深夜まで自動点灯、それ以降朝まではセンサーにより人がいるときだけ点灯
③駐車場：省エネと防犯のため、センサーにより車の出入りや人がいるときだけ点灯
④主庭：深夜まで自動点灯または、器体スイッチで個別点灯
⑤サービスヤード：省エネと防犯を兼用させ、センサーにより人がいるときだけ点灯

よく使われる制御機器には、まわりの明るさにより自動点滅するもの、タイマー付きのもの、熱線により反応するものがあります(図16)。

自動点滅器
・まわりの明るさによりついたり消えたりする
・暗いと点灯し明るいと消灯する

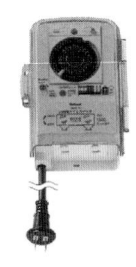

タイマースイッチ
・点灯・消灯時間が設定できる
・設定した時間に点灯・消灯できる

タイマー付き自動点滅器
・まわりの明るさにより点灯設定時間経過すると消える
・暗いと点灯 時間経過後消灯する

人(熱線)センサー
・まわりの明るさと熱変化に応じて点灯
・暗いときは待機、熱変化により点灯する

図16　さまざまな制御機器と機能

事例　コンサバトリーのあるエクステリアを照明で演出

食事をしたりくつろいだりできるスペース（コンサバトリー）として、室内やアプローチ、庭の各所に明かりを散りばめて、開放的な空間の中に、幻想的な雰囲気をつくり出します。屋外の明るい光、室内の優しい光を使い分けることで、眺めのよさと居心地のよさを醸し出すことができます。緑に親しむ暮らしを明かりが演出します。

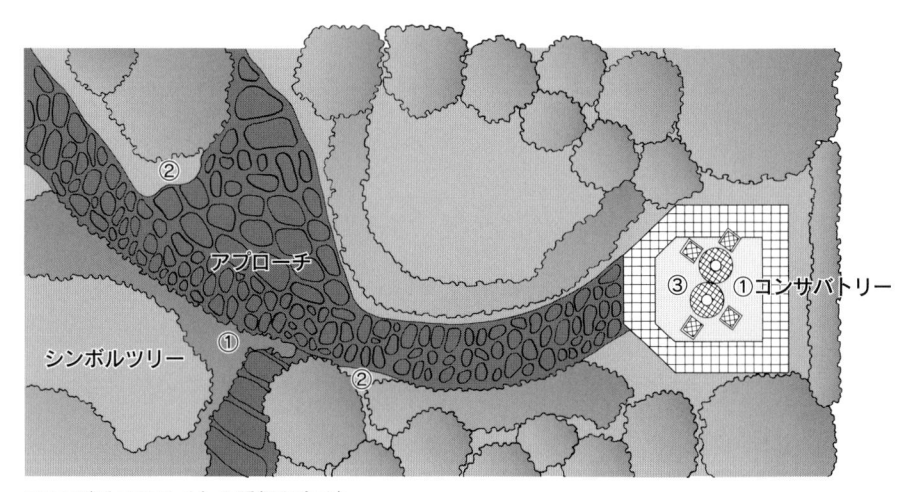

平面図（番号はライトの種類を表す）

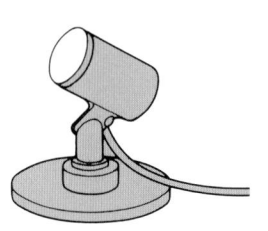

①植物を根元から照らすスポットライト

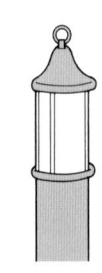

②シンボルや、安全のためのポールライト

③移動式のスタンドライト

パース（コンサバトリーより庭を眺める）

10章

色彩のデザイン

竜安寺の石庭（京都市右京区）

10.1 色彩の基礎知識

ⓐ 色相環

カラーコーディネートの説明に入る前に、色彩の基礎的な知識を少し話しておきたいと思います。

色を扱ううえで、なくてはならない道具として「色相環」という色の環があります(図1)。ヨハネス・イッテンの体系では、黄、赤、青の3色(一次色)の純色を三角形に配置し、各々隣り合った色同士を2色ずつ混合すると、橙、紫、緑(二次色)ができます。それを各一次色の間に六角形に配置します。そして、この混合をもう一度繰り返すことにより、黄橙、赤橙、赤紫、青紫、青緑、黄緑(三次色)ができます。これらの12色の色相を環状に配置したものを「色相環」といいます。近代絵画の巨匠ドラクロワが使用した色相環は有名で、赤、黄、青の3色が基調となっていることがよくわかります。

なお、図1に示す色相環にある12色は①～⑫の番号がついていますが、これらの色はさらに各々グラデーション(濃淡)によって細かい色数に分けられます。この①～⑫の黄、黄緑などのまとまりを「グループ」と呼びます。

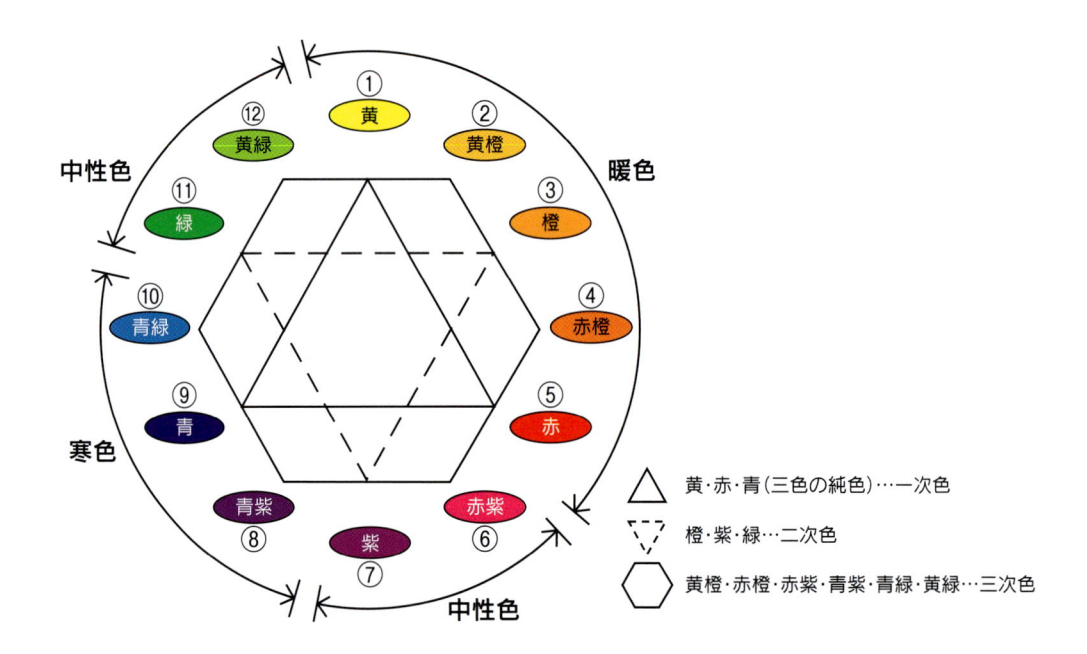

図1　色相環

ⓑ 色の三要素

色には「色の三要素」(正確には色の三属性といいます)として、色相、明度、彩度という性質があります。これは一般的な言葉としては、「色相」は赤や青などの「色み」、「明度」は濃い・薄いという「明るさ」、「彩度」はきれい・濁ったなどの「鮮やかさ」などと置き換えるとわかりやすく、この3つは色の話をするときのバロメーターとなります。

しかし、彩度については明度と比較すると、違いがわかりにくく、あいまいになりがちです。たとえば赤御影石の本磨きとバーナー仕上げを思い浮かべてみてください。本磨きは色が濃いので明度が低く感じられ、バーナー仕上げは色が薄いので明度が高く見えます。また、本磨きは表面がツルツルしていて濁った色ではないので彩度が高く、バーナー仕上げは表面がザラザラした、白が混ざって濁ったような色なので彩度が低いといえます。

エクステリアの現場工事の終了後、竣工写真を撮るときは、バケツに水を汲み、現場の床面、門柱などにまんべんなく水をまいた後、写真を撮ると彩度が高くなり、きれいでピュアな色のプリントを見ることができます。くれぐれも水まきを中途半端にしたり、半乾きで写真を撮らないでください。色がブチになった見栄えの悪い写真プリントになりますので、お気をつけください。

10.2 カラーコーディネートの基本

ⓐ 配色の考え方

エクステリアのカラーコーディネートをするときに、ある場所の1色のみを見て安易に色を決めるのではなく、周囲の色も考慮し、2色以上を隣同士に並べて比較しながら配色することが大切です。

なぜならば、色には色同士の相性があり、周囲の色同士が引き合って、濃く見えたり薄く見えたり、あるいは色相（色み）が変わって見えることすらあるからです（同化現象）。

実際に住宅外壁や塀の吹き付けなどの配色をするとき、せっかく一生懸命2～3色でコーディネートしても、配色効果が出ない場合があるのはこのためです。

次に配色方法ですが、大きく分けて3つの方法が考えられます。

①同一色相の配色

1色の色相において明度差（濃い・薄い）のみで構成される配色方法です（図2）。1色についての濃淡のみの配色なので、変化に乏しい反面統一感のあるカラーコーディネートになります。明度差や面積の差に変化をもたせると効果的です。

②類似色相の配色

2色で構成する組み合わせです。たとえば色相環で①グループと③グループ、または①グループと④グループというように、1つまたは2つとばしたグループ同士の配色です。この各々のグループ同士の関係を類似色同士といいます（図3）。もちろん類似色同士も濃淡の組み合わせが必要です。

この配色の特徴としては自然な調和が生まれ、同一色相の配色より変化があってさまざまなコンセプトの配色が可能となりますが、お互いが個性をもっている色同士なのでけんかをしないように、外観上の見えがかりの2色の面積比率を1：1にしないで、1：2、1：3と各々差をつけることがポイントです（図4）。

③補色同士の配色

　これも2色で構成する組み合わせです。色相環(図1)のグループの点対称同士の配色で、⑤グループと⑪グループ、③グループと⑨グループといった具合に、各々色の個性がまったく正反対の組み合わせとなるため、各々の面積比率を大幅に変えたり、面積の多いほうの色を明るくするなどの工夫が必要です(図3)。エクステリアの配色においては難しい組み合わせで、店舗などの商業施設において効果の出せる配色です(図5)。

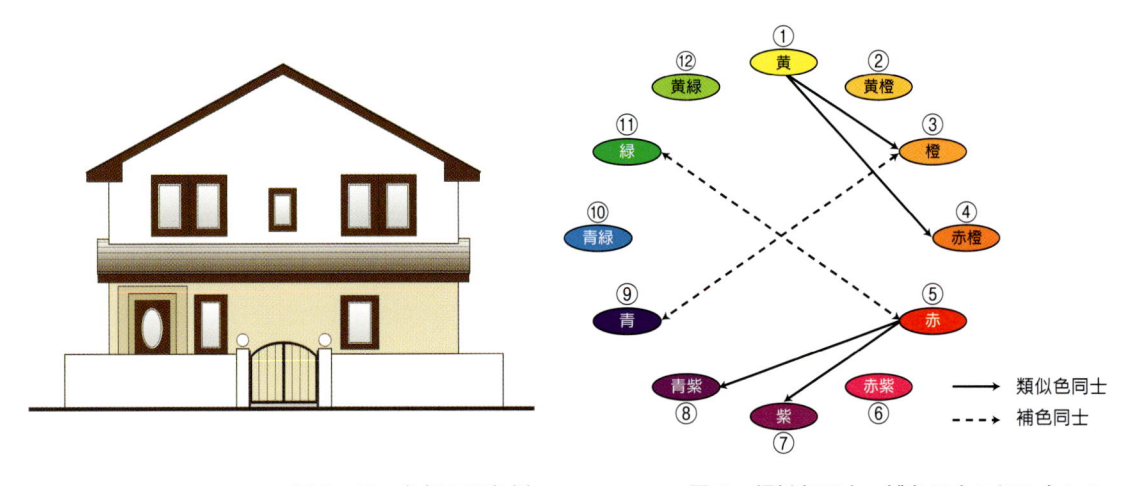

図2　同一色相の配色例

図3　類似色同士、補色同士の組み合わせ

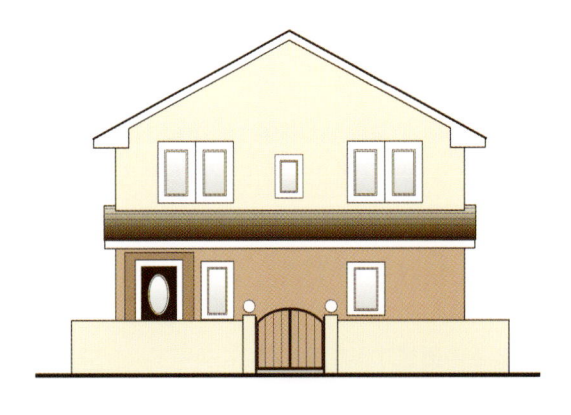

図4　類似色同士の配色例

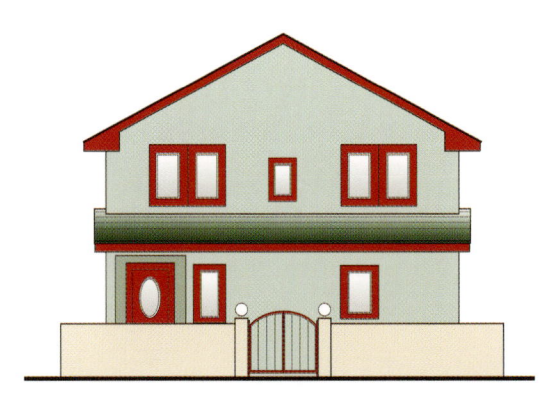

図5　補色同士の配色例

❺ 素材と色

エクステリアの素材（材質）は、外部に接しているため、時間、天候などによっても色の見え具合、感じ方が違ってきます。同じ色でも天気がよいときは曇っているときより明るく見え、雨の日は水に濡れると濃く見えます。

10.1節でお話ししたように、赤御影石の色は、本磨きのツルツルの質感の場合は濃く（彩度が高く明度が低い）、バーナー仕上げのザラザラの質感では薄く（彩度が低く明度が高い）見えます。このように同じ色の素材でも仕上げが違うと色の見え方も違ってくるのです。

また、エクステリアの仕上げを決めるときは、カタログの印刷物を参考に色彩計画をすることは禁物です。特にグレー色は実際の色より青や青紫がかって見え不正確です。印刷物の色は正確ではなくまた素材の材質感もわかりにくいため、必ずサンプルを取り寄せて実物で検討することをおすすめします。

また、20～30mm角程度の小さなサンプルは、面積が大きくなると、決めた色のイメージよりも薄くなることが多いため注意が必要です。

黒や濃茶色のように明度が低く、彩度が高い素材は逆に面積が大きくなると陰影も影響して、予想していたイメージより一層濃く見えます。

❻ 配色のポイント

①住宅とエクステリアの配色

センスのよいデザインの住宅とエクステリアは、配色のバランスもよいものです。住宅とエクステリアの統一感のある配色デザインの方法として、大きく2つのポイントが考えられます。図6のように塀、住宅外壁の下層部、上層部の順に、濃い→薄いと構成する配色です。下層部が濃く上層部が薄いため、どっしりと落ち着いた「安定」を感じるイメージとなります。また、図7のように上層部が濃く、下層部を薄くすると変化が生まれ「動的」

図6　安定した配色　　　　　　　　　　　　　図7　動的イメージの配色

なイメージの配色となります。

　次に、住宅とエクステリアのデザインについて、配色上の工夫とアイデアをあげておきます。

　住宅の基礎の立ち上がりは、道路と敷地の高低差が激しい場合は、コンクリートのグレー色では、景観上も寂しいものがあります。また、この基礎の立ち上がりの手前が駐車場の場合は、特に殺風景でどうしようもありません。この場合、駐車場床面と基礎の立ち上がりの入り隅部分に植栽を配したり、立ち上がり壁面を外壁色の吹き付けなどの仕上げにすることで上記の欠点を解決できる方法となります（図8）。

　また、駐車スペース床面のデザインを考える場合、車を止めやすくするためのガイドとなるようにタイル、レンガなどを帯状に配置して、広い淡いグレーのコンクリートの床の退屈さを和らげる色彩の工夫が大切です（図9）。

　そして、道路と高低差のある敷地のアプローチ階段の踏面は、ザラザラした質感、蹴上げは視認性のよい色のレンガタイルを縦貼りにして、目の不自由な人にも上りやすい階段をつくるなど配慮をすることもできます（図10）。

図8　基礎の立ち上がり部の植栽

図9　駐車のガイドになる帯状タイル

図10　レンガを縦貼りにした視認性のよい階段

②植栽とエクステリアの色彩

住宅を引き立てるバックグラウンドであるエクステリアの植栽効果は、多大なものがあります。植栽の葉の色ひとつとっても青、青緑、黄緑色など、斑入りの葉については2色であり、さまざまな色があります。その中で落葉、常緑樹の暖かみ（ウォーム）のある黄緑色、針葉樹のクールな青緑色の2種類においてどのような住宅外壁や塀の色と組み合わせると、どんなイメージに見えるかをシミュレーションしてみました（表1）。

図①②のように、バック色をアイボリーやベージュにすると自然な感覚となり植栽のウォーム、クール系の緑色は芝になじみます。

図③のようにレンガ系のバック色になると、Ａのウォーム系の植栽はレンガ色より明るいと引き立ちますが、レンガ色の明度、彩度によってＡの植栽の色が沈んでしまったり、バック色の面積比率によって逆にレンガ色が濁ってしまう場合があります。Ｂのクール系の植栽は意外とレンガ系と補色や反対色の関係でまとまりがよく、植栽の色が濃いと全体的に引き締まります。

図④のようにバック色のイエロー系と植栽の緑は類似色の組み合わせで非常に相性がよく、軽快で楽しいカジュアルなイメージとなります。

図⑤のようにバック色がピンク系の場合は、カジュアルなイメージでも図④に比べると多少クールな感じとなり、図⑤Ｂはクール系の植栽の影響でクールさが一層強調されます。

図⑥もオレンジ系のバック色でカジュアルなイメージですが、バック色がイエロー（図④）、ピンク（図⑤）の場合に比べると少し重厚なイメージに変わってきます。

以下、図11〜14に一部写真をまとめているので参考にしてみてください。

表1 植栽と背景の色の組み合わせとイメージ

バック色	落・常緑樹（ウォーム）の黄緑	針葉樹（クール）の緑	イメージ
アイボリー	図① A	図① B	ナチュラル
ベージュ	図② A	図② B	ナチュラル
レンガ系	図③ A	図③ B	ハードナチュラル
イエロー	図④ A	図④ B	カジュアル
ピンク	図⑤ A	図⑤ B	クールカジュアル
オレンジ（橙）	図⑥ A	図⑥ B	ヘビーカジュアル

図11 ベージュ系の外壁と黄緑や緑色の植栽は違和感なくなじむ

図12 レンガ系の吹き付け色は黄緑、緑色の植栽より濃い色なので植栽が明るく見える

図13 イエロー系の外壁に植栽の黄緑や緑の組み合わせは明るく軽快なイメージ。腰壁のレンガ色が加わると一層楽しくカジュアルなイメージになる

図14 ピンク系の外壁に植栽の青緑、青系色の組み合わせはクールな印象を与える

10.3 周辺環境とエクステリア

ⓐ 住宅とエクステリア

エクステリア業界では、ここ20年の間にデザインにおいて色彩計画を考えることが必要不可欠となってきました。

こうした傾向は、イングリッシュガーデンが火付け役で、まずガーデニングがブームとなり、住宅外壁が白、クリーム系の吹き付けからコテむらのある黄色系、橙系の明るいカジュアルな色調となり、最近は塀もアールなどを使った変化のあるデザインが出てくる時代となりました。

そこでエクステリアのカラーコーディネートをする場合、住宅、エクステリア共に、統一されたデザインと色彩にしていくことが大切です。

そのためには、住宅、エクステリア共に形状と素材の色のチェックは重要で、住宅の屋根、外壁、サッシなどの色とエクステリアの素材や色のバリエーションに工夫をもたせることが必要となります(図15)。

特に住宅の玄関ポーチとエクステリアのアプローチ床面の素材や色の組み合わせはちぐはぐになるケースがよく見受けられます。これは前者の建築工事と後者の外構工事の業者がおおむね違うことによりに起こる問題で、事前の打ち合わせでコンセンサスをとることはもっとも重要です。

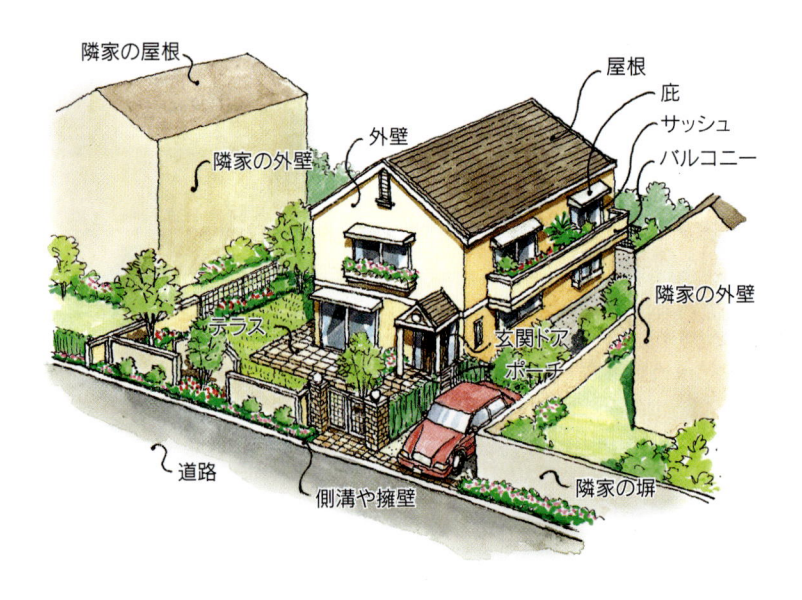

図15　住宅街の周辺環境の色　エクステリアの計画はトータルで考える

❺ 街並みと色彩デザイン

　街並みの景観に対しては、色彩とデザインを考慮し、周辺環境の美観、楽しさ、安らぎを提案していくことがもっとも重要となります。

　たとえば、凹凸や高低差などの変化のある塀は、道行く人への圧迫感を弱め、塀の足元を濃い緑色の地被や中・低木の黄緑色や青緑色の植栽構成にすると、かたい外構をソフトで優しいイメージに変えることができます（図16）。また、シンボルツリーによって塀の笠木の水平ラインに変化をもたせる工夫をすることで、路上を散歩する人々に楽しさや安らぎを与えます。

　また、両隣の外壁、屋根、塀などは、類似色相の配色を用いて色相環（図3）の①番の黄色系グループと④番の赤橙色系グループの色彩を選択し、計画建物を②番の黄橙色系または③番の橙色系グループにすると3棟共になじんだ中に多少変化を楽しんだ色調になり、これもアイデアのひとつです。

　このように住宅の敷地内部のみでなく前面道路、隣家などを含め街並み全体のデザインと色彩計画をすることで、街並みに統一感が生まれ、植栽などを配することで潤いのある景観となることはいうまでもありません。

図16　高低差のある塀と足元の緑化でソフトで優しいイメージのエクステリアをつくる

10.4 色彩とデザインイメージ

　設計者が住宅とエクステリアを共にデザインするとき、どのようなコンセプトとするかでプレゼンテーション時の説得力の効果の違いが出てきます。

　そこで、デザインイメージから色彩計画をしやすくするためにデザインキーワードからカラーイメージができる表を掲載しました。表2は、デザインコンセプトを考えたり、プレゼンテーションボードの製作にも役立つように文字の色もまとめているので参考にしてください。また、次頁以降に事例編とデザインキーワードのイメージを表す色をカラースキムとしてまとめましたので色とイメージのかかわりを研究してみてください。

表2　色彩とデザインイメージ

デザインキーワード	カラーのイメージ	デザインイメージの基調色	コーディネートのポイント	文字の色
ナチュラル	暖かみのある自然素材の質感を生かした柔和な雰囲気	アイボリーや明るいベージュ	ソフトな色使いでまとめる。無地調、緑が合う	黄緑
ハードナチュラル	アダルトで落ち着いた穏やかな暖かみのある感覚	茶色を基調に落ち着いて穏やかな暖色	レンガなど穏やかな無地調のものでまとめる	茶系
カジュアル	明るく楽しい軽快なイメージでリズミカルな配色	白やアイボリー、ベージュを広い面積に使い基調色に	基調色に橙、赤、黄、青などのアクセントカラーをプラスして明度を調節して使う	橙、赤、青、黄、緑などのピュアな色
エレガント	穏やかで優しいフェミニンなイメージ	グレー、ベージュなど穏やかで優しい色	落ち着いたグレーやワインベージュなどと、白をアクセントにしてまとめる	黄緑、ワインベージュ
クラシック	伝統的な落ち着いた色調で重厚な感覚	渋みのある茶色を基調に重厚な色使い	アクセントはモスグリーンなどの穏やかな色	モスグリーン、濃茶、エンジ
シック・モダン	モダンな都会的感覚と洗練されたシャープなイメージ	グレーみの色を基調色に。メカニックにしない	色調のコントラストは穏やかに	黒、濃いグレー
クリア	清潔感のあるすっきりとしたシンプルなイメージ	白を基調にアイボリー、淡いグリーン、ブルー系	寒色系のソフトな色調と白、アイボリー、無地でまとめる	濃紺、濃いグレー

事例1　ナチュラルなエクステリア

塗り壁の外壁、木のドア、ネームの土台の枕木、乱雑な目地のピンコロの玄関ポーチなど自然素材をふんだんに使った穏やかなデザインです。

カラースキム

事例2　カジュアルなエクステリア

外壁をソフトなベージュとし、セルリアンブルーの鉄骨のバルコニーが楽しい軽快なイメージをつくっています。手すり、サッシュの白は、クリアな清潔感とリズム感でカジュアルさを一層強調しています。

カラースキム

事例3　エレガントなエクステリア

白、グレーを混ぜたエンジや茶色系のレンガタイルは、ザラザラとした質感が穏やかな塀、門柱とし、淡紫、青色系の花によってフェミニンな優しさを演出。アクセントカラーは白花で繊細さを出しています。

カラースキム

事例4　クラシックなエクステリア

住宅の柱型を渋いレンガタイルにすることで、英国風の重厚な感覚となり、塀、門柱も同系色のレンガタイルで全体的に統一感を出しています。モスグリーン系のサインポールと門扉はアクセントカラーで全体を引き締めています。

カラースキム

事例5　シック・モダンなエクステリア

白・グレーを基調にした外壁と穴あきブロックの塀は、各々素材の質感、形状に違いがあることで変化のあるデザインとなっています。ちなみに真っ赤なアルファロメオはアクセントカラー。

カラースキム

事例6　クリアなエクステリア

住宅外壁をアイボリーの吹き付け、破風、付柱などを白にすることで、清潔感のあるすっきりしたデザインとなります。ソフトな寒色系の左手前の壁、リブ状外壁は、シンプルでさわやかさを出し、濃紺のアクセントカラーによりクリアなイメージを強調します。

カラースキム

編者・著者略歴（執筆順）

■編・著者

猪狩 達夫（いかり たつお）

1935年	東京都に生まれる
1959年	早稲田大学理工学部建築学科卒業
1959年	菊竹清訓建築設計事務所入所
1966年	トロント大学大学院修了（アーバンデザイン専攻）
1968年	市浦都市開発建築コンサルタンツ入社
1972年	株式会社イカリ設計設立
1998年	E&Gアカデミー東京校学長
2002年	早稲田大学理工学総合研究センター講師
2005年	E&Gアカデミー東京校（現・東京キャンパス）顧問

現在に至る

一級建築士、マスターオブアーツ（トロント大学）

著書
『タウンハウスの計画技法』（共著）彰国社、1982年
『戸建て集合住宅による街づくり手法』（共著）彰国社、1990年
『エクステリア・ガーデンデザイン用語辞典』（監修・共著）彰国社、2002年
『外濠』（共著）鹿島出版会、2012年

■著者

松枝 雅子（まつえだ まさこ）

	東京都に生まれる
1959年	日本女子大学家政学部住居学科卒業
1990〜2020年	株式会社松枝建築計画研究所
1998〜2018年	E&Gアカデミー東京校講師
2020年〜	松枝建築計画研究所

現在に至る

一級建築士、一級造園施工管理技士

著書
『「家づくり」に成功するマル秘情報』（共著）ニューハウス出版、1988年
『うるおいゆたかにエクステリア』経済調査会、1996年
『新築・増改築・リフォーム450のヒント』（共著）日本実業出版社、1998年
『エクステリア・ガーデン用語辞典』（共著）彰国社、2002年
『魅せるエクステリア＆ガーデン―住まいのプラン集』経済調査会、2005年
『エクステリアの植栽』（共著）建築資料研究社、2019年　　　　　　　　ほか

古橋 宜昌（ふるはし のりまさ）

1958年	埼玉県に生まれる
1982年	東京電機大学理工学部建設工学科卒業
1989年	セキスイエクステリア株式会社入社
1997年	有限会社エクスプランニング設立
1998年	E&Gアカデミー東京校講師および副学長

2005年　E&Gアカデミー学長
現在に至る

一級建築士、一級造園施工管理技士、一級土木施工管理技士

著書
『エクステリア・ガーデンデザイン用語辞典』（共著）彰国社、2002年

吉田 克己（よしだ かつみ）

1943年	千葉県に生まれる
1965年	東京農業大学農学部造園学科卒業
1965年	殖産住宅相互株式会社入社
1995年	有限会社吉田造園設計工房設立
1998年	E&Gアカデミー東京校（現・東京キャンパス）講師

現在に至る

一級造園施工管理技士、一級土木施工管理技士

著書
『庭つくりと作例集』（共著）池田書店、1974年
『エクステリア・ガーデンデザイン用語辞典』（共著）彰国社、2002年
『エクステリア実例図面集　第8号』住宅環境社、2005年
『エクステリア現場トラブル集』住宅環境社、2007年
『エクステリアの設計と事例　計画の考え方からディテールまで』（共著）彰国社、2012年

安田 浩司
（やすだ こうじ）

1954 年	山口県に生まれる
1978 年	青山学院大学を経て東京デザイン専門学校建築学部建築士科卒業
1978 年	伊東建築研究所入社
1980 年	東京デザイン専門学校講師
1986 年	アーキテム・安田計画設計室設立
1997 年	E&Gアカデミー東京校講師
2016 年	死去

一級建築士

著書
『庭木専科―気になる草花、樹木をマルチに検索!!』（共著）グラフィック社、1998 年
『エクステリア・ガーデンデザイン用語辞典』（共著）彰国社、2002 年

犬塚 修司
（いぬづか しゅうじ）

1948 年	東京都に生まれる
1972 年	千葉大学園芸学部造園学科卒業
1972 年	株式会社京央造園設計事務所入社
1990 年	犬塚造園デザイン研究室設立
1998 〜 2017 年	E&Gアカデミー東京校講師
2005 年	株式会社 風・みどり設立
現在に至る	

二級建築士、一級造園施工管理技士、一級土木施工管理技士

著書
建築知識ムック「緑のデザイン図鑑」（共著）、エクスナレッジ
『エクステリア・ガーデンデザイン用語辞典』（共著）彰国社、2002 年

竪川 雅城
（たてかわ まさしろ）

1957 年	東京都に生まれる
1981 年	千葉大学園芸学部造園学科卒業
1981 年	ミサワホーム株式会社入社
2005 年	竪川環境設計設立
2007 年	E&Gアカデミー東京校（現・東京キャンパス）講師
現在に至る	

山田 章夫
（やまだ あきお）

1957 年	愛知県に生まれる
1978 年	豊田工業高等専門学校電気工学科卒業
1978 年	松下電工株式会社（現パナソニック株式会社）入社
1998 年・2006 〜 2008 年	E&Gアカデミー東京校講師
2016 年	照明コンサルタントとして独立

著書
『エクステリア・ガーデンデザイン用語辞典』（共著）彰国社、2002 年

松下 高弘
（まつした たかひろ）

1958 年	長野県に生まれる
1979 年	東京デザイン専門学校建築学部建築士科卒業
1979 年	株式会社カフ・アド・ハウス一級建築士事務所入社
1987 年	同校専科パース科・インテリアコーディネーター科講師
1989 年	有限会社エムデザインファクトリー設立
1998 年	E&Gアカデミー東京校（現・東京キャンパス）講師

2018 年　建築・エクステリアの企画デザイン事務所主宰
現在に至る

著書
『エクステリアの色とデザイン』グリーン情報、2007 年
『住宅エクステリアのパース・スケッチ・プレゼンが上達する本』彰国社、2013 年
『気持ちをつかむ住宅インテリアパース』彰国社、2019 年

おわりに

　私が7年間学長をつとめた日本初の住宅外部空間デザインを指導するエクステリア専門校、E&Gアカデミー東京校は、開校して今年でちょうど10年が経つ。開校当時、まだエクステリアを専業とするメーカー・業者が出始めて20余年という若いエクステリア業界であったが、毎年、東京・神戸(昨年より大阪)・名古屋校3校で多くの人材が輩出された。私が直接手がけた東京校だけでも卒業生は263名を数える。講師陣は日本を代表するエクステリア界で活躍するデザイナーであり、ベテランの専門家たちである。開校して4年目の2002年に『エクステリア・ガーデンデザイン用語辞典』が彰国社から発行され、きわめて好評裡に斯界で受け入れられている。

　そしてふたたび1年後、ほとんど同様の布陣による東京校の専任講師チームでこの『イラストでわかる　エクステリアデザインのポイント』の刊行が企画された。それぞれの専門分野で分担が決められ執筆に取りかかって4年がすぎた。企画・総合編集担当の私は、これまで街並み設計家として低層集合住宅地の計画・設計を数多く行ってきており、一戸建て住宅をマクロな視点でとらえつつ、社会性を併せもつ街並み環境デザインの大切さを提唱してきた。本書ではこの「街並み環境」を美しくすることを念頭に置いて、住宅エクステリアの各ゾーンにおける計画の考え方、動線・視線の考え方、寸法の決め方、素材の選び方、植栽の取り入れ方、周囲の景観との調和、そして細部の意匠デザインに至るまでをイラスト・図表でわかりやすく解説している。また、これからの空間デザインのあり方に言及し、将来的な夢的要素もできるだけ盛り込んだ。

　構成は計画全体を把握する総合プランニング、都市型住宅で重要なファサード、そしてエクステリアデザインのゾーンの順に門まわり、アプローチ、駐車スペース、主庭、側庭・バックヤード、囲障と展開し、これに照明・色彩を加えている。このほど、紆余曲折を経て、ようやく刊行の運びとなった。企画・総合編者として、執筆いただいた諸講師の方々の労をねぎらうと同時に、第2章「ファサードのデザイン」では写真掲載に当たり、ご苦労いただいた藤田俶宏氏(株式会社藤田住環境計画代表)および住宅生産団体連合会の入江譲氏に謝意を表したい。また、第10章「色彩のデザイン」では、野正真紀氏(E&Gアカデミー東京校講師)に適切なアドバイスをいただいたことにも謝意を表す次第である。そして、刊行に至るまで編集、まとめに多大なご苦労下さった彰国社の尾関恵氏に、執筆者一同を代表して心より感謝申し上げます。

2008年2月吉日
猪狩達夫

イラストでわかるエクステリアデザインのポイント
2008年4月10日　第1版発行
2022年5月10日　第1版第5刷

編　者	猪　狩　達　夫	
著　者	猪狩達夫・松枝雅子	
	古橋宜昌・吉田克己	
	安田浩司・犬塚修司	
	竪川雅城・山田章夫	
	松下高弘	
発行者	下　出　雅　徳	
発行所	株式会社　彰国社	

著作権者との協定により検印省略

162-0067　東京都新宿区富久町8-21
電話　03-3359-3231（大代表）
振替口座　00160-2-173401

自然科学書協会会員
工学書協会会員

Printed in Japan

© 猪狩達夫（代表）2008年

印刷：真興社　製本：誠幸堂

ISBN978-4-395-00875-9　C3052　https://www.shokokusha.co.jp

本書の内容の一部あるいは全部を、無断で複写（コピー）、複製、および磁気または光記録媒体等への入力を禁止します。許諾については小社あてご照会ください。